GUIA PARA ELABORAÇÃO DE

DOCUMENTOS PSICOLÓGICOS

GUIA PARA ELABORAÇÃO DE DOCUMENTOS PSICOLÓGICOS
CLÍNICO, HOSPITALAR E JURÍDICO

ORGANIZADORAS
Andressa Lima Maalouf
Natali Maia Marques

manole
editora

Produção editorial: Rosana Arruda da Silva
Projeto gráfico: Departamento de arte da Editora Manole
Editoração eletrônica e ilustrações: Estúdio Castellani
Capa: Ricardo Yoshiaki Nitta Rodrigues
Imagem da capa: freepik.com

CIP-BRASIL. CATALOGAÇÃO NA PUBLICAÇÃO
SINDICATO NACIONAL DOS EDITORES DE LIVROS, RJ

G971

Guia para elaboração de documentos psicológicos : clínico, hospitalar e jurídico / organizadoras Andressa Lima Maalouf, Natali Maia Marques. - 1. ed. - Santana de Parnaíba [SP] : Manole, 2024.
224 p. ; 23 cm.

ISBN 9788520458792

1. Psicologia. 2. Psicodiagnóstico. 3. Testes psicológicos. 4. Psicologia - Terminologia. 5. Psicólogos - Relatórios. I. Maalouf, Andressa Lima. II. Marques, Natali Maia.

24-91606 CDD: 150.2
CDU: 159.9(047)

Meri Gleice Rodrigues de Souza - Bibliotecária - CRB-7/6439

Editora Manole Ltda.
Alameda Rio Negro, 967, cj. 717
06454-000 – Barueri – SP – Brasil
Tel.: (11) 4196-6000
www.manole.com.br
https://atendimento.manole.com.br

Impresso no Brasil
Printed in Brazil

Dedicamos este livro a todos os inquietos e questionadores que escolheram a Psicologia como sua profissão e que sustentam com ética e responsabilidade a jornada, por vezes árdua, deste caminhar.

Agradecimentos

O fazer da Psicologia é permeado por encontros e trocas potentes que possibilitam o desenvolvimento da nossa atuação, como aconteceu na construção deste guia, que possibilitou a junção de muito conhecimento e experiência. Por isso, agradecemos, primeiramente, a todas as autoras e ao autor dos capítulos por aceitarem construir esta obra com toda a dedicação e o comprometimento. Admiramos a ética, a responsabilidade e a jornada de cada um.

Ao Caio, que aceitou o nosso convite para apresentar esta obra de uma forma precisa e encantadora.

Agradecemos também à Editora Manole, que depositou confiança e nos deu a oportunidade de publicar este livro, e a todas as contribuições dos profissionais envolvidos, principalmente a Vanessa Huguenin e a Rosana Arruda, pela parceria no desenvolvimento deste livro.

Entendemos que nosso principal foco é poder contribuir com uma Psicologia fundamentada na Ética, que é nosso "guia e norte". Agradecemos a valiosa oportunidade em concretizar esse compromisso por meio desta obra.

As organizadoras

Organizadoras

Andressa Lima Maalouf
Psicóloga graduada pelas Faculdades Metropolitanas Unidas (FMU). Especialista em Psicologia Hospitalar pela Faculdade de Ciências Médicas da Santa Casa de São Paulo (FCMSCSP). Psicóloga hospitalar pelo Núcleo Pró-Creare (Hospital São Luiz – Jabaquara e Hospital da Criança – Rede D'Or). Psicóloga perinatal na Theia. Docente convidada do Curso de Aperfeiçoamento em Psicologia Hospitalar do Núcleo Pró-Creare. Vice-coordenadora da Comissão Temática de Psicologia Hospitalar da região metropolitana do Conselho Regional de Psicologia de São Paulo (CRP SP). Psicóloga clínica em consultório particular.

Natali Maia Marques
Psicóloga graduada pela Universidade Santo Amaro (UNISA). Mestre em Ciências pelo Programa Neurociências e Comportamento do Instituto de Psicologia da Universidade de São Paulo (IP-USP). Especialista em Avaliação Psicológica e Neuropsicológica pelo Serviço de Psicologia do Instituto de Psiquiatria do Hospital das Clínicas da Faculdade de Medicina da Universidade de São Paulo (IPq-HCFMUSP). Docente das disciplinas de Psicologia Forense e Avaliação Psicológica da Inteligência na Unisa. Supervisora clínica na Unisa. Psicóloga perita, assistente técnica e neuropsicóloga em consultório particular.

Autores

Adriana dos Santos Pereira

Psicóloga graduada pela Universidade São Judas Tadeu (USJT). Especialista em Psicologia Organizacional e do Trabalho pelo Conselho Regional de Psicologia de São Paulo (CRP SP). MBA em Recursos Humanos pela Universidade Nove de Julho (Uninove). Pós-graduação em Psicologia do Trabalho pela Unyleya. Pós-graduação em Gestão Pública/Direitos Humanos pelas Faculdades Metropolitanas Unidas (FMU). Pós-graduanda em Psicologia Social pela Universidade Santo Amaro (UNISA). Psicóloga responsável técnica pela Clínica-Escola da UNISA. Psicóloga organizacional, mediadora de conflitos e consultora em recursos humanos na empresa ASP Consultoria em Recursos Humanos e Audiovisual. Psicóloga voluntária no projeto Justiceiras.

Alexandra Ferreira Phillipps

Psicóloga graduada pela Universidade São Judas Tadeu (USJT). Especialista em Psicologia Hospitalar pela Faculdade de Ciências Médicas da Santa Casa de São Paulo (FCMSCSP). Membro da Associação Brasileira de Psicologia Baseada em Evidências (ABPBE). Psicóloga clínica em consultório particular.

Ana Caroline de Souza Corrêa

Psicóloga pela Faculdade Estácio de Sá de Goiás (FESGO). Especialista em Neuropsicologia pelo Instituto de Psiquiatria do Hospital das Clínicas da Faculdade de Medicina da Universidade de São Paulo (IPq-HCFMUSP). Capacitada em Psicologia Jurídica, Forense e Criminal (PFA). Especialista em Perícia Psicológica e Neuropsicológica pelo Núcleo de Psiquiatria e Psicologia Forense (Nufor) do IPq-HCFMUSP. Neuropsicóloga no Instituto Perdizes. Psicóloga clínica e forense em consultório particular.

Ana Luiza Ribeiro Pereira Dias Piovezana

Psicóloga pela Universidade Estadual Paulista (UNESP/Assis). Especialista em Avaliação Psicológica e Neuropsicológica no Contexto Hospitalar pelo Instituto de Psiquiatria do Hospital das Clínicas da Universidade de São Paulo (IPq-HCFMUSP). Mestre em Psicologia do Desenvolvimento e Aprendizagem pela UNESP-Bauru. Especialista em Avaliação Psicológica e Neuropsicológica pelo Hospital das Clínicas da Faculdade de Medicina da Universidade de São Paulo (HCFMUSP).

Andréa Silveira Ferrari

Psicóloga pelas Faculdades Metropolitanas Unidas (FMU). Psicanalista pela Instituto Sedes Sapientiae (SEDES-PUC). Especialista em Psicologia Hospitalar pela Faculdade de Ciências Médicas da Santa Casa de São Paulo (FCMSCSP). Aprimoramento em Transtornos Alimentares pelo Programa de Transtornos Alimentares do Instituto de Psiquiatria do Hospital das Clínicas da Faculdade de Medicina da Universidade de São Paulo (Ambulim-IPq-HCFMUSP). Docente e orientadora de trabalhos de conclusão de curso da Especialização em Psicologia Hospitalar da FCMSCSP. Docente do Centro de Estudo e Pesquisa em Psicologia da Saúde (CEPPS). Psicóloga clínica em consultório particular.

Andressa Lima Maalouf

Psicóloga graduada pelas Faculdades Metropolitanas Unidas (FMU). Especialista em Psicologia Hospitalar pela Faculdade de Ciências Médicas da Santa Casa de São Paulo (FCMSCSP). Psicóloga hospitalar pelo Núcleo Pró-Creare (Hospital São Luiz – Jabaquara e Hospital da Criança – Rede D'Or). Psicóloga perinatal na Theia. Docente convidada do Curso de Aperfeiçoamento em Psicologia Hospitalar do Núcleo Pró-Creare. Vice-coordenadora da Comissão Temática de Psicologia Hospitalar da região metropolitana do Conselho Regional de Psicologia de São Paulo (CRP SP). Psicóloga clínica em consultório particular.

Antonio de Pádua Serafim

Psicólogo pela Universidade Federal da Paraíba (UFPB). Mestre em Neurociências e Comportamento pelo IPUSP e Doutor em Fisiopatologia Experimental pela FMUSP. Professor e Coordenador do Laboratório de Estudos e Pesquisas em Avaliação Psicológica e Neuropsicológica (LEANPSI) do Instituto de Psicologia da USP (IPUSP). Professor Supervisor do Programa de Psiquiatria e Psicologia Forense do Núcleo de Psiquiatria e Psicologia Forense (Nufor) do Instituto de Psiquiatria do Hospital das Clínicas da Faculdade de Medicina da USP (IPq-HCFMUSP).

Cleunice de Jesus Wosnes

Psicóloga pela Universidade São Judas Tadeu (USJT). Neuropsicóloga pelo Instituto de Psiquiatria do Hospital das Clínicas da Faculdade de Medicina da Universidade de São Paulo (IPq-HCFMUSP). Especialista em Saúde Mental pela Faculdade de Ciências Médicas da Santa Casa de São Paulo (FCMSCSP). Neuropsicóloga no Ambulatório de Neuropediatria da Santa Casa de São Paulo. Professora dos cursos de pós-graduação em Neuropsicologia e Saúde Mental da FCMSCSP. Professora Titular de Neuropsicologia e Avaliação Psicológica na Universidade Santo Amaro (UNISA). Certificada em Avaliação Clínica para o Diagnóstico de Autismo com uso da Autism Diagnostic Observational Shedule (ADOS2) pela Universidade de Barcelona. Pesquisadora sobre preditores das dificuldades de aprendizagem em crianças com transtornos do neurodesenvolvimento na FCMSCSP.

Cristiana Castanho de Almeida Rocca

Psicóloga pelas Faculdades Metropolitanas Unidas (FMU). Especialista em Psicodrama, Terapia Cognitivo-Comportamental e Psicologia Hospitalar em Avaliação Psicológica e Neuropsicológica pela Universidade de São Paulo (USP). Mestre e Doutora em Ciências pela USP. Psicóloga Chefe e Supervisora no Serviço de Psicologia e Neuropsicologia do Instituto de Psiquiatria do Hospital das Clínicas da Faculdade de Medicina da USP (IPq-HCFMUSP). Professora convidada do Curso de Psicopatologia e Psicofarmacologia na Infância e Adolescência sobre Avaliação Neuropsicológica e Desenvolvimento Infantil do Programa de Ensino para os Residentes em Psiquiatria do HCFMUSP. Professora convidada dos cursos de Neuropsicologia Clínica e Neuropsicologia Aplicada às Especialidades do Serviço de Psicologia e Neuropsicologia do IPq-HCFMUSP. Professora convidada do Instituto de Psicologia, Educação, Comportamento e Saúde (IPECS).

Cristiane Faiad

Psicóloga pela Universidade de Brasília (UnB). Docente da Universidade de Brasília (UnB). Mestre e Doutora em Psicologia Social, do Trabalho e das Organizações pela UnB. Estágio pós-doutoral do Programa de Pós-Graduação em Psicologia Clínica e Cultura, no Departamento de Psicologia Clínica no Instituto Universitário Ispa de Lisboa (Portugal). Coordenadora do Laboratório de Pesquisa em Avaliação e Medidas (LabPAM) e do Laboratório Técnico do Centro de Pesquisa em Avaliação e Tecnologias Sociais (CEPATS) da UnB. Membro da Diretoria do Instituto Brasileiro de Avaliação Psicológica (IBAP).

Daniela Marques Farina
Psicóloga pela Universidade de São Paulo (USP). Psico-Oncologista pelo A.C. Camargo Cancer Center. Membro do Comitê Científico do Instituto Vencer o Câncer (IVOC). Psicóloga hospitalar pelo Núcleo Pró-Creare (Hospital São Luiz – Jabaquara). Psicóloga clínica em consultório particular.

Elaine Toledo Risso
Psicóloga pela Universidade Santo Amaro (UNISA). Mestre em Saúde Materna pela UNISA. Docente do curso de Psicologia da UNISA. Orientadora de trabalhos de pesquisa nas áreas social, orientação profissional e escolar e abordagem centrada na pessoa na instituição UNISA. Psicóloga clínica em consultório particular.

Fabiana Saffi
Psicóloga pela Pontifícia Universidade Católica de São Paulo (PUC-SP). Mestre e Doutora em Ciências pela Universidade de São Paulo (USP). Especialista em Psicologia Jurídica pelo Conselho Federal de Psicologia (CFP). Especialista em Avaliação Psicológica e Neuropsicológica pelo Serviço de Psicologia do Instituto de Psiquiatria do Hospital das Clínicas da Faculdade de Medicina da USP (IPq-HCFMUSP). Diretora do Serviço de Psicologia e Neuropsicologia do IPq-HCFMUSP. Coordenadora do Programa de Psiquiatria Forense e Psicologia Jurídica do Núcleo de Psiquiatria e Psicologia Forense (Nufor) do IPq-HCFMUSP.

Fernanda Gonçalves da Silva
Psicóloga pela Universidade Estácio de Sá. Mestre em Avaliação Psicológica pela Universo. Doutora em Psiquiatria e Saúde Mental pelo Instituto de Psiquiatria da Universidade Federal do Rio de Janeiro (UFRJ). Especialista em Avaliação Neuropsicológica pela Faculdade Focus. Diretora da empresa FGS Consultoria. Docente e Coordenadora do Comitê de Ética em Pesquisa do Centro Universitário UniBTA. Docente e Coordenadora do Comitê de Ética em Pesquisa da Universidade Focus. Editora da *Revista Multidisciplinar UniBTA e Focus*. Professora de cursos de graduação e pós-graduação nas disciplinas de avaliação psicológica na Faculdade Focus e no Centro Universitário UniBTA.

Jessyca Rossi de Lima
Psicóloga pela Universidade Anhembi Morumbi. Especialista em Psicologia Hospitalar pela Faculdade de Ciências Médicas da Santa Casa de São Paulo (FCMSCSP). Pós-graduanda em Terapia Cognitivo-Comportamental pelo

Centro de Estudos em Terapia Cognitivo-Comportamental (CETCC). Especialista em Sexualidade e Psicologia pela Faculdade Venda Nova do Imigrante (Faveni). Psicóloga hospitalar da Irmandade da Santa Casa de Misericórdia de São Paulo. Responsável pelos Ambulatórios de Transplante Renal, Hemodiálise, Voz e Implante Coclear na Irmandade da Santa Casa de São Paulo. Supervisora de alunos do Curso de Pós-graduação em Psicologia Hospitalar da FCMSCSP. Psicóloga clínica em consultório particular.

Katia Almeida Gonçalves Coelho
Psicóloga pela UNINOVE. Especialista em Psicologia Hospitalar pela Faculdade de Ciências Médicas da Santa Casa de São Paulo (FCMSCSP). Psicóloga clínica em consultório particular.

Laís Maria Cavalcante Vieira
Psicóloga pelo Centro Universitário de Brasília (CEUB). Mestranda em Neurociências e Comportamento na Universidade de São Paulo (USP). Especialista em Terapia Cognitivo-Comportamental pelo Instituto Cognitivo. Especialista em Psicopatologia pela FLNC. Especialista em Psicologia Forense pelo Instituto Persona.

Laylla Alves Rocha Araujo
Psicóloga pela Universidade Brasil (UB). Especialista em Psicologia Hospitalar pela Faculdade de Ciências Médicas da Santa Casa de São Paulo (FCMSCSP). Aluna do Curso de Psiconefrologia no Catavento Instituto. Psiconefrologista na Clínica Fênix Nefrologia. Psicóloga clínica em consultório particular.

Lílian Rodrigues Ferreira de Souza
Psicóloga pela Universidade de Guarulhos. Especialista em Psicologia Hospitalar pela Faculdade de Ciências Médicas da Santa Casa de São Paulo (FCMSCSP). Especialista em Cuidados Paliativos e Terapia da Dor pela Pontifícia Universidade Católica de Minas Gerais (PUC-MG). Vice-presidente da estadual de São Paulo da Sociedade Brasileira de Psico-oncologia (SBPO). Psicóloga hospitalar titular, Preceptora e Professora no A.C.Camargo Cancer Center. Professora convidada dos cursos de Psicologia Hospitalar, Psico-oncologia e Cuidados Paliativos nas instituições Núcleo Pro-Creare, Psicocare, Faculdade de Ciências Médicas da Santa Casa de São Paulo, Albert Einstein Ensino e Pesquisa, Sociedade Brasileira de Psico-oncologia. Psicóloga clínica em consultório particular.

Maria Elaine Gonçalves

Psicóloga graduada pela Universidade Santo Amaro (UNISA). Especialista em Neuropsicologia Clínica pelo Instituto de Psicologia Aplicada e Formação (IPAF) de São Paulo. Pós-graduada em Psicologia Jurídica pelo Instituto Sedes Sapientiae. Especialista em Perícia Forense pelo Núcleo de Psicologia Forense (Nufor) do Instituto de Psiquiatria do Hospital das Clínicas da Faculdade de Medicina da Universidade de São Paulo (IPq-HCFMUSP). Especialista em Terapia Cognitivo-Comportamental Adulto e Infantil pelo Centro de Estudos em Terapia Cognitivo-Comportamental (CETCC). Especialista em Avaliação Psicológica e Neuropsicológica pelo Serviço de Psicologia do IPq-HCFMUSP. Psicóloga perita voluntária do Nufor-IPq-HCFMUSP. Especialista no Teste de Rorschach segundo Sistema Compreensivo/Exner pela Sociedade de Rorschach – São Paulo. Aluna do Curso de Teste de Rorschach Clínico pela Sociedade de Rorschach. Assistente técnica em processos nas Varas de Família, Infância e Juventude, Cível, Trabalhista e Criminal. Psicóloga clínica em consultório particular.

Milena Nazário dos Santos

Psicóloga graduada pela Universidade Presbiteriana Mackenzie. Especialista em Psicologia Hospitalar pela Faculdade de Ciências Médicas da Santa Casa de São Paulo (FCMSCSP). Membro da equipe do Serviço de Psicologia do Sabará Hospital Infantil.

Natali Maia Marques

Psicóloga graduada pela Universidade Santo Amaro (UNISA). Mestre em Ciências pelo Programa Neurociências e Comportamento do Instituto de Psicologia da Universidade de São Paulo (IP-USP). Especialista em Avaliação Psicológica e Neuropsicológica pelo Serviço de Psicologia do Instituto de Psiquiatria do Hospital das Clínicas da Faculdade de Medicina da Universidade de São Paulo (IPq-HCFMUSP). Docente das disciplinas de Psicologia Forense e Avaliação Psicológica da Inteligência na UNISA. Supervisora clínica na UNISA. Psicóloga perita, assistente técnica e neuropsicóloga em consultório particular.

Paula Moreira Rovai

Psicóloga pela Universidade Paulista (UNIP). Especialista em Psicologia Hospitalar pela Faculdade de Ciências Médicas da Santa Casa de São Paulo (FCMSCSP). Especialista em Sexualidade e Atendimento à População LGBTQIAPN+ pelo Instituto de Psiquiatria do Hospital das Clínicas da Faculdade de Medicina da Universidade de São Paulo (IPq-HCFMUSP). Especialista em Sexualidade e Atendimento à População LGBTQIAPN+ pelo Instituto

Saud+Versidade. Psicóloga voluntária no Ambulatório Transdisciplinar de Identidade de Gênero e Orientação Sexual (AMTIGOS) do IPq-HCFMUSP. Psicóloga clínica em consultório particular.

Roseli Aparecida Monaco
Psicóloga graduada pela Universidade Santo Amaro (UNISA). Educadora graduada pela Faculdade de Educação da Universidade de São Paulo. Mestre em Educação, Arte e História da Cultura pela Universidade Presbiteriana Mackenzie. Especialista em Psicopedagogia pela Pontifícia Universidade Católica de São Paulo (PUC-SP). Mestre em Tecnologia Educativa pela Atlantic International University. Especialista em Psicoterapia Breve Psicanalítica pelo Instituto Sedes Sapientiae. Especialista em Psicanálise da Vincularidade de Família e Casal pela Sociedade Brasileira de Psicanálise de São Paulo (SBPSP). Professora e Supervisora em Psicologia da UNISA. Psicóloga clínica em consultório particular.

Sabrina dos Santos Silva
Psicóloga graduada pela Universidade Santo Amaro (UNISA). Especialista em Terapia Cognitivo-Comportamental pelo Instituto Capacitar. Pós-graduanda em Psicologia Organizacional e do Trabalho na UNISA. Psicóloga responsável técnica pela Clínica-Escola da UNISA. Psicóloga mediadora de conflitos e psicóloga clínica em consultório particular.

Silvana Nirino
Psicóloga graduada pela Universidade Santo Amaro (UNISA). Especialista em Terapia Cognitivo-Comportamental pelo Instituto de Terapia Cognitiva (ITCBR) de São Paulo. Colaboradora voluntária em psicoterapia clínica no Instituto Borboleta Azul. Coordenadora de Pesquisa do Projeto Jovens na Pandemia. Psicóloga clínica em consultório particular.

Thainá Cabañas Ferreira
Psicóloga pela Universidade Presbiteriana Mackenzie. Mestranda em Neurociências e Comportamento na Universidade de São Paulo (USP). Mestre em Psicologia do Comportamento Desviante pela Universidade do Porto (Portugal). Especialista em Perícia Psicológica e Neuropsicológica pelo Núcleo de Psiquiatria e Psicologia Forense (Nufor) do Instituto de Psiquiatria do Hospital das Clínicas da Faculdade de Medicina da Universidade de São Paulo (IPq-HCFMUSP). Especialista em Psicologia Jurídica, Forense e Criminal pelo Instituto Persona.

Sumário

Prefácio

"Muito mais do que um guia!" é o que se faz de suma importância frisar quando falamos desta obra! Um livro precioso e feito, essencialmente, por mãos femininas, profissionais ímpares e de caminhadas sublimes!

Quando nos deparamos com contextos tão complexos e recheados de detalhes como a área da avaliação psicológica e a elaboração de documentos, também nos questionamos quanto à sua viabilidade em contextos específicos.

Nesse sentido, este livro é um verdadeiro convite à reflexão e à criatividade (sim, é isso mesmo!), pois mostra que a elaboração de documentos psicológicos vai muito além de uma "receita", "regra" ou "estrutura" a ser seguida e apenas replicada! Este guia traz à tona o grande desafio técnico e ético que é fazer Psicologia no Brasil contemporâneo.

As organizadoras, de forma majestosa, propõem aos leitores o pensamento crítico diante de contextos específicos e, para isso, convidaram autores que produziram capítulos primorosos. Lidar com a mente humana requer habilidades e, acima de tudo, as capacidades adaptativa e técnica daquele que se propõe a avaliar um paciente, aplicar a escuta, estruturar o raciocínio clínico e, enfim, elaborar um documento que permita e/ou auxilie na mudança da vida daquele que é tomado pela necessidade de tais intervenções e do documento em questão. Cada um dos capítulos traz consigo uma série de despertares sobre essa atuação profissional.

O livro se inicia com uma das questões mais importantes e relevantes no contexto da elaboração de documentos por parte do profissional de Psicologia: a ética! Este capítulo faz um convite real à reflexão necessária para que os demais temas possam ser abordados, pois revela o compromisso que o profissional deve assumir diante daquele que passa por um processo de avaliação, atravessado de maneira permanente por questões de cunho ético.

Daí em diante, o leitor poderá saborear escritas potentes sobre as áreas jurídica e da saúde, nas quais, por vezes, o psicólogo passa a ser chamado como uma das figuras mais importantes e relevantes para a tomada de decisão. Nesse momento, este livro nos convida a pensar na construção do papel do psicólogo e na sua inserção nas instituições e nas decisões. Mesmo que o trabalho seja desenvolvido em um consultório particular, o documento elaborado (e a sua devida avaliação) vem ao encontro da necessidade de uma resposta que precisará ser desenvolvida por aquele que decide por um procedimento ou de uma ação que será tomada.

O capítulo dedicado à Psicologia jurídica chama a atenção para questões voltadas a temas sensíveis que devem contar com uma avaliação minuciosa e cuidadosa. É possível observar que a elaboração de documentos nesse contexto leva em conta o compromisso que o psicólogo deverá ter diante daqueles que, por vezes, contarão com o profissional como uma "voz" ativa para as mais diferentes demandas. Fica explícito, também, o compromisso social que deve ser adotado pelo profissional que atuará nessa área, expondo de maneira interessante a relevância da elaboração de documentos e a sua devida emissão no cenário da Justiça.

Por sua vez, os capítulos dedicados às práticas hospitalar e neuropsicológica traz consigo textos que servirão de base para a emissão de documentos que levarão à questão bioética em seu arcabouço. Nesse momento, as questões relacionadas ao corpo físico (e, consequentemente, simbólico) passam a ser alvo das avaliações que precedem os documentos que serão emitidos. Assim como na área jurídica, a ética do cuidado se faz presente e levanta questões que devem ser alvo permanente de reflexão por parte do psicólogo, especialmente quando exposto à "soberania" da Medicina contemporânea – medicina que cada vez mais se percebe menos soberana e mais próxima da subjetividade daqueles que confiam seus corpos, destinos, dores e anseios a ela.

São textos que convocam o psicólogo a pensar na sua prática cotidiana e na sua clínica, pois demonstram a necessidade de entendimento mínimo também de esferas que extrapolam a área da Psicologia em si e englobam o entendimento do contexto no qual atuam – a Medicina e a Justiça.

Creio que muitos psicólogos podem ainda não compreender o peso de suas "escritas", dos seus "jalecos", dos "carimbos" e de suas "canetas"! Fazer Psicologia na atualidade requer do profissional o aprofundamento em sua área de interesse e o domínio de técnicas, testagens (quando necessário) e modelos de avaliação que permitam a elaboração de documentos que tenham uma finalidade única: a melhor decisão para os sujeitos envolvidos!

Diante do exposto, fica o convite para que o leitor embarque nesta obra feita com maestria pelas organizadoras e autoras! Que este guia possa abrir espaços, promover reflexões e ajudar o profissional a atuar de maneira mais consistente e potente no caminho que desejar traçar!

Caio Henrique Vianna Baptista
Psicólogo e Psico-oncologista
Mestre em Ciências pela Faculdade de Medicina da Universidade de São Paulo (USP)
Especialista em Psicologia Hospitalar pelo Hospital das Clínicas da Faculdade de Medicina da USP
Psicólogo e Coordenador do Aprimoramento em Psicologia Hospitalar do Núcleo Pró-Creare (Hospital São Luiz – Jabaquara e Hospital da Criança – Rede D'Or)
Coordenador da Comissão Temática de Psicologia Hospitalar da Região Metropolitana do Conselho Regional de Psicologia de São Paulo (CRP SP)
Presidente da estadual de São Paulo da Sociedade Brasileira de Psico-oncologia (SBPO)
Membro do Comitê de Saúde Mental da Associação Brasileira de Leucemia e Linfoma (Abrale)

Apresentação

Caros colegas,

A ideia de produzir esta obra surgiu a partir de uma inquietação quanto à transmissão de saberes sobre a avaliação psicológica e a elaboração de documentos psicológicos no fazer da Psicologia. Assim, este guia vem para nortear e atualizar as condutas éticas, técnicas e científicas a fim de possibilitar a construção de uma conduta profissional pautada nos princípios teóricos e práticos fundamentais para uma atuação em Psicologia autônoma e crítica, principalmente no que diz respeito à qualificação dos profissionais no desenvolvimento da avaliação psicológica.

O livro está organizado de acordo com as principais áreas que abarcam a avaliação psicológica e a elaboração de documentos, abordando as especificidades de sua estrutura nos âmbitos clínico, hospitalar e jurídico. São contemplados o fazer psicológico ético a partir das normativas dos Conselhos Regionais e do Conselho Federal de Psicologia, as atualizações de modalidades de documentos psicológicos considerando o contexto de clínica-escola, a interface entre a Psicologia e a Educação, a Psicologia na prática jurídica, as diferenças entre laudo psicológico e parecer técnico, protocolos e modos de produção de documentos em conformidade com as resoluções vigentes e as condutas éticas na atuação de peritos e assistentes técnicos, bem como na elaboração de laudo psicológico conforme diferentes perfis de agressores e para aprovação do manuseio de arma de fogo. Já no que diz respeito ao âmbito hospitalar, os capítulos abrangem a avaliação em enfermaria pediátrica, junto a pacientes oncológicos, em clínica perinatal com gestação de alto risco, junto a pacientes transexuais em processo de cirurgia para adequação vocal e no contexto de procedimentos cirúrgicos como o transplante renal, a cirurgia bariátrica e os procedimentos de laqueadura e vasectomia, além de discutir a bioética na prática de cuidados paliativos. Por fim, discute-se a importância da Neuropsicologia, considerando as atuações nos contextos de avaliação clínica e hospitalar, a avaliação das habilidades socioemocionais e a área de reabilitação cognitiva da infância até a velhice.

Esperamos, com este guia, enriquecer a atuação psicológica desde os recém-chegados na área até os profissionais mais experientes, com o intuito de auxiliar uma prática mais ética e comprometida, fornecendo subsídios para decisões jurídicas, garantindo a atenção à saúde e a qualidade de vida em diversos contextos, e contribuindo e prezando pela singularidade e pela diversidade dos indivíduos e suas coletividades.

Boa leitura!

As organizadoras

Conteúdo complementar

Este livro contém conteúdo complementar disponibilizado em uma plataforma digital exclusiva.

Nela, estão reunidos modelos de protocolos de entrevistas psicológicas, modelos de estruturas de laudos psicológicos e documentos específicos presentes nas áreas clínica, hospitalar e jurídica que consideram as especificidades de cada contexto de atuação, as demandas de avaliação e a finalidade do processo avaliativo e/ou de acompanhamento psicológico. Assim, será possível ter acesso aos protocolos construídos por meio das experiências dos profissionais que elaboram os capítulos presentes nesta obra.

Para ingressar no ambiente virtual, utilize o QR CODE abaixo, faça seu cadastro e digite o código do voucher: gedp.*

VOUCHER: gedp

*O prazo para acesso a esse material limita-se à vigência desta edição.

1

Implicações éticas e técnicas para a formação profissional

Andressa Lima Maalouf
Natali Maia Marques

INTRODUÇÃO

Em 2024, a Psicologia brasileira completa 62 anos de regulamentação. Ao longo desse período, teve lugar a construção de uma profissão forte embasada em princípios éticos, técnicos e científicos. Como premissa fundamental inerente a todas as suas áreas de atuação, destaca-se o comprometimento da Psicologia com a saúde mental e o bem-estar do indivíduo. Outro aspecto importante desse período foi a participação dos profissionais nas lutas coletivas em busca de uma sociedade mais justa e igualitária.

Os princípios e fundamentos presentes no *Código de Ética Profissional do Psicólogo* tomam como base a *Declaração Universal dos Direitos Humanos* e estabelecem que o profissional deve visar à "promoção da liberdade, da igualdade e da integridade do ser humano".[1] É oportuno, portanto, iniciar esta obra com uma reflexão sobre como tem sido a articulação efetiva da Psicologia na prática, considerando tanto os aspectos técnicos quanto a postura ética.

AVALIAÇÃO PSICOLÓGICA

A avaliação psicológica é um processo avaliativo que tem início (entrevistas psicológicas e anamnese), meio (questionários, testagem etc.) e fim (elaboração de laudo psicológico e devolutiva) (Figura 1).

Nos múltiplos campos de atuação existentes (clínico, jurídico, educacional, hospitalar, organizacional, entre outros), profissionais da Psicologia

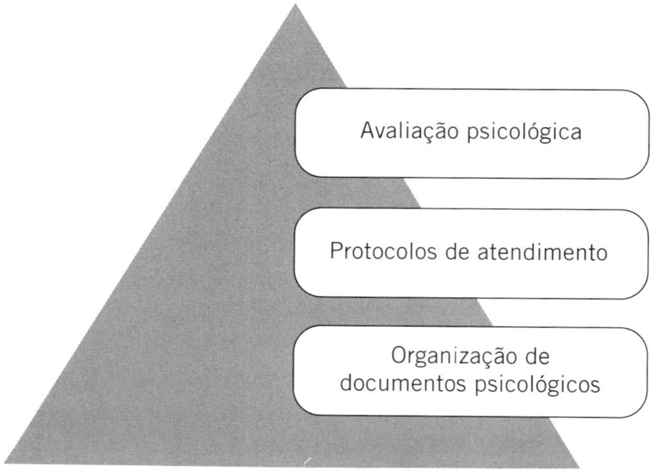

FIGURA 1 Construção da avaliação psicológica.

podem se deparar com a necessidade de realizar uma avaliação psicológica e, consequentemente, elaborar algum documento psicológico ao final dessa etapa. Nesses contextos tão diversos, as demandas e finalidades da avaliação psicológica também são múltiplas e o processo precisará ser adaptado aos critérios e às especificidades de cada área. No campo jurídico, por exemplo, essa avaliação é compreendida como uma perícia psicológica, que tem como finalidade atender a uma demanda legal. Na área clínica, de atuação ampla, a avaliação pode servir como auxílio diagnóstico em quadros de neurodesenvolvimento atípico e degenerativos, contribuindo em atuação conjunta com a área educacional. Já nas múltiplas demandas hospitalares, considerando-se a atuação em ambulatórios, enfermarias e unidades de terapia intensiva (UTI), os pacientes podem ser avaliados antes da realização de procedimentos cirúrgicos e transplantes ou no curso de situações emocionalmente desafiadoras. Esses exemplos demonstram que a avaliação psicológica promove um impacto na vida do indivíduo e na sociedade que o cerca, pois, ao buscar compreender as características do sujeito, sejam elas de personalidade, cognição, habilidades, dificuldades e/ou prejuízos, seu resultado permite também construir o cuidado necessário a esse indivíduo.

É imprescindível, portanto, identificar e descrever as semelhanças e diferenças que podem permear esse processo, principalmente para as áreas clínica, jurídica e hospitalar. A começar pela escolha de instrumentos e técnicas, o profissional envolvido deve ter um comprometimento técnico-científico e ter qualificação técnica para essa prática que seja pertinente ao contexto.

Assim, na formação profissional, é necessário abordar os diferentes contextos das demandas e conhecer as características próprias de cada área de atuação (clínica, jurídica, hospitalar, entre outras). No contexto jurídico, a maior complexidade diz respeito à possibilidade de haver situações de violência. No contexto clínico, se houver suspeita de maus-tratos, é preciso conhecer bem as orientações e diretrizes quanto à quebra do sigilo profissional, entre outras tantas diretrizes. Na atuação hospitalar, é imprescindível compreender as particularidades de cada setor (ambulatório, enfermaria e UTI) e realizar a avaliação tendo em vista a finalidade específica do caso (cirurgia bariátrica, transplante, cuidados paliativos, acompanhamento psicológico de gestantes, tratamento oncológico) e conhecer os protocolos e instrumentos apropriados. Somado a tudo isso, o profissional sempre deve considerar e respeitar os preceitos éticos da profissão.

AVANÇOS DA PSICOLOGIA BRASILEIRA REFERENTES À AVALIAÇÃO PSICOLÓGICA

Grande parcela das denúncias realizadas nos Conselhos de Psicologia diz respeito a procedimentos utilizados justamente na avaliação psicológica, como a utilização inadequada de técnicas, encaminhamentos incoerentes e falta de respaldo teórico/científico em laudos psicológicos (Figura 2). Essa constatação indica um problema que não é da área de conhecimento, mas da prática que não se respalda na ciência e na ética. Denota uma falta de preparo/qualificação por parte dos profissionais que caracteriza a necessidade de uma formação permanente, tendo em vista os avanços teóricos.[2]

A aplicação da Psicologia com respaldo na ciência é fundamental, portanto, para garantir que boas práticas técnicas sejam incluídas e mantidas nas condutas dos profissionais. Nesse sentido, o Conselho Federal de Psicologia (CFP) lançou o Sistema de Avaliação de Práticas Psicológicas "Aluízio Lopes de Brito" (SAPP), por meio da publicação da Resolução CFP nº 18/2022, que tem como função avaliar as práticas emergentes e complementares, analisando sua compatibilidade com os preceitos técnicos e éticos da Psicologia. Assim, a partir do momento em que uma técnica passa a figurar nas condutas de psicólogos e psicólogas, ela deve se tornar objeto de orientação e fiscalização pelo Sistema Conselhos de Psicologia.

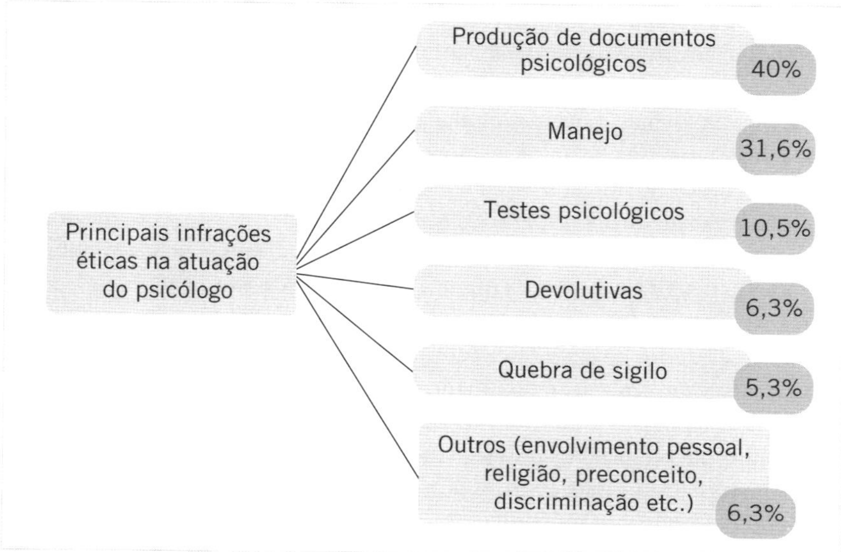

FIGURA 2 Práticas julgadas nos processos éticos do Conselho Federal de Psicologia.
Fonte: adaptada de Muniz, 2018.[2]

Merece destaque também a criação do Sistema de Avaliação dos Testes Psicológicos (SATEPSI). Por meio desse sistema, os testes psicológicos são avaliados e aqueles aptos à utilização são disponibilizados aos profissionais, considerando instrumentos restritos e não restritos a psicólogos.[3] Essa importante iniciativa possibilita o emprego de conhecimentos sustentados cientificamente e, em longo prazo, promove uma melhora na capacitação desses profissionais com relação ao uso dos testes, técnicas e procedimentos relacionados à avaliação psicológica.

POSTURA ÉTICA

Uma falta ética ocorre quando um profissional adota técnicas e/ou métodos que não são científicos. A ética deve ser o primeiro preceito da atuação do psicólogo.

O uso de testes psicológicos de forma isolada, desprovido de um processo e sem a compreensão e o preparo adequados, gera conclusões insuficientes, pois não abarca a complexidade e o dinamismo do ser humano, e caracteriza uma falta ética.

Um exemplo notável de falta ética foi o uso, por muitos anos, da constelação familiar (Figura 3) tanto na área clínica, como recurso psicoterápico, quanto no contexto jurídico, como recurso avaliativo. Essa falta ética culminou em práticas que prejudicaram diversas famílias, promovendo implicações éticas como a revitimização em situações de violência e a culpabilização de vítimas.[4]

Em 2023, uma nota técnica publicada pelo Sistema Conselhos de Psicologia[2] destacou as incompatibilidades no uso da técnica da constelação familiar pela Psicologia. Ao longo do documento, foram apontadas incongruências éticas e de conduta profissional. O embasamento teórico da constelação familiar apresenta uma leitura acerca do lugar da infância e da juventude marcada por um viés afeito à naturalização da ausência de direitos e de assujeitamento frente aos genitores, o que desrespeita as normativas do Sistema Conselhos de Psicologia e o próprio Estatuto da Criança e do Adolescente (ECA).[4] Além disso, a prática fere as diretrizes normativas sobre gênero e sexualidade estabelecidas pelo CFP, pois reproduz conceitos patologizantes das identidades de gênero, das orientações sexuais, das masculinidades e feminilidades que fogem ao padrão hegemônico imposto para as relações familiares e sociais, entre outras violações.[4] Por meio desse documento, os representantes do CFP dialogam sobre o tema com o Ministério da Saúde e o sistema de Justiça brasileiros.

FIGURA 3 Nota técnica do CFP sobre constelação familiar.
Fonte: Conselho Federal de Psicologia (https://www.crpsp.org/impresso/view/549), 2023.[4]

A Figura 4 elenca as condutas éticas a serem adotadas nos processos de avaliação psicológica.

RESOLUÇÕES NORTEADORAS DA ATUAÇÃO PAUTADA NA ÉTICA, NA QUALIFICAÇÃO E NA DIVERSIDADE

Algumas resoluções disponibilizadas recentemente pelo Conselho Federal de Psicologia e pelos Conselhos Regionais são fundamentais para a formação de profissionais comprometidos com a ciência e que prezem por realizar a avaliação psicológica seguindo os princípios éticos, principalmente nos contextos clínico, jurídico e hospitalar (especificados ao longo dos capítulos seguintes).

Duas dessas resoluções são essenciais nesse sentido e se aplicam a todos os campos da Psicologia: a Resolução CFP nº 07/2023,[5] que estabelece normas para o exercício profissional com relação ao caráter laico da prática psicológica, considerando a diversidade de cada sujeito, e a Resolução CFP nº 31/2022,[2] que estabelece diretrizes para a realização de avaliação psicológica no exercício profissional da psicóloga e do psicólogo e regulamenta o SATEPSI.

O exercício de uma boa prática no campo da avaliação psicológica envolve saber quais instrumentos e técnicas são restritos ao psicólogo e quais acrescentam mais qualidade à avaliação.

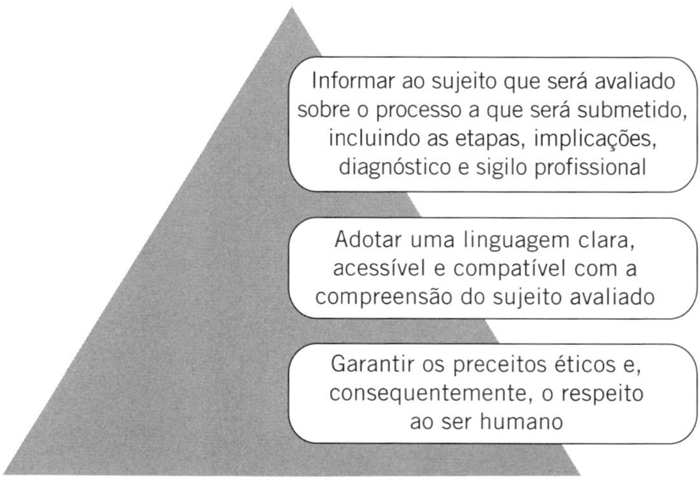

FIGURA 4 As principais condutas éticas do processo de avaliação psicológica.

CONSIDERAÇÕES FINAIS

O propósito desta obra é contribuir com uma Psicologia forte, pautada em princípios éticos e científicos. É importante refletir, portanto, sobre o desenvolvimento da avaliação psicológica considerando manejos, técnicas, condutas e documentos produzidos nos eixos da qualificação, da utilização de metodologias reconhecidas cientificamente e do comprometimento com a igualdade (decisões que consideram os seres humanos sem discriminação).

Esse propósito implica planejamento prévio da atuação profissional, considerando a demanda e a finalidade da avaliação psicológica, as semelhanças e diferenças, e a complexidade e os limites de cada técnica e área de atuação (clínica, hospitalar e jurídica).

É necessário, ainda, relembrar o dever de conduzir nossas práticas com olhar ético e embasado nos direitos humanos. A Psicologia teve participação direta, por exemplo, na elaboração do ECA e tem o dever de contribuir com a construção de uma sociedade em que vigore a garantia de direitos.

Este guia possibilita a melhor compreensão de práticas que contribuem com essa construção e com a transformação da sociedade brasileira, promovendo assistência e impacto reais na saúde coletiva brasileira.

REFERÊNCIAS BIBLIOGRÁFICAS

1. Conselho Federal de Psicologia. Código de ética profissional do psicólogo. Brasília: CFP; 2005.
2. Muniz M. Ética na avaliação psicológica: velhas questões, novas reflexões. Psicol Cienc Prof. 2018;38(especial):133-46.
3. Conselho Federal de Psicologia. Resolução CFP nº 31/2022. Estabelece diretrizes para a realização de Avaliação Psicológica no exercício profissional da psicóloga e do psicólogo, regulamenta o Sistema de Avaliação de Testes Psicológicos – SATEPSI e revoga a Resolução CFP nº 09/2018.
4. Conselho Federal de Psicologia. Nota Técnica nº 1/2023. Visa a orientar psicólogas e psicólogos sobre a prática da Constelação Familiar, também denominada Constelações Familiares Sistêmicas.
5. Conselho Federal de Psicologia. Resolução CFP nº 07/2023. Estabelece normas para o exercício profissional em relação ao caráter laico da prática psicológica.

2

Atualizações sobre tipos de documentos psicológicos no contexto de clínicas-escola de Psicologia

Adriana dos Santos Pereira
Sabrina dos Santos Silva

INTRODUÇÃO

Este capítulo tem como objetivo elucidar os documentos psicológicos no âmbito das clínicas-escola e seu funcionamento como prévia nas produções de documentos profissionais, tendo como diferenciais suas características pedagógicas.

REGULAMENTAÇÃO

O Sistema Conselhos de Psicologia tem pautado a elaboração de documentos escritos na prática profissional desde 2001, com o intuito de uniformizar e qualificar a produção desses documentos. Um exemplo desse esforço é o *Manual de Produção de Prontuários e Documentos Escritos do CRP SP* (Figura 1).[1]

Em 2019, reconhecendo a complexidade do exercício profissional nos vastos campos de atuação da Psicologia, o Conselho Federal de Psicologia (CFP) publicou a Resolução CFP nº 06/2019,[2] reconhecendo a gama de documentos produzidos por esses profissionais, considerando que nos atendimentos dentro das clínicas-escola, as documentações são produzidas pelo estagiário com auxílio, anuência e assinatura do supervisor(a), ou seja, de psicólogo(a) com conhecimento técnico na área. Neste sentido, é fundamental que a referida Resolução CFP 06/2019 seja ensinada neste contexto acadêmico.

A Resolução CFP nº 06/2019[2] tem como objetivo também orientar os profissionais de Psicologia sobre a importância da produção dos documentos

FIGURA 1 Capa do *Manual de Produção de Prontuários e Documentos Escritos do CRP SP*.
Fonte: Conselho Federal de Psicologia (https://www.crpsp.org/impresso/view/549), 2023.[4]

psicológicos. Assim, essa legislação estabelece os princípios fundamentais para a elaboração de documentos psicológicos.

Nos artigos 1º, 2º e 3º, institui as regras de elaboração de documentos escritos produzidos pelo(a) psicólogo(a) no exercício profissional.[2]

No artigo 4º, constam orientações quanto à conduta do profissional responsável pela elaboração de documentos psicológicos com relação ao serviço prestado à pessoa, a um grupo ou uma instituição.[2]

No artigo 5º, são abordados os princípios de qualidade técnica e cientifica. Esse artigo determina que os documentos psicológicos devem conter informações fundamentais e dados fidedignos, e devem considerar os resultados das avaliações e/ou intervenções psicológicas observando históricos e características sociais, bem como seus efeitos nos fenômenos psicológicos. Além disso, estabelece que, ao produzir os documentos escritos, o(a) psicólogo(a) deve se basear no que dispõe o *Código de Ética Profissional do Psicólogo*[3]. No que diz respeito aos documentos produzidos a partir de avaliações psicológicas, determina que o(a) psicólogo(a) deve se basear no que dispõe o artigo 2º da Resolução CFP nº 31/2022,[4] fundamentando suas decisões obrigatoriamente em métodos técnicos e instrumentos psicológicos reconhecidos cientificamente para uso na prática profissional, validados pelo Conselho Federal de Psicologia (CFP) e/ou por fontes complementares de informações, como o Sistema de Avaliação dos Testes Psicológicos (SATEPSI), do CFP, e o *Manual de Produção de Prontuários e Documentos Escritos do CRP SP*.[2]

O artigo 6º estabelece os princípios da linguagem técnica a ser usada para o registro dos serviços prestados pelo(a) psicólogo(a) nos documentos psicológicos. Orienta os profissionais a se expressarem de maneira precisa, expondo o raciocínio psicológico resultante da atuação profissional por meio de frases e parágrafos que demonstrem a articulação de ideias em uma sequência lógica de posicionamentos. Cita, ainda, que o registro deve ser adequado à norma culta da língua portuguesa, à linguagem técnica da Psicologia, à objetividade da comunicação e à garantia dos direitos humanos.[2]

Na Seção II, composta pelo artigo 8º, são listadas todas as modalidades de documentos psicológicos que podem ser produzidos, válidos também para o ambiente das clínicas-escola, a saber:

- Declaração.
- Atestado psicológico.
- Relatórios:
  - Psicológico.
  - Multiprofissional.
- Laudo psicológico.
- Parecer psicológico.

O CFP não disponibiliza um modelo-padrão para esses documentos, mas normatiza todas as informações que devem constar em cada um deles na Seção III (artigos 9º a 14) da Resolução CFP nº 06/2019,[2] conforme detalhado mais adiante.

No artigo 15,[2] são estabelecidas as normas para guarda dos registros escritos provenientes da prestação de serviços psicológicos e de todo o material que os fundamentou, sejam eles em forma física ou digital. Toda essa documentação deve ser guardada pelo prazo mínimo de cinco anos, conforme a Resolução CFP nº 01/2009 ou outras que venham a revogá-la. No contexto da clínica-escola, ficam sob responsabilidade dos psicólogos técnicos o arquivamento e o sigilo do material produzido nos estágios.

Por fim, a Resolução CFP nº 06/2019[2] ainda normatiza a destinação e o envio de documentos, a identificação do prazo de validade desses registros e o funcionamento da entrevista devolutiva.

Normatização dos documentos psicológicos

Declaração psicológica (artigo 9º da Resolução CFP nº 06/2019)[2]

A declaração psicológica é um documento que tem como finalidade registrar de forma objetiva as informações. Nela constará o comparecimento da pessoa em atendimento e/ou do acompanhante, o acompanhamento psicológico realizado ou em andamento e o tempo de acompanhamento, especificando dias e horários.

A estrutura desse documento se divide em: título, que sempre será apenas "Declaração psicológica", e a exposição do texto no corpo do documento. Esse texto deve conter: nome completo da pessoa atendida ou nome social; finalidade (descrição da razão ou motivo do documento), local, dias, horários e duração do acompanhamento psicológico. É proibido registrar sintomas, situações ou estados psicológicos em qualquer declaração psicológica.

Atestado psicológico (artigo 10 da Resolução CFP nº 06/2019)[2]

O atestado psicológico é um documento proveniente de um processo de avaliação psicológica, não podendo ser considerado um diagnóstico nosológico (parte da Medicina que descreve, estuda e classifica as doenças). Seu conteúdo deve descrever o estado psicológico relativo ao que foi avaliado durante os atendimentos.

Seguindo o mesmo padrão da declaração psicológica citado anteriormente, esse documento deve ser finalizado com as indicações de local e data de emissão, carimbo com nome completo ou nome social do(a) psicólogo(a), número da inscrição no Conselho Regional de Psicologia (CRP) e, caso seja uma produção de clínica-escola, carimbo e assinatura do(a) psicólogo(a) responsável técnico(a), professor(a) orientador(a) ou coordenador(a) do curso de Psicologia. Em todas essas situações, o nome deve vir acompanhado do número de registro ativo junto ao CRP.

Relatório psicológico (artigo 11 da Resolução CFP nº 06/2019)[2]

O relatório psicológico consiste em uma exposição escrita descritiva e circunstanciada que considera históricos e características sociais da pessoa, grupo ou instituição atendida, podendo também ter caráter informativo. A linguagem utilizada deve ser acessível e compreensível ao destinário, respeitando os preceitos do *Código de Ética Profissional do Psicólogo*,[3] como citado anteriormente.

Esse documento não deve conter uma descrição na íntegra, salvo quando tal descrição se justificar tecnicamente. Sua estrutura deve ser composta por cinco itens: identificação, descrição da demanda, procedimento, análise e conclusão.

Laudo psicológico (artigo 13 da Resolução CFP nº 06/2019)[2]

O laudo psicológico é resultante de um processo de avaliação psicológica cujo intuito é apresentar a demanda, os procedimentos e o raciocínio técnico científico do profissional, sua fundamentação teórica e técnica, bem como as conclusões e recomendações considerando-se a natureza dinâmica e não cristalizada do seu objeto de estudo. Sua estrutura deve ser composta por seis itens: identificação, descrição da demanda, procedimento, análise, conclusão e referências.

SERVIÇO-ESCOLA DE PSICOLOGIA

Desde a criação da profissão de psicólogo, por meio da Lei nº 4.119/62,[5] os cursos de Psicologia, cumprindo exigências legais, instalaram seus serviços-escola. Esses serviços são ambientes de formação profissional que permitem a consolidação das competências necessárias ao exercício da profissão.

Com as mudanças legislativas que se seguiram, os serviços-escola de Psicologia passaram a fundamentar suas ações e estruturas no *Código de Ética Profissional do Psicólogo*, nas Diretrizes Curriculares Nacionais para os cursos de Psicologia, na Lei nº 11.788/2008[6] (regulamenta as atividades de estágio) e, por conta da inclusão da Psicologia na área da saúde, nas regulamentações do Centro de Vigilância Sanitária do Estado de São Paulo (CVS-SP) e na carta dos direitos dos usuários da saúde (regulamenta as atividades de estágio).

Objetivo

O objetivo dos serviços-escola de Psicologia é oferecer condições físicas, materiais, administrativas e pedagógicas para a realização dos estágios obrigatórios do curso de Psicologia, proporcionando aos estudantes o desenvolvimento das condições profissionais por meio da vivência de atendimento psicológico à comunidade e garantindo experiência de autonomia e a consciência de ter uma formação continuada.

Modalidades de atendimento e serviços

Os atendimentos previstos para esses ambientes são classificados em diferentes formatos e modalidades:

- Realização de entrevistas de triagem.
- Atendimentos psicológicos individuais e em grupos para crianças, adolescentes, adultos e idosos.
- Diagnóstico psicológico, que consiste em uma investigação baseada na coleta de dados, estudos e interpretação de informações a respeito dos fenômenos psicológicos que são resultantes da relação do indivíduo com a sociedade, utilizando estratégias, instrumentos e técnicas psicológicas.
- Orientação profissional individual voltada para o direcionamento da escolha profissional, ações de reflexão sobre o significado do trabalho, conversas a respeito de projeto de vida e a relação com o trabalho; e orientação para o autoconhecimento e a autopercepção.

Condutas recomendáveis

Ao adentrar as dependências do serviço-escola de Psicologia, os estudantes devem estar identificados e manter uma conduta pessoal irrepreensível quanto a seu tom de voz, risos e gestos, bem como tratar a todos com urbanidade e boa educação. Devem cuidar, ainda, de sua aparência pessoal, evitando o uso de vestimentas, adereços, maquiagem e outros acessórios em excesso que sejam incompatíveis com a imagem profissional da Psicologia, exercendo, assim, a postura e o padrão de conduta previstos no *Código de Ética Profissional do Psicólogo*.

Durante os atendimentos, os estudantes têm obrigação de sinalizar que a sala está em atendimento, com o uso de plaqueta, comunicado ou outras formas de sinalização Indicando "EM ATENDIMENTO", e, ao final do atendimento, não podem se esquecer de sinalizar que a sala está "LIVRE". Os estudantes devem respeitar também os horários de início e término do atendimento, liberando a sala para que outros possam utilizá-la. Salvo exceções da unidade de ensino, os atendimentos não devem ultrapassar o limite de 50 minutos previsto para cada sessão. Em caso de não cumprimento do período de reserva, a equipe técnica terá liberdade para intervir no atendimento, com o intuito de promover o bom funcionamento do serviço e a continuidade dos atendimentos.

Uso das instalações, instrumentos e materiais

Todas as instalações dos serviços-escola de Psicologia são de uso exclusivo de usuários, estudantes e profissionais vinculados ao serviço, não sendo permitido destiná-las a nenhuma outra finalidade. A sala de espera e a recepção são exclusivas para os usuários que nela aguardam atendimento e seus acompanhantes, não podendo permanecer no local pessoas estranhas aos serviços prestados. Os serviços devem ser solicitados pelo balcão da recepção e as pessoas não podem entrar sem autorização.

Todo material solicitado e/ou retirado deverá, logo após o uso, ser devolvido a seu local de origem. Os prazos de devolução dos instrumentos psicológicos (testes e manuais) são determinados pela instituição de ensino. Testes, livros e outros materiais de uso exclusivo da Psicologia são entregues pelos responsáveis técnicos mediante registro dos dados do(a) estudante solicitante, não podendo ser entregues por outros profissionais não pertencentes à Psicologia. Sua devolução, assim como seu estado de conservação, devem ser devidamente anotados, e quaisquer danos que forem da responsabilidade do(a) estudante devem ser reembolsados à instituição de ensino.

É proibida a reprodução parcial ou integral de instrumentos psicológicos (testes e manuais) na forma de fotocópias ou em outras formas que não sejam os originais (p. ex., telefones celulares e máquinas fotográficas).

É vetado aos estudantes utilizar, durante atendimento ou prática disciplinar no serviço-escola de Psicologia, o uso de telefones celulares ou congêneres. É proibido, ainda, o uso de substâncias entorpecentes de qualquer origem nas dependências do serviço-escola de Psicologia.

Deveres e atribuições dos estudantes de Psicologia

Aos estudantes, cabe:

- Zelar pela ética em conformidade com o *Código de Ética Profissional do Psicólogo*.[3]

- Respeitar e seguir rigorosamente o *Código de Ética Profissional do Psicólogo*,[3] ficando estabelecido que o cumprimento da ética deve prevalecer em qualquer situação vivenciada na prática de estágio ou disciplinar.
- Desenvolver estágio supervisionado e/ou atividade disciplinar com responsabilidade, ética, competência e seriedade.
- Conhecer todas as normas estabelecidas por Resoluções do CFP antes de iniciar as práticas de estágio e/ou atividade disciplinar.
- Cumprir os objetivos gerais e específicos estabelecidos para estágios supervisionados e/ou atividades disciplinares.
- Cumprir a frequência, os horários e a participação em todas as supervisões e/ou atividades, conforme o grupo em que está inserido.
- Comparecer à supervisão obrigatória ou orientação acadêmica para que aconteça o atendimento posterior e/ou a discussão do atendimento.
- Em caso de dúvida sobre o funcionamento do serviço-escola, procurar os professores orientadores, responsáveis técnicos ou coordenador(a) do curso de Psicologia para possível instrução, conforme a estrutura da instituição de ensino.
- Elaborar os relatórios acadêmicos e/ou registros documentais que compõem os estágios e/ou atividades conforme padrão estabelecido para cada abordagem/disciplina, obedecendo às normas da língua portuguesa.[2]
- Assumir extremo cuidado na confecção de relatórios de atendimento e/ou registros documentais, bem como na elaboração de documentos psicológicos, que não poderão ser executados por terceiros e/ou reproduzidos em cópia.
- Cuidar do sigilo das informações que obtiver, ouvir ou tomar conhecimento, seja por meio do atendimento direto do usuário ou da participação em grupo de supervisão.[3]
- Evitar comentários sobre informações dos atendimentos fora do contexto da supervisão e/ou orientação acadêmica, em qualquer local, dentro ou fora da instituição, mantendo o sigilo profissional.[3]

Registros dos atendimentos

Todos os registros referentes aos atendimentos devem ser elaborados conforme a Resolução CFP nº 01/2009[7] e entregues para arquivamento em prontuário psicológico durante o processo terapêutico. Eles devem conter os dados do usuário, número de prontuário, datas dos atendimentos e data atual.

Também devem ser assinados com o nome completo do(a) estagiário(a) e do(a) professor(a) orientador(a) responsável e conter o número de registro profissional deste(a) último(a).

Os conteúdos dos relatórios acadêmicos, evoluções, documentos psicológicos e outros registros referentes aos atendimentos representam dados de vida do usuário, por isso esses documentos devem ser considerados confidenciais e intransferíveis, mesmo que sejam arquivados em locais distintos.

O(a) estagiário(a) deve zelar por sua confecção durante o processo de atendimento, mantendo a confidencialidade das informações. A não observância dessa condição implica falta ética grave, que pode acarretar medidas determinadas pela coordenação do curso de Psicologia com base no código de ética do(a) psicólogo(a). É responsabilidade do(a) estagiário(a) registrar cada atendimento na folha de evolução do usuário, incluindo faltas justificadas ou não. Esse documento é obrigatório e deve ficar disponível no serviço-escola de Psicologia, de forma que o usuário possa solicitá-lo a qualquer momento por meio do prontuário. A folha de evolução deve conter um registro das atividades realizadas em cada atendimento e a evolução do processo terapêutico. Esse documento deve estar datado e ser assinado com nome por extenso do(a) estagiário(a) e do(a) professor(a) orientador(a), incluindo o número de registro profissional deste(a) último(a), e ser mantido dentro do prontuário no serviço-escola de Psicologia. Esse documento deve ser entregue pelo(a) estagiário(a) apenas no dia da supervisão, para ciência e assinatura do(a) professor(a) orientador(a), formalizando o atendimento.

A ficha em questão não pode ficar fora dos arquivos do serviço-escola de Psicologia por mais de 24 horas. Caso o(a) estagiário(a) realize atendimento com espaçamento de dias para a supervisão em que será entregue a documentação para as assinaturas, é recomendável manter esse documento sob guarda na clínica-escola, conforme orientação da instituição/psicólogos responsáveis técnicos.

Todos os documentos devem ser confeccionados e organizados pelos estagiários no prontuário de cada usuário, em ordem decrescente de atendimento, ou seja, do mais recente ao mais antigo, juntamente com a síntese e a conclusão do caso, paginação, rubrica em todas as laudas, data, assinatura por extenso do(a) professor(a) orientador(a) e do(a) estagiário(a), com a recomendação de continuidade e/ou encerramento do caso, conforme determina a Resolução nº 01/2009.[7]

O(a) professor(a) orientador(a) do estágio deve exigir dos estagiários a produção de documentos, bem como a utilização de instrumentos psicológicos padronizados e aprovados, que ficarão disponíveis junto ao prontuário para consulta acadêmica e pedagógica.

Documentos de registros e prontuários

Os documentos de registros e prontuários constituem material protegido pelo sigilo profissional. Somente pessoas autorizadas pela coordenação do serviço-escola têm permissão para manuseá-los.

A responsabilidade pelos registros dos atendimentos e pela organização dos documentos correspondentes é única e exclusivamente do(a) estagiário(a) e do(a) professor(a) orientador(a). Os prontuários não podem ser retirados das dependências do serviço-escola de Psicologia, exceto com autorização do(a) professor(a) orientador(a) para orientação em supervisão e mediante assinatura de protocolo de controle, sendo devolvido logo após essa atividade.

Informação aos professores orientadores

Cabe aos psicólogos docentes ou professores orientadores elucidar, informar, orientar e exigir dos estudantes a observância dos princípios e normas contidas no *Código de Ética Profissional do Psicólogo*.[3]

O(a) professor(a) orientador(a) do estágio obrigatoriamente deve ser psicólogo(a) com inscrição ativa no CRP e membro do corpo docente do curso de Psicologia. Também deve ter experiência prática comprovada na área que irá supervisionar (aplicável a todos os docentes responsáveis pelas disciplinas práticas).

É desejável, ainda, que o(a) professor(a) orientador(a) esteja engajado(a) em atividades de pesquisa científica, com trabalhos submetidos à comunidade, levando relatos, análises, reflexões e pesquisas sobre sua experiência a congressos, encontros científicos, semanas de estudo, publicações técnico-científicas etc.

Como já mencionado, também é sua responsabilidade exigir dos estudantes a produção de documentos, bem como a utilização de instrumentos psicológicos padronizados e aprovados, que estarão disponíveis junto ao prontuário para consulta acadêmica e pedagógica. Para tanto, devem ser seguidas as orientações da Resolução CFP nº 01/2009[7] para a produção e a organização dos documentos escritos por psicólogos.

Função dos responsáveis técnicos

Os psicólogos responsáveis técnicos das instituições de ensino têm como dever garantir os princípios legais e éticos dentro da sua equipe. Cabe a eles:

- Cuidar para que o atendimento seja feito com qualidade, independente de pressões feitas pela direção da instituição.
- Comprometer-se a prestar um trabalho eficiente, zelando pela dignidade e pela qualidade do serviço oferecido.
- Acompanhar todos os serviços psicológicos prestados; zelar pela qualidade dos serviços, pela guarda do material utilizado, pela adequação física e pela qualidade do ambiente de trabalho; e dar comunicação ao Conselho Regional sobre seu desligamento da função ou seu afastamento da pessoa jurídica.
- Protocolar a retirada dos instrumentos psicológicos, bem como a entrega de documentos acadêmicos, por meio de registro específico.
- Arquivar os prontuários e relatórios acadêmicos entregues pelos estagiários e conferir se estão conforme regulamentados pela Resolução CFP nº 01/2009.[7]

REFERÊNCIAS BIBLIOGRÁFICAS

1. Conselho Regional de Psicologia de São Paulo. Manual de produção de prontuários e documentos escritos do CRP SP. São Paulo: CRP SP; 2023.
2. Conselho Federal de Psicologia. Resolução CFP nº 06/2019. Institui regras para a elaboração de documentos escritos produzidos pela(o) psicóloga(o) no exercício profissional e revoga a Resolução CFP nº 15/1996, a Resolução CFP nº 07/2003 e a Resolução CFP nº 04/2019.
3. Conselho Federal de Psicologia. Código de ética profissional do psicólogo. Brasília: CFP; 2005.
4. Conselho Federal de Psicologia. Resolução CFP nº 09/2018. Estabelece diretrizes para a realização de Avaliação Psicológica no exercício profissional da psicóloga e do psicólogo, regulamenta o Sistema de Avaliação de Testes Psicológicos – SATEPSI e revoga as Resoluções n° 002/2003, nº 006/2004 e n° 005/2012 e Notas Técnicas n° 001/2017 e 002/2017.
5. Brasil. Lei nº 4.119, de 27 de agosto de 1962. Dispõe sobre os cursos de formação em psicologia e regulamenta a profissão de psicólogo. Brasília, 1962.
6. Brasil. Lei n° 11.788, 25 de setembro de 2008. Dispões sobre o estágio de estudantes; altera a redação do art. 428 da Consolidação das Leis do Trabalho – CLT, aprovada

pelo Decreto-lei nº 5.452, de 1º de maio de 1943, e a Lei n° 9.394, 20 de dezembro de 1996; revoga as Leis n° 6.494, de 7 de dezembro de 1977, e 8.859, de 23 de março de 1994, o parágrafo único do art. 82 da Lei n° 9.394, de 20 de dezembro de 1996, e o art. 6º da Medida Provisória n° 2.164-41, de agosto de 2001; e dá outras providências. Brasília, 2008.

7. Conselho Federal de Psicologia. Resolução CFP nº 01/2009. Dispõe sobre a obrigatoriedade do registro documental decorrente da prestação de serviços psicológicos.

3

Articulações entre Psicologia e Educação: avaliação psicológica, manejos e intervenções

Elaine Toledo Risso
Roseli Aparecida Monaco

INTRODUÇÃO

São notáveis as transformações contemporâneas na sociedade, principalmente no que diz respeito à Educação. Por conta disso, a compreensão do contexto escolar atual deve englobar as condições relacionais, institucionais, culturais e políticas do processo de escolarização. Nesse contexto, apesar dos esforços de profissionais da Educação, ainda são encontrados muitos obstáculos nos processos de ensino-aprendizagem, de construção do aprendizado e de desenvolvimento dos estudantes.

A partir da experiência das autoras como supervisoras de estágio de Psicologia Escolar em um curso de graduação em Psicologia, é possível afirmar que a realidade nas instituições educacionais é de desmotivação.

É possível constatar o desejo dos estudantes de participar, ser escutados e ter voz. De maneira geral, esses desejos não são atendidos, o que ocasiona desinteresse, ansiedade e sentimento de não pertencimento à instituição. As famílias são convocadas frequentemente para ouvir as reclamações sobre seus filhos, mas raramente são convidadas a participar dos projetos e da estrutura escolar. Gestores e professores, por sua vez, estão cansados e esgotados, com a saúde mental deteriorada. Eles não sabem lidar com os conflitos existentes, já que, muitas vezes, não foram formados para isso. Seu papel no contexto educacional tem sofrido alterações e muitas vezes os métodos de ensino utilizados são inadequados às perspectivas dos alunos, sejam eles crianças, jovens ou adultos. Esse cenário gera muita insegurança, medo e solidão.

Paro[1] resume essa situação da seguinte maneira:

> No decorrer em mais de trinta anos de estudos e reflexões sobre a educação e a gestão escolar, formei a convicção de que a estrutura da escola atual não se tem mostrado adequada aos fins educativos proclamados pelas concepções pedagógicas comprometidas com a emancipação cultural do indivíduo e com a construção de uma sociedade democrática.[1]

Nesse contexto, fica claro que a Psicologia Escolar pode atuar como um agente de mudanças. Essa área de atuação tem como referência os conhecimentos científicos sobre desenvolvimento emocional, cognitivo e social e, por isso, é capaz de propiciar a estudantes, professores, gestores e famílias novos fazeres e contribuir para a formação de sujeitos críticos e uma Educação de qualidade.

Assim, a avaliação em instituições educacionais deve ser holística, com consideração do campo social em que o aluno está inserido e com mecanismos de ações coletivas, para convocar todos os atores a participar, gerando um sentimento de pertencimento.

AVALIAÇÃO PSICOLÓGICA

A avaliação psicológica é uma ferramenta importante no contexto educacional que auxilia na compreensão dos processos e estilos de aprendizagem. Assim, ela também contribui com as reflexões acerca das ações a serem implementadas, desde a intervenção direta com os protagonistas até a possibilidade de subsidiar a criação de programas de intervenção e prevenção.De acordo com Hutz et al.,[2]

> A avaliação psicológica em contextos educacionais também se dá de forma ampla e utiliza diferentes ferramentas e dispositivos – individuais e coletivos. Não deve ocorrer pela testagem desorientada dos alunos, ou com psicodiagnósticos simples e que buscam achar "o problema do aluno desviante" ou "promover seu ajustamento" à escolarização. (...) a ação do psicólogo na escola prevê formação e atuação baseada em novas evidências que busquem avaliar as questões transversais à escolarização e que são demandadas a esse profissional.[2]

Essa avaliação tende a envolver um mapeamento do perfil do indivíduo, da família, da comunidade escolar e do contexto social em que as pessoas estão inseridas, feito a partir da promoção de espaços de diálogo e reflexões sobre as questões presentes na escola. De maneira semelhante, repercute no desenvolvimento psicológico de todos os envolvidos. Nesse sentido, se o processo for individualizado, ou abranger somente um aspecto da situação de ensino-aprendizagem (visão fragmentada do processo avaliativo), será insuficiente para uma compreensão interdisciplinar do sujeito. Há a necessidade, portanto, de o profissional observar todo o contexto para que construa hipóteses, estratégias e procedimentos durante todo o processo de avaliação.

Na maioria das vezes, no entanto, a avaliação psicológica é solicitada para pensar nas características do indivíduo que não se desenvolve dentro do esperado. Esse olhar carrega as marcas do início da história da Psicologia Escolar, quando seu objetivo era "ortopédico", isto é, uma prática que pudesse ajustar o sujeito ao contexto em que ele estava inserido.

Os avanços ocorridos nesse campo conferem à avaliação psicológica um papel mais abrangente. Atualmente, essa avaliação possibilita reflexões que vão além de um olhar de ajustamento, chegando a uma compreensão sobre o desenvolvimento do sujeito a partir das relações que ele estabelece, pois entende-se que a construção de quem ele é não é exclusiva dos aspectos considerados internos e inatos.

Nos estudos apresentados por Martinez,[3] as práticas mais inclusivas e abrangentes são chamadas de práticas emergentes, nas quais se incluem o desenvolvimento, o acompanhamento e a avaliação das propostas pedagógicas no contexto escolar, bem como a participação no processo de seleção dos profissionais que integram esse contexto. Promovem, portanto, ações que envolvem o desenvolvimento global do estudante.

Os estudos apontam para a importância de um olhar que se conecte com a realidade de cada grupo, considerando a intersecção de raça, classe e gênero. A perspectiva sócio-histórica fornece subsídios para o contexto da avaliação psicológica, incluindo as dificuldades de aprendizagem em uma visão totalizante de concepção de mundo, homem e sociedade. Essa abordagem postula que o indivíduo é um ser ativo e capaz de promover mudanças na sua vida e que, para isso, depende de sua visão crítica.

Nesse sentido, a avaliação psicológica exerce uma função de acompanhamento e estabelece objetivos, tornando claro o que se pretende alcançar ao longo do percurso. Assim, parte-se de uma zona de desenvolvimento próxima do aluno para se estabelecer a que ponto se quer chegar e qual será a nova condição.[4]

Vygotski[5] enuncia essa visão da seguinte maneira:

> [...] a grande ideia básica de que o mundo não deve ser visto como um complexo de objetos completamente acabados, mas sim como um complexo de processos, no qual objetos aparentemente estáveis, nada menos do que suas imagens em nossas cabeças (nossos conceitos), estão em incessante processo de transformação.

O Conselho Federal de Psicologia (CFP), em seus documentos (nota técnica, livros, caderno de orientação), orienta que a avaliação psicológica no contexto escolar deve ser um processo de construção de conhecimentos acerca de aspectos psicológicos cuja finalidade é produzir, orientar, monitorar e encaminhar ações e intervenções sobre a pessoa avaliada e que, portanto, requer cuidados no planejamento, na análise e na síntese dos resultados obtidos. Além disso, na Resolução CFP nº 31/2022,[6] o CFP destaca que é prerrogativa do(a) psicólogo(a) a definição de métodos, técnicas e instrumentos que serão utilizados na avaliação psicológica, desde que esteja devidamente fundamentada na literatura científica e nas normas vigentes da Ciência Psicológica. Os dados dessas avaliações devem resultar em um documento psicológico, conforme descreve a Resolução CFP nº 06/2019.[7]

O processo da avaliação psicológica (Figura 1) não segue uma receita fixa, pois deve ser adaptado às necessidades e às características de cada contexto. A abertura e a disponibilidade do profissional, quando está com as pessoas e nos ambientes de ensino, podem facilitar a expressão de pensamentos, sentimentos e comportamentos, e, portanto, auxiliar a coleta de informações e ajudar na compreensão e no manejo dos casos. As ferramentas utilizadas pelo profissional são auxílios no processo, mas não substituem a relação de ajuda que será estabelecida, por isso é fundamental que o profissional consiga oferecer condições facilitadoras dessa relação.

Para além dessas informações coletadas no ambiente de ensino, Hutz et al.[2] defendem, ainda, que uma atuação baseada em evidências (p. ex., dados estatísticos) pode potencializar e produzir melhor diagnóstico da situação e, assim, favorecer as intervenções e encaminhamentos e melhorar o processo de desenvolvimento e de adaptação ao contexto escolar.

Nesse sentido, um dado importante sobre o Censo Escolar da Educação Básica 2022 foi apresentado pela revista *Carta Capital*.[8] O Censo evidencia que, nos anos de transição de ciclos escolares, os alunos apresentam índice de insucesso (i. e., reprovação e abandono escolar) mais alto. No 6º ano do Ensino Fundamental, foi verificada taxa de insucesso de 4,3%; e no 1º ano do

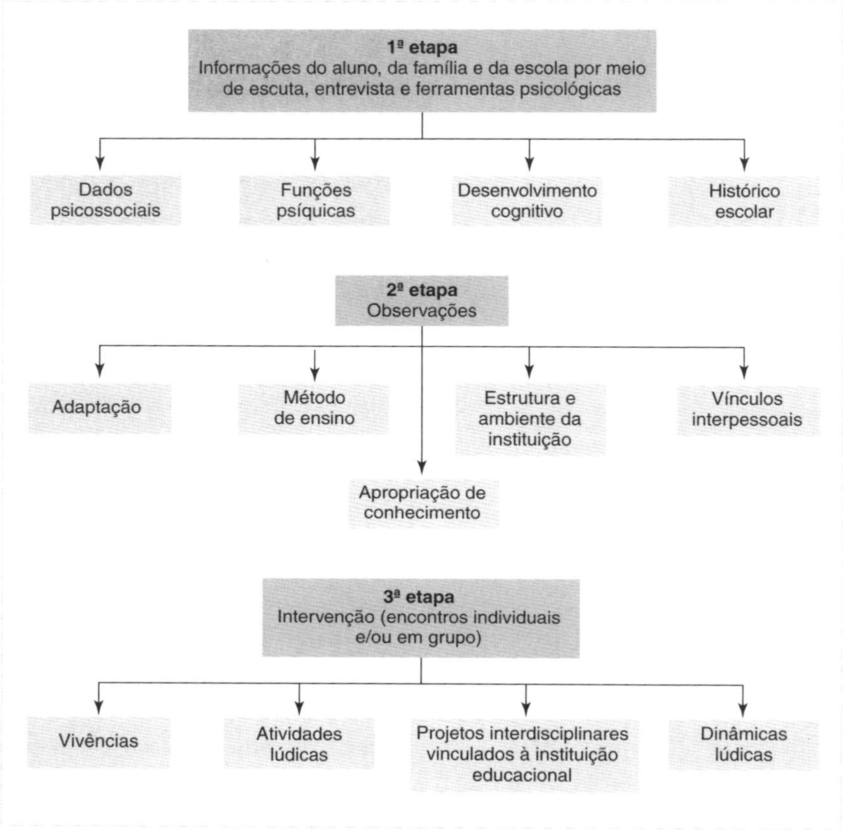

FIGURA 1 Etapas da avaliação psicológica.
Fonte: elaborada pelas autoras com base em Hutz et al., 2022.[2]

Ensino Médio o percentual foi de 9,8%. Esse é um exemplo de informação que tem o potencial de influenciar o olhar dos profissionais sobre as demandas que se apresentam, podendo servir como diferencial na avaliação psicológica, inclusive no planejamento de estratégias de intervenção.

É importante ressaltar, ainda, que uma boa avaliação psicológica, subsidiada por conhecimentos científicos e com um olhar interseccional, pode facilitar a compreensão de fenômenos e seu manejo. Assim, é fundamental que o profissional aproxime as políticas intersetoriais e as práticas interdisciplinares e que articule os conhecimentos das áreas das Ciências Humanas e Sociais.

MANEJOS E INTERVENÇÃO

No campo do manejo e da intervenção, as estratégias variam, já que dependem do contexto, das condições socioculturais e notadamente da faixa etária. Cada período do desenvolvimento traz consigo demandas específicas e requer intervenções diferenciadas.

No *Manual de Psicologia Escolar/Educacional*, organizado por Cassins et al.,[9] há algumas sugestões de ações que podem ser realizadas no âmbito escolar, como espaços para pensar e refletir sobre sexualidade, violência, problemas de aprendizagem, baixo rendimento dos alunos e professores desmotivados.

Martinez,[3] por sua vez, destaca algumas ações críticas que podem ser desenvolvidas pelo psicólogo no âmbito escolar, a saber:

- Diagnóstico e intervenção no âmbito institucional.
- Participação na construção das propostas pedagógicas.
- Participação no processo de construção da equipe e de avaliação de resultados.
- Trabalho com as equipes.
- Coordenação de atividades que envolvam o desenvolvimento integral dos alunos.
- Pesquisa.
- Participação e conhecimento nos processos de desenvolvimento de políticas públicas.

Além dessas ações, a prática das autoras permite propor também análise e observação dos processos de ensino-aprendizagem, auxílio aos professores para o conhecimento dos processos de aprendizado e desenvolvimento, bem como a participação no processo dos alunos e da equipe profissional da instituição escolar. A Tabela 1 apresenta as temáticas das principais ações desenvolvidas com alunos no campo da Psicologia Escolar em cada ciclo da vida escolar, de acordo com a experiência das autoras.

O olhar apresentado por Martinez[3] é um convite para refletir sobre uma atuação que não se restrinja ao campo do consultório e do atendimento individual. Esta atuação é importante, mas não tem a capacidade de modificar os contextos que acabam por produzir ou facilitar o aparecimento das dificuldades e problemas de aprendizagem. O olhar mais integrado pode ser um caminho para atuação na prevenção e na promoção da saúde.

TABELA 1 Ações desenvolvidas pelos estagiários

Ciclo	Temáticas
Idade pré-escolar	Interação social Comunicação Atividades lúdicas Orientação a famílias e professores
Ensino Fundamental I	Dificuldades de aprendizagem Atitudes comportamentais Relações afetivas Habilidades socioemocionais Interação com professores e gestores
Ensino Fundamental II	Inteligência emocional Relações afetivas Desinteresse e desmotivação para a aprendizagem Ansiedade e depressão Habilidades socioemocionais Interação com professores e gestores
Ensino Médio	Questionamentos sobre a construção da identidade Processo de escolha profissional Relações afetivas Conflitos geracionais Desinteresse e desmotivação para a aprendizagem Ansiedade e depressão Habilidades socioemocionais Interação com professores e gestores

A avaliação psicológica no contexto escolar deve servir de subsídio, portanto, para que sejam pensadas ações abrangentes, que contemplem:

- Ajuda para que a criança, o adolescente ou o jovem descubra seu potencial de aprendizagem e para encontrar meios que possam auxiliar no seu desenvolvimento, como os mediadores culturais (música, histórias em quadrinho, cinema, literatura, grafite e outras formas de expressão).
- Um olhar prospectivo a fim de identificar as possibilidades de desenvolvimento, em vez de focar apenas no que o aluno não consegue desenvolver.

- Reflexões junto com pais, familiares e/ou responsáveis sobre o papel da escola e da família.
- Espaços de articulação junto aos professores com o objetivo de promover uma melhor compreensão dos processos de ensino-aprendizagem, considerando os aspectos subjetivos e objetivos, singulares e coletivos que atravessam o processo de desenvolvimento.
- Discussões que promovam espaços de diálogo sobre preconceito e discriminação, que possam trazer reflexões sobre o processo de inclusão de forma que o sujeito possa pertencer ao ambiente escolar.
- Investigação das diversas relações e práticas que produziram a dificuldade escolar.
- Uso de materiais diversificados: lúdicos (brinquedos, jogos), expressivos (tinta, massinha), de leitura (livros e gibis), estruturados (possuem função definida) e não estruturados (objetos para inventar a brincadeira).

Na prática das intervenções, no entanto, tornou-se comum a chamada medicalização. Essa estratégia suscita reflexões importantes sobre os aspectos multifatoriais que permeiam o processo escolar, já que medicalizar implica a transformação de questões não médicas, que são sociais e políticas, em questões médicas e centraliza o processo saúde-doença no indivíduo. Medicalizar, muito além de recomendar remédios, é imputar à pessoa a culpa pelo jeito que ela é e, também, pelos problemas que vive. É tirar a responsabilidade do sistema político-social-econômico e, portanto, enfraquece as respostas coletivas.[10] Existem bilhões de subjetividades – maneiras de pensar, de sentir, de se comportar e de se relacionar – que inspiram e respiram juntas e ao mesmo tempo, e o esforço para anular essas diferenças é inegável. Entre as ações cujos objetivos são tornar "tudo igual" e pregar um "comportamento único", está a medicalização.

A atuação do(a) psicólogo(a) no campo da Educação, especialmente nesse cenário atual, não pode ser restrita e isolada de outros profissionais e áreas de conhecimento. Os fenômenos da aprendizagem envolvem várias áreas e, por isso, é importante a contribuição dos vários campos da Ciência para se buscar a compreensão dos seus fenômenos e modificações.

A potência para transformar o fracasso ou os problemas de aprendizagem está no processo de um olhar abrangente, multifatorial, marcado por um contexto histórico e cultural. Nesse sentido, Souza[11] afirma que o processo de intervenção/avaliação possibilita desconstruções e fortalecimento psíquico, por meio dos encontros, que transformam condições antes consideradas estéreis. A autora ressalta, ainda, a importância da reconquista de um lugar de sujeito no processo de aprendizagem (Figura 2).

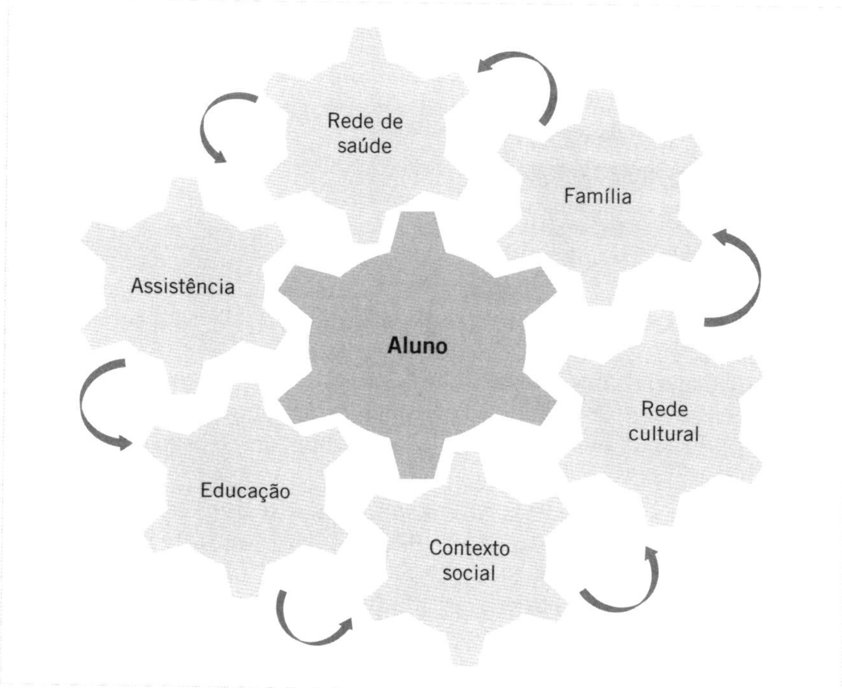

FIGURA 2 Intersecções que influenciam no desenvolvimento do aluno.

CONSIDERAÇÕES FINAIS

Diante da ideia atual de Educação como uma busca imediatista por resultados e da noção difundida de que os alunos devem se comportar e aprender conforme os padrões impostos pela escola e pela sociedade, há um risco de emitir avaliações psicológicas classificatórias. O objetivo de produzir um laudo ou diagnosticar pode promover, nesse contexto, uma prática reducionista, patologizante e discriminatória com relação às dificuldades de aprendizagem.

A proposta apresentada neste capítulo é exatamente o contrário disso. O profissional que escolhe atuar na avaliação psicológica em contexto escolar deve adotar um olhar crítico, ético e político. Deve ser um agente de transformações no ambiente escolar, priorizando a escuta, a observação, o protagonismo e o encontro entre as pessoas. Essa atuação crítica precisa, ainda, considerar as intersecções, para que não se repliquem ou se reproduzam violências culturais e estruturais que acompanham a sociedade.

REFERÊNCIAS BIBLIOGRÁFICAS

1. Paro VH. Crítica da estrutura da escola. São Paulo: Cortez; 2017.
2. Hutz CS, Bandeira DR, Trentini CM, Giordani JP (orgs.). Avaliação psicológica no contexto escolar e educacional. Porto Alegre: Artmed; 2022.
3. Martinez AM. O que pode fazer um psicólogo na escola? Rev Em Aberto. 2010; 23(83):39-56.
4. Macedo MC. A avaliação da aprendizagem escolar na perspectiva da psicologia histórico-cultural. [Dissertação]. Porto Velho: Fundação Universidade Federal de Rondônia; 2012.
5. Vygotski LS. A formação social da mente. São Paulo: Martins Fontes; 1991.
6. Conselho Federal de Psicologia. Resolução nº 31/2022. Estabelece diretrizes para a realização de Avaliação Psicológica no exercício profissional da psicóloga e do psicólogo, regulamenta o Sistema de Avaliação de Testes Psicológicos – SATEPSI e revoga a Resolução CFP nº 09/2018.
7. Conselho Federal de Psicologia. Resolução nº 06/2019 comentada: orientações sobre elaboração de documentos escritos produzidos pela(o) psicóloga(o) no exercício profissional. Brasília: CFP; 2019. Disponível em: https://site.cfp.org.br/wp-content/uploads/2019/09/Resolu%C3%A7%C3%A3o-CFP-n-06-2019-comentada.pdf. Acesso em: mar. 2024.
8. Basilio AL. Os grandes desafios educacionais do Brasil, a partir do Censo Escolar da Educação Básica 2022. Carta Capital. 08/02/2023. Disponível em: https://www.cartacapital.com.br/educacao/os-grandes-desafios-educacionais-do-brasil-a-partir-do-censo-escolar-da-educacao-basica-2022. Acesso em: mar. 2024.
9. Cassins AM, Paula Jr EP, Voloschen FD, Conti J, Haro MEN, Escobar M, et al. Manual de psicologia escolar/educacional. Curitiba: Unificado; 2007.
10. Conselho Regional de Psicologia de São Paulo. Medicalizar não é solução. (Série Comunicação Popular CRP SP, vol. V – A psicologia e sua interface com a medicalização.) São Paulo: CRP SP; 2014. Disponível em: https://www.crpsp.org/uploads/impresso/209/At7qY8R9qurINWFbmtpxDkeG0QqQzwO4.pdf. Acesso em: mar. 2024.
11. Souza BS. Orientação à queixa escolar: uma modalidade de atendimento psicológico atenta à dimensão social dos seres humanos. In: Concepções e proposições em psicologia e educação: a trajetória do Serviço de Psicologia Escolar do Instituto de Psicologia da Universidade de São Paulo. São Paulo: Blucher; 2017.

4

Perícia psicológica na Vara da Infância e Juventude: contribuições da neuropsicologia

Maria Elaine Gonçalves
Natali Maia Marques

PERÍCIA PSICOLÓGICA

Perícia pode ser definida, genericamente, como um trabalho a ser realizado por especialistas diretamente indicados pelo Judiciário com o objetivo de elucidar os fatos ainda não compreendidos pelo juiz por ultrapassarem seus conhecimentos. Trata-se, portanto, de um meio de produzir provas por meio de estudos realizados por um especialista na área ou especialidade da demanda de cada processo. Sua realização envolve estudos técnico-científicos na busca por resultados ou explicações que possam subsidiar o Poder Judiciário em suas decisões e direcionamentos.

O incremento na velocidade das informações tem levado os juízes a buscarem cada vez mais o apoio de peritos para justificarem, de forma científica, suas decisões, evitando fundamentos baseados em opiniões pessoais e facilitando que cheguem o mais próximo possível da justiça plena.[1]

No contexto da perícia psicológica, o psicodiagnóstico é a ferramenta principal de trabalho. Por meio de sua aplicação, o(a) psicólogo(a) perito(a) realiza o estudo da saúde psíquica e dos aspectos da saúde mental dos envolvidos que forem solicitados a ele(a).[2] Em sentido diferente da conceituação do trabalho do(a) psicólogo(a) de mero(a) aplicador(a) de testes psicológicos, usada durante muito tempo, o conceito de psicodiagnóstico exige uma percepção mais abrangente sobre a atuação desse(a) profissional, que vem sendo mais difundida atualmente. Essa percepção mais ampla se torna cada vez mais necessária em função das demandas sociais da realidade em que vivemos, em que se observa uma associação entre o comportamento humano e a saúde psicológica e mental.[3]

No processo psicodiagnóstico (Tabela 1), os papéis dos envolvidos já são previamente definidos, como um contrato no qual uma pessoa (paciente) pede ajuda e outra (psicólogo ou psicóloga) aceita esse pedido e se compromete a satisfazê-lo na medida de suas possibilidades. Com duração limitada, o objetivo desse processo é conseguir uma descrição e uma compreensão, o mais profunda e completa possível, da personalidade total do(a) paciente. Assim, ela abrange os aspectos passados, presentes (diagnóstico) e futuros (prognóstico) da personalidade estudada, utilizando, para alcançar seus objetivos, técnicas específicas (p. ex., entrevista semiestruturada, técnicas projetivas, entrevista devolutiva).[4]

TABELA 1 Etapas do psicodiagnóstico

Etapas	Definição
1. Primeiro contato e entrevista inicial com o(a) paciente ou responsáveis, considerando a faixa etária	Obtenção de informações relevantes sobre o histórico de vida do(a) paciente que passará pelo psicodiagnóstico, incluindo anamnese
2. Aplicação dos testes e técnicas projetivas	Organização dos instrumentos psicológicos que melhor avaliem ou atendam a demanda relacionada à queixa apresentada na entrevista
3. Encerramento do processo com devolutiva oral aos interessados	Entrega de laudo contendo o resultado da análise e da interpretação das informações obtidas com a aplicação dos testes selecionados
4. Informe escrito para o remetente	Direcionamento do laudo psicológico para o profissional solicitante, com possível devolutiva, caso necessário

Fonte: adaptada de OCampo et al., 1995.[4]

O laudo psicológico produzido no contexto pericial é diferente de um laudo psicológico clínico. Enquanto o laudo clínico é mais abrangente, pode conter orientações e sugestões e fornece devolutiva ao paciente e/ou familiares, o laudo pericial possui uma configuração mais circunscrita, possui informações relacionadas à finalidade da perícia, não fornece orientações e é enviado para o agente solicitante (jurídico), sem devolutiva direta ao(a) periciado(a).[5]

No processo de perícia psicológica, o psicodiagnóstico permite realizar um estudo aprofundado não somente sobre a personalidade do(a) periciado(a), mas também sobre suas funções cognitivas, considerando que elas determinam, de alguma maneira, todo o comportamento e as atitudes do ser humano em suas interações sociais. Assim, é de extrema importância a participação de profissionais qualificados, com conhecimento das técnicas projetivas e psicométricas, para incluí-las nos processos de perícia psicológica forense, avaliação psicológica e neuropsicológica.[6]

Assim, na atualidade, a participação de neuropsicólogo(a) no contexto forense se tornou imprescindível. Esse(a) profissional tem o embasamento metodológico e científico necessário para abordar qualquer disfunção cerebral que possa constituir uma questão relevante para um processo judicial.[6] A contribuição da Neuropsicologia Clínica para as demandas forenses no contexto de perícia psicológica ganha destaque principalmente quando crianças e adolescentes são os periciados, pois são pessoas cujas habilidades e capacidades cognitivas e intelectuais, bem como a maturidade emocional, ainda estão em desenvolvimento. É importante lembrar que, na perícia psicológica no contexto jurídico, os aspectos emocionais e afetivos que compõem a dinâmica de personalidade são associados e relacionados com o desenvolvimento das funções cognitivas, abarcando um conjunto de habilidades e competências que envolvem os domínios de: atenção, memória, linguagem, funções executivas, aprendizagem, praxia construtiva e potencial intelectual.

Cabe ao(à) psicólogo(a) perito(a) definir os procedimentos em uma perícia, de maneira que atenda à finalidade de subsidiar o Judiciário, diante de possíveis dúvidas em um processo, com as informações que compõem o contexto de saúde psicológica dos envolvidos.[6]

DEMANDAS DA VARA DA INFÂNCIA E JUVENTUDE

A Vara da Infância e Juventude tem como foco atender processos e situações que envolvam menores infratores, crianças e adolescentes vítimas de abuso sexual, violência doméstica, e outros assuntos em que estejam presentes os menores e a família, mantendo uma forte ligação com a Vara de Família.

Para abordar todas as questões envolvendo crianças e adolescentes no Judiciário, sempre é preciso considerar o Estatuto da Criança e do Adolescente (ECA), instituído pela Lei nº 8.069/90,[7] que tem como objetivos a preservação e a proteção dos direitos de crianças e adolescentes.

O trabalho de perícia psicológica para produção de documentos psicológicos que atendam a uma demanda judicial deve considerar como prioridade, portanto, aquilo que defende o ECA (Figura 1). Deve atender à solicitação judicial sempre considerando o melhor para os menores envolvidos e para seu desenvolvimento, no âmbito da saúde física e psicológica, e preservando seus direitos como pessoa.

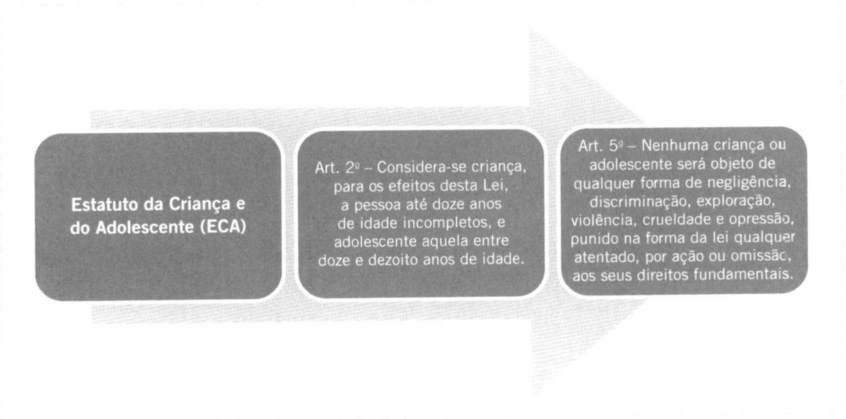

FIGURA 1 Considerações gerais do ECA.
Fonte: Brasil, 1990.[7]

Assim, a atuação de psicólogo(a) perito(a) na avaliação psicológica e/ou neuropsicológica junto a crianças vítimas de violência doméstica, maus-tratos, violência sexual e/ou delinquência juvenil deve se pautar no sofrimento da criança ou adolescente. As hipóteses formuladas com relação aos sintomas psíquicos devem considerar as possíveis situações traumáticas e/ou alienadoras que vivenciaram e as consequências que podem ter para a saúde psicológica e mental.[3] De acordo com a queixa, o(a) psicólogo(a) perito(a) precisa, portanto, elaborar ou escolher procedimentos técnicos para a avaliação psicológica, tendo como base seu conhecimento e manejo das técnicas que utilizará para o estudo, de modo que atenda às demandas do Judiciário e a queixa prestada que fez gerar o processo e, ao mesmo tempo, visando sempre o melhor para a criança.

Delinquência juvenil

O conceito de inimputabilidade merece atenção especial nesse contexto, já que ser inimputável não significa isenção da responsabilidade por qualquer ato praticado. Inimputabilidade não significa impunidade automática em atos infracionais de jovens em conflito com lei.[3]

Há que se considerar, então, que os fatores de risco para a delinquência juvenil são derivados de várias áreas importantes e refletem a natureza de cada etapa do desenvolvimento, o que a difere do comportamento antissocial

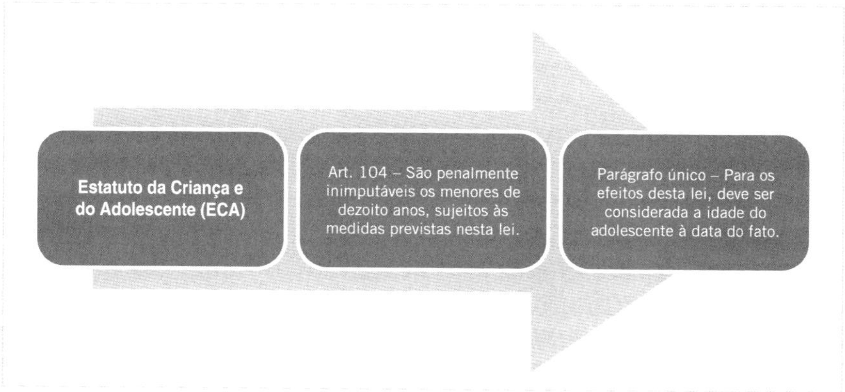

FIGURA 2 Considerações sobre a inimputabilidade e adolescência.
Fonte: Brasil, 1990.[7]

adulto. O indivíduo, a família, a escola, os companheiros e a vizinhança são todos passíveis de conter fatores de risco relevantes para a delinquência juvenil. Já o abuso de substância(s), questões de saúde mental, impulsividade geral e dificuldades na solução de problemas são fatores de riscos individuais importantes.[6]

Abuso sexual

No que se refere à atuação do(a) psicólogo(a) perito(a) e à produção de documentos psicológicos no contexto jurídico envolvendo crianças e adolescentes vítimas de abuso sexual, as etapas do desenvolvimento humano merecem maior destaque. A infância e a adolescência são fases fundamentais para a maturação e a evolução quanto aos aspectos físico, cognitivo e emocional que constituem todo o desenvolvimento psíquico e mental do indivíduo, por isso necessitam de cuidados que asseguram sua proteção, com preocupação quanto à sua interação e convivência no meio social.[3]

O abuso sexual contra crianças e adolescentes vem sendo cada vez mais evidenciado em processos judiciais, em contextos diversos, e é considerado um grave problema de saúde pública. Entre as consequências perpetuadas na saúde mental de vítimas de abuso, os transtornos mais encontrados nos resultados de avaliações psicológicas são: ansiedade generalizada, dificuldades escolares, depressão, estresse pós-traumático, transtorno de déficit de atenção e hiperatividade (TDAH) e transtorno de conduta. Além disso, essas pessoas têm maior propensão a desenvolver psicopatologias graves, tanto psicológicas como psiquiátricas, que podem interferir em toda a sua evolução, na sua vida afetiva e na sua vida sexual. Os traumas psíquicos potencialmente presentes poderão se manter na vida inteira do indivíduo vítima de abuso sexual.[3]

A sexualidade é uma característica própria do ser humano que se manifesta de diferentes maneiras em todas as fases da vida. Ela deve ser entendida como parte da construção da personalidade e da maturidade psicológica que ocorre durante o desenvolvimento (infância e adolescência). E pode ser vivenciada por meio das trocas afetivas entre as pessoas (como se encontram, se tocam e se permitem ser tocadas), abrangendo sentimentos, emoções, contato com autoestima e sensações corporais. Como parte da construção biológica, psicológica e física, a criança ou adolescente tem o direito vivenciar essa etapa de maneira saudável, tendo seu desenvolvimento sexual compatível com o psicológico. Interromper essas fases e sua evolução é violar seus direitos.[8] No abuso sexual, crianças e adolescentes são despertados para o sexo precocemente de maneira deturpada. As vítimas são desrespeitadas como pessoa humana e têm seus direitos violados. Na maioria das vezes, há ainda o agravante de que o abuso é praticado por alguém que tem a obrigação de protegê-las. O abuso sexual fornece à vítima, portanto, informações errôneas sobre sexo e sexualidade, além de ser uma relação que envolve poder e conhecimento desiguais.[8]

Neuropsicologia

Considerando o foco da perícia psicológica no âmbito da Justiça, o(a) psicólogo(a) forense, ao assumir como perito(a), precisa sempre considerar o contexto, que envolve tanto os aspectos do desenvolvimento psicológico quanto da personalidade, mas também deve entender que a saúde mental não está vinculada apenas ao perfil psicológico ou à personalidade. O desenvolvimento saudável de ambos está associado também ao processo de desenvolvimento neurocognitivo do indivíduo e pode sofrer implicações se o conjunto de domínios cognitivos, como atenção, funções executivas, habilidades intelectuais, memória, praxia e linguagem, não estiverem em consonância com a maturidade ou faixa etária, ou se a criança ou adolescente apresentar algum déficit que venha a interferir em sua relação com o ambiente, alterando seu comportamento na convivência social. Nesse sentido, a participação de um(a) profissional perito(a) neuropsicólogo(a) forense (Figura 3) se torna necessária para se atingir resultados completos no estudo e na demanda das partes envolvidas em processos de perícia.[6]

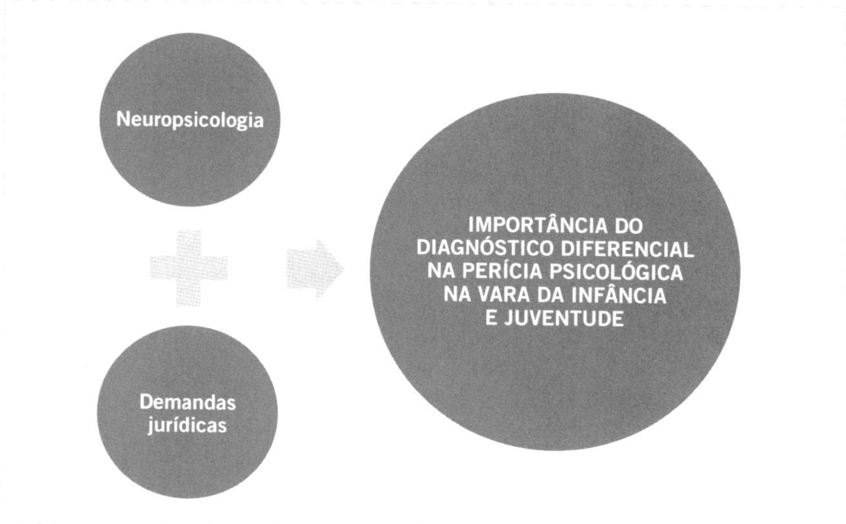

FIGURA 3 Atuação da neuropsicologia no âmbito jurídico.
Fonte: elaborada pelas autoras.

Atualmente, tem ganhado destaque nessa área de atuação o diagnóstico diferencial, na infância e na adolescência, da psicose e do transtorno do espectro autista (TEA), incluindo, ainda, o fato de que essas crianças e adolescentes podem estar mais vulneráveis a situações de violência e maus-tratos, como abuso sexual, abuso físico, alienação parental etc. Essas demandas estão presentes em estudos de perícias de litígios familiares podendo envolver crianças ou adolescentes já diagnosticados ou não. Em uma avaliação psicológica no contexto de perícia, quando surge dúvida com relação a esse aspecto por conta do que se percebeu sobre os envolvidos no processo, com base em comportamentos ou histórico de vida, ou, ainda, a partir dos resultados obtidos com a aplicação de algumas técnicas, é comum que se recorra ao diagnóstico diferencial. A discussão crucial nesses casos é sobre como auxiliar o Judiciário a decidir o que é melhor para a criança ou adolescente.

A Neuropsicologia fornece a formação técnico-científica necessária e o embasamento sobre o que avaliar dentro das suspeitas diagnósticas de psicose e transtorno do espectro autista. Esses conhecimentos permitem o melhor direcionamento ao Judiciário, considerando o que pauta o trabalho da perícia na Vara da Infância e Juventude e o que consta no ECA, nos artigos 2º e 5º, já citados na Figura 1.

Há que se citar, ainda, além das hipóteses diagnósticas relacionadas ao transtorno do espectro autista, o surgimento de demandas no contexto de perícias psicológicas envolvendo crianças e adolescentes com as hipóteses de transtorno de déficit de atenção e hiperatividade, transtorno opositor do desenvolvimento (TOD), déficit intelectual e, ainda, os considerados superinteligentes e com altas habilidades ("superdotados"). Assim, destacam-se os seguintes questionamentos:

- Diante da hipótese diagnóstica de algum desses transtornos, tomando como foco o melhor interesse e o bem-estar da criança ou adolescente, como organizar uma avaliação psicológica pericial?
- Qual protocolo de avaliação psicológica favoreceria a realização da perícia e a sua contribuição para o Judiciário?

Diante desses questionamentos, também se faz necessária a participação efetiva da Neuropsicologia forense no trabalho de perícia a fim de melhor subsidiar a produção de documentos (laudos psicológicos). Os testes psicométricos e projetivos devem ser utilizados com o objetivo de avaliar, além do desenvolvimento emocional e afetivo, as funções cognitivas e as possíveis alterações que compõem ou caracterizam a hipótese diagnóstica, bem como sua relação com o meio. É importante destacar, ainda, que a escolha e o direcionamento do processo avaliativo pericial (testes e técnicas a serem utilizadas) dependerá das entrevistas psicológicas iniciais realizadas e das demandas e queixas apesentadas. A Tabela 2 apresenta os diferenciais comportamentais e sintomatológicos dos quadros mencionados.

TABELA 2 Características comportamentais comuns dos principais quadros neuroatípicos envolvidos em demandas da Vara da Infância e Juventude

Quadro	Características comuns
Transtorno do espectro autista (TEA)	Prejuízos na comunicação e na interação social Padrões restritivos e repetitivos de comportamento, interesses ou atividades Alterações na responsividade, com pouca sensibilidade à dor Percepção intensa ou pouca resposta aos estímulos sensoriais e visuais Inflexibilidade e dificuldades de alterar a rotina Irritabilidade constante e desregulação emocional Estereotipias motoras, ecolalias e alterações na prosódia

continua

TABELA 2 Características comportamentais comuns dos principais quadros neuroatípicos envolvidos em demandas da Vara da Infância e Juventude (*continuação*)

Quadro	Características comuns
Transtorno de déficit de atenção e hiperatividade (TDAH)	Desatenção e prejuízo no foco atencional Desorganização e planejamento prejudicado Hiperatividade e agitação ("sempre a mil por hora") Impulsividade e baixa tolerância à frustração Dificuldades no controle das emoções Pouca habilidade para resolver problemas e automonitoramento empobrecido Interações sociais fora de sincronia
Transtorno opositor do desenvolvimento (TOD)	Desobediência e comportamentos opositores negativos ou provocativos Violação de regras e desacato a combinados Crises de birras e de explosão Envolvimento em brigas e confusões com os demais Não respeita ou acata figura de autoridade
Déficit intelectual	Limitações no funcionamento intelectual e quanto ao comportamento adaptativo Atraso no desenvolvimento cognitivo ou de alguns domínios Dificuldades acentuadas para aprendizagem Dificuldades para interagir e realizar tarefas do dia a dia Interação social empobrecida
Altas habilidades	Capacidade muito além do esperado Criatividade em todas as esferas e ações Comprometimento com as tarefas e ações cotidianas Facilidade de aprendizado nas diversas disciplinas escolares Amplo vocabulário e interesses diversos Aprendizagem precoce

Fonte: adaptada de Estanislau e Bressan, 2014.[8]

Na Tabela 3, são apresentadas sugestões de instrumentos para utilização no contexto pericial. Essas sugestões se baseiam na experiência prática das autoras nessa área e visam contribuir para o desenvolvimento de uma avaliação psicológica e/ou neuropsicológica com fins jurídicos bem-estruturada. Trata-se de um passo na direção de construir um protocolo que considere metodologia e instrumentos baseados em estudos científicos para atuação em situações de possíveis práticas de violência contra menores, incluindo situações abusivas e/ou de alienação parental.

TABELA 3 Relação de instrumentos psicológicos e neuropsicológicos

Funções cognitivas	Escala Wechsler de inteligência para crianças de 6 a 16 anos de idade (WISC IV) Escala de responsividade social (SRS 2) Escala Wechsler de inteligência abreviada de 6 a 89 anos (WASI) Figura complexa de Rey, versões adulto e infantil Teste dos cinco dígitos (FDT) Teste de aprendizagem auditiva-verbal (RAVLT) Instrumento de avaliação neuropsicológica breve infantil (NEUPSILIN-Inf) Teste Wisconsin de classificação de cartas Teste de atenção concentrada (teste D2) Escala de maturidade mental Columbia
Personalidade e aspectos comportamentais/ emocionais	Teste das pirâmides coloridas de Pfister, versão crianças e adolescentes Inventário de frases no diagnóstico de violência doméstica contra crianças e adolescentes (IFVD) Questionário para verificação de aspectos psicológicos comportamentais de crianças suspeitas de abuso sexual (QPAS) Bateria fatorial de personalidade (BFP) Sistema de avaliação por performance no Rorschach (R-PAS) Teste de Rorschach clínico Teste de apercepção infantil de figuras animais (CAT-A) Teste de apercepção infantil de figuras humanas (CAT-H) Inventário de estilos parentais Inventários de habilidades sociais para adolescentes

Fonte: elaborada pelas autoras.

Merece destaque, nesse contexto, o questionário para verificação de aspectos psicológicos comportamentais de crianças suspeitas de abuso sexual (QPAS).[5] Para além do enfoque em entrevista específica para demandas de suspeita de abuso sexual, esse instrumento é considerado um guia de perícia psicológica no contexto da infância e juventude. O modelo de avaliação e construção do laudo psicológico apresentado na Tabela 4 é baseado nesse instrumento.

TABELA 4 Organização da perícia psicológica considerando o laudo psicológico

<table>
<tr><th colspan="2">Organização da avaliação psicológica pericial</th></tr>
<tr><td colspan="2">Perito nomeado pelo juiz (interno ou externo ao Judiciário):
• Realiza a leitura dos autos
• Organiza a estrutura das entrevistas e os procedimentos/técnicas, de acordo com a(s) demanda(s) do caso
• Realiza as entrevistas e todo o processo de perícia psicológica com a aplicação de procedimentos técnicos selecionados</td></tr>
<tr><th colspan="2">Organização do laudo psicológico</th></tr>
<tr><th>Preâmbulo</th><th>Identificação</th></tr>
<tr><td>Qualificações do perito (breve currículo) que indiquem sua expertise com relação à matéria que demandou a perícia</td><td>Informações que caracterizam o(a) periciado(a): nome, idade, escolaridade e outros dados que se fizerem necessários</td></tr>
<tr><th>Métodos e técnicas</th><th>Histórico</th></tr>
<tr><td>Descrição de todas as técnicas e materiais utilizados, incluindo a entrevista, os instrumentos psicológicos, o estudo do processo, reuniões com assistente técnico etc.</td><td>Motivo da perícia, quem solicitou e as informações colhidas a partir das leituras dos autos do processo</td></tr>
<tr><th>Análise de dados</th><th>Resultados e discussão</th></tr>
<tr><td>Análise das informações coletadas nas entrevistas com o(a) periciado(a) e demais pessoas; também pode incluir o estado de exame mental do(a) periciado(a)</td><td>Resultados e interpretações dos testes aplicados e das áreas que foram avaliadas, com aspectos tanto cognitivos quanto emocionais e/ou de personalidade</td></tr>
<tr><th>Conclusão</th><th>Resposta aos quesitos</th></tr>
<tr><td>Principais aspectos identificados com o propósito da perícia (descritos de modo objetivo)</td><td>Resposta a possíveis questionamentos de assistentes técnicos ou advogados com base nas análises encontradas
Há a possibilidade de incluir a indicação “este item não foi verificado na perícia”, caso o profissional entenda que não há embasamento suficiente ou que o quesito não corresponde à matéria técnica do campo da Psicologia</td></tr>
</table>

Fonte: adaptada de Serafim et al., 2023.[5]

CONSIDERAÇÕES FINAIS

Este capítulo discute a condução das entrevistas no contexto jurídico, incluindo uma proposta de organização da perícia psicológica e de estrutura de laudo psicológico, bem como sugestões de instrumentos para se obter uma análise pautada em aspectos teóricos e científicos. O objetivo do trabalho do(a) psicólogo(a) perito(a) deve ser possibilitar o direcionamento adequado do caso, por meio do auxílio ao Poder Judiciário na conduta e na tomada de decisões, sempre pautado nos princípios éticos.

Enfoca, ainda, a avaliação neuropsicológica. Sua aplicação pode colaborar para uma compreensão mais ampla da conduta humana, delituosa ou não, considerando as instâncias biológica, psíquica, social e cultural como moduladoras da expressão e do comportamento. Nesse sentido e diante da importância de se realizar um estudo sobre o indivíduo em sua totalidade e sobre sua inserção no meio social, cada vez mais o papel e a participação da Neuropsicologia vêm se tornando necessários nos processos judiciais.[6]

No que diz respeito ao trabalho de perícia psicológica envolvendo crianças e adolescentes, que envolve uma prática complexa e a produção de documentos psicológicos específicos, verifica-se que a participação de neuropsicólogo(a) tem o potencial de aperfeiçoar as avaliações psicológicas no âmbito da Justiça.

REFERÊNCIAS BIBLIOGRÁFICAS

1. Jesus F. Perícia e investigação de fraude: uma análise psicológica e operacional na evidenciação de fraude. Goiânia: AB; 2000.
2. Rovinski SLR. Fundamentos da perícia psicológica forense. 2.ed. São Paulo: Vetor; 2007.
3. Serafim AP, Saffi F. A perícia psicológica. In: Psicologia e práticas forenses. 2.ed. Barueri: Manole; 2014.
4. OCampo MLS, Arzeno MEG, Piccolo EG. O processo psicodiagnóstico e as técnicas projetivas. 8.ed. São Paulo: Martins Fontes; 1995.
5. Serafim AP, Marques NM, Saffi F, Santos EC, Rocca CCA, Durães RS. Guia de perícia psicológica em suspeita de abuso sexual infantil: questionário para verificação de aspectos psicológicos e comportamentais de crianças suspeitas de abuso sexual – QPAS. São Paulo: Hogrefe; 2023.
6. Serafim AP, Duarte E, Achá MF. Aspectos históricos da neuropsicologia clínica e forense. In: Serafim AP, Saffi F (orgs.). Neuropsicologia forense. Porto Alegre: Artmed; 2015.

7. Brasil. Lei nº 8.069, de 13 de julho de 1990. Dispõe sobre o Estatuto da Criança e do Adolescente e dá outras providências. Brasília, 1990.
8. Furniss T. Abuso sexual da criança: uma abordagem multidisciplinar, manejo, terapia e intervenção integrados. Porto Alegre: Artes Médicas; 1993.
9. Estanislau GM, Bressan RA. Saúde mental na escola: o que os educadores devem saber. Porto Alegre: Artmed; 2014.

5

Elaboração de parecer técnico e laudo psicológico envolvendo demandas da Vara de Família

Ana Caroline de Souza Corrêa
Fabiana Saffi

INTRODUÇÃO

A Vara de Família é um setor específico do Poder Judiciário que lida com questões jurídicas relacionadas ao direito de família. O escopo dessa vara é amplo e envolve diversas questões que dizem respeito às relações familiares, envolvendo desde aspectos relacionados a inventários e testamentos até divórcio, guarda de filhos, convivência familiar, entre outros.[1] No Brasil, observa-se um aumento significativo na participação ativa de psicólogos em processos da Vara de Família, especialmente em contextos que envolvem crianças e adolescentes.

A Figura 1 destaca as diversas possibilidades de atuação do(a) psicólogo(a) na Vara de Família.

Essas atuações têm respaldo legal em diversos contextos, especialmente nas situações relacionadas à guarda e à regulamentação de visitas, conforme previsto na Lei nº 13.058/2014,[2] que estabelece o significado da expressão "guarda compartilhada" e dispõe sobre sua aplicação; no recente adendo estabelecido pela Lei nº 14.713/2023,[3] que estabelece o risco de violência doméstica ou familiar como causa impeditiva ao exercício da guarda compartilhada; e em casos de alienação parental, conforme a Lei nº 12.318/2010.[4] Em meio ao cenário complexo que envolve questões relacionadas a crianças e adolescentes, a legislação vigente faz uma clara e explícita referência à necessidade de conduzir avaliações psicológicas nesses casos. Destaca-se que essa abordagem se mostra essencial, pois as investigações realizadas por psicólogos desempenham papel crucial ao oferecer subsídios ao juiz na tomada

FIGURA 1 Atuação do(a) psicólogo(a) na Vara de Família.
Fonte: elaborada pelas autoras.

de decisões sensíveis, garantindo que as determinações relativas à guarda compartilhada e a outros aspectos estejam alinhadas com o bem-estar emocional e psicológico da criança.

As demandas envolvendo psicólogos nas Varas de Família são tão recorrentes que levaram o Conselho Federal de Psicologia a publicar *Referências Técnicas para a Atuação de Psicólogas(os) em Varas de Família*.[5] Em sua segunda edição, esse documento ressalta que a atuação de psicólogos no campo da Psicologia Jurídica exige cuidados específicos quanto à aplicabilidade dos princípios éticos, uma vez que suas ações têm o objetivo de nortear decisões judiciais sobre o destino das pessoas, suas identidades e pertencimento familiar e têm como pano de fundo um cenário em que valores morais e concepções sociais desempenham papéis cruciais na judicialização de conflitos e podem contribuir para a naturalização de desigualdades sociais.

As solicitações de avaliação psicológica, por si só, refletem o fato de que há uma compreensão de que a natureza das dinâmicas familiares é complexa. Reconhecer a necessidade de uma abordagem especializada diante da complexidade dessas relações evidencia o compromisso de considerar fatores emocionais e psicológicos ao determinar o melhor arranjo para a criança ou adolescente. Nos casos de alienação parental, soma-se a isso a capacidade de identificar possíveis manipulações emocionais, assegurando a proteção dos vínculos familiares saudáveis e promovendo o melhor interesse da criança.

É importante destacar, ainda, algo notório que deve estar claro para os psicólogos: nas disputas, de modo geral e principalmente em Vara de Família, não existe um lado 100% certo e outro lado 100% errado. Cada um dos lados tem naturalmente percepções específicas a partir dos referenciais de que dispõe, que podem ser totalmente opostas, mas não são necessariamente uma verdadeira e outra falsa.

ASPECTOS ÉTICOS

Em toda atuação profissional na Psicologia, a ética e a imparcialidade são aspectos cruciais. Essa premissa não poderia ser diferente nos contextos que envolvem questões familiares. Esses profissionais podem atuar nas dinâmicas familiares tanto no âmbito clínico quanto no jurídico e frequentemente há uma concomitância dessas atuações que pode ampliar a possibilidade de equívocos.

É fundamental ressaltar, então, que, mesmo quando um(a) profissional psicólogo(a) está participando do atendimento clínico de uma criança ou adolescente que também esteja envolvida em processo(s) judicial(is), é necessário que mantenha uma clara distinção entre as responsabilidades dentro de cada contexto. É essencial que esse(a) profissional compreenda claramente os limites de sua atuação e tenha o cuidado de aderir às normas, especialmente aquelas que regulamentam a elaboração de documentos, uma vez que podem ser eventualmente anexados ao(s) processo(s) judicial(is).

As atividades desenvolvidas pelo(a) psicólogo(a) clínico(a) diferem das atividades previstas para o(a) psicólogo(a) forense, a quem está atribuída a função de periciar visando subsidiar decisões judiciais. Caso o(a) psicólogo(a) clínico(a) que já está atendendo alguém envolvido em processo judicial receba solicitação de um documento, esse(a) profissional pode emitir documento escrito a respeito do trabalho desenvolvido até então; no entanto, as informações prestadas devem se referir ao serviço de Psicologia Clínica prestado e aos seus objetivos, não se configurando como uma perícia psicológica.

ETAPAS DA AVALIAÇÃO PSICOLÓGICA

Por conta da alta complexidade dos casos com demandas da Vara de Família, é primordial seguir etapas bem-estabelecidas quando se trata de uma perícia, sempre considerando que essas etapas são complementares umas às outras e que cada uma delas é fonte valiosa de informações. A Figura 2 sugere as etapas a serem seguidas.

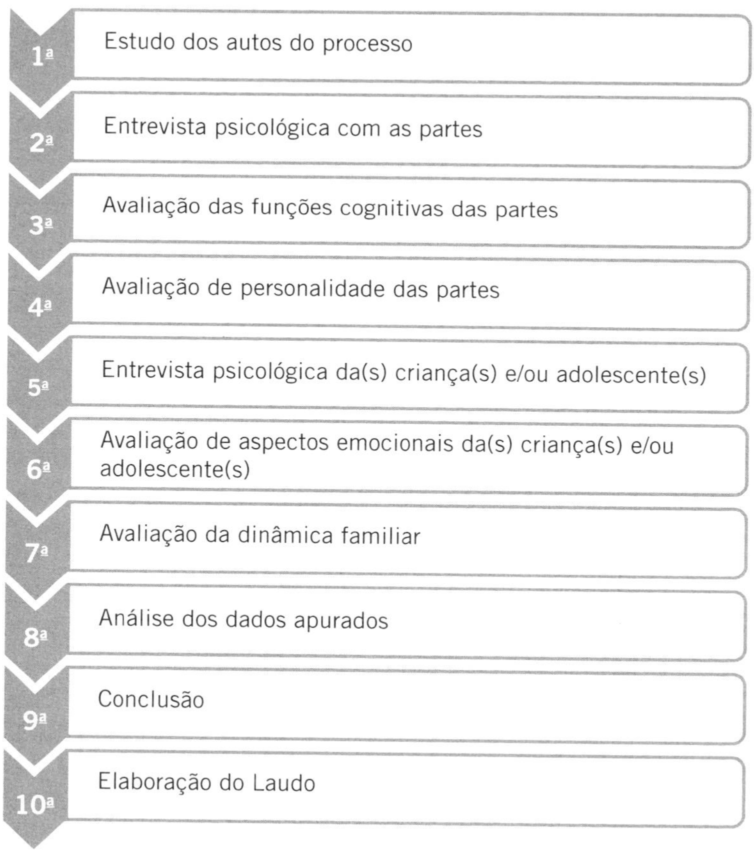

FIGURA 2 Etapas da avaliação psicológica na Vara de Família. Algumas dessas etapas podem ocorrer simultaneamente e, eventualmente, sua ordem pode ser ajustada para acomodar as especificidades de algum caso.
Fonte: elaborada pelas autoras.

Estudo dos autos do processo

A primeira etapa da avaliação psicológica em um caso judicial da Vara de Família, feita por psicólogo(a) perito(a) ou assistente técnico(a), é a análise minuciosa dos documentos que compõem o processo. Os autos fornecem informações cruciais, como a data de início do caso, motivações e relatos, além de incluir imagens, documentos médicos (laudos, atestados) e, frequentemente, documentos psicológicos anexados, especialmente quando as crianças/adolescentes envolvidas passaram por avaliações ou acompanhamento psicológico. É importante que o(a) profissional se atenha somente aos documentos anexados ao processo, já que, mesmo que eventualmente as partes apresentem documentos adicionais, como fotos, vídeos, relatórios e atestados, eles só terão validade legal para análise se estiverem devidamente inseridos no processo.

Para o(a) assistente técnico(a), sugere-se dedicar tempo ao estudo dos documentos, visando à elaboração de quesitos específicos direcionados ao(à) perito(a). Já para o(a) perito(a) responsável pelo caso, a análise dos documentos é essencial para compreender questões relevantes que podem ser exploradas durante a entrevista, inclusive possíveis divergências nas declarações ao longo do tempo e as dinâmicas familiares.

Entrevista psicológica com as partes

A entrevista psicológica com as partes é feita após o estudo dos autos do processo. Nesta etapa, são entrevistadas ambas as partes envolvidas no processo, requerente e requerido (genitores), bem como as demais pessoas relevantes na configuração familiar, como avós, padrastos, madrastas, tios etc., quando se julgar necessário.

Os objetivos da entrevista devem ser a elucidação dos conflitos familiares, a compreensão dos vínculos afetivos das crianças/adolescentes com relação aos adultos, o levantamento de informações sobre o desenvolvimento infantojuvenil e a exploração dos aspectos relacionados à rotina de cuidados, à estrutura do convívio e às razões para recusa de convivência.

Avaliação das funções cognitivas das partes

A etapa seguinte à entrevista psicológica é a avaliação das funções cognitivas das partes (requerente e requerido) envolvidas no processo. Na Vara de Família, esta avaliação desempenha um papel essencial no entendimento e na resolução de casos.

Nesta etapa, a contribuição da Neuropsicologia e o uso de testes psicológicos podem ser interessantes, pois ajudam a compreender e identificar possíveis déficits capazes de afetar o caso, como a capacidade de compreensão dos genitores, que pode afetar seu entendimento e sua resposta às necessidades emocionais e práticas das crianças; a capacidade de tomada de decisões parentais informadas e responsáveis com relação ao bem-estar dos filhos; a capacidade dos genitores de criar um ambiente seguro e saudável para a(s) criança(s), considerando fatores cognitivos que podem impactar o cuidado e a supervisão; e a capacidade de planejamento e elaboração de estratégias de apoio.

Avaliação de personalidade das partes

Além das funções cognitivas, também devem ser avaliadas as personalidades das partes envolvidas no processo. Nesta etapa, podem ser utilizados testes psicológicos com o objetivo de investigar as características de personalidade e aspectos emocionais dos genitores, incluindo padrões de comportamento e sua influência nas interações familiares. Nesse sentido, o(a) profissional pode: avaliar como a personalidade dos genitores pode impactar o desenvolvimento emocional e psicológico das crianças; avaliar a capacidade dos genitores de cooperar e se comunicar de maneira eficaz; identificar riscos potenciais, como comportamentos impulsivos ou instabilidade emocional; e identificar possíveis necessidades de intervenção psicológica ou aconselhamento para abordar questões específicas de personalidade que possam afetar o relacionamento parental.

Entrevista psicológica da(s) criança(s) e/ou adolescente(s)

Depois das avaliações das partes, recomenda-se realizar a entrevista psicológica com a(s) criança(s) e/ou adolescente(s). Nesta etapa, é essencial que o profissional adapte os métodos e técnicas de acordo com a idade e as particularidades de cada criança/adolescente. Em situações em que a criança não pode se expressar verbalmente por causa de sua idade ou de algum comprometimento cognitivo, recomenda-se dar ênfase à observação e ao uso de recursos lúdicos, considerando-se o que se pretende avaliar.

A entrevista com criança pode ser realizada de forma individual ou em conjunto com os adultos envolvidos, que podem participar simultaneamente ou em momentos distintos, conforme o(a) profissional julgar necessário.

É importante ressaltar que, nos casos em que a criança apresentar narrativas verbais, essas narrativas devem ser analisadas com cautela, considerando-se a compatibilidade com o estágio de desenvolvimento e evitando-se interpretações distorcidas, especialmente em casos de possível alienação parental. A observação da interação entre a criança e o adulto cujo impedimento para o convívio é alegado é essencial, pois permite ao profissional observar as consistências e inconsistências entre o conteúdo verbal e o comportamento não verbal da criança.

Avaliação de aspectos emocionais da(s) criança(s)e/ou adolescente(s)

Após a entrevista psicológica com a(s) criança(s) e/ou adolescente(s), sugere-se avaliar seus aspectos emocionais. Nesta avaliação, podem ser empregados técnicas de avaliação e testes específicos para obter *insights* mais aprofundados sobre o estado emocional da criança, com o objetivo de explorar sentimentos, percepções e reações emocionais.

O uso de instrumentos validados, como testes psicométricos e projetivos, é valioso para uma análise mais abrangente. Apesar disso, em casos nos quais a criança é muito jovem ou tem dificuldades de expressão verbal, métodos observacionais e avaliações lúdicas podem ser preferíveis. Importa ressaltar que a interpretação desses resultados deve ser feita com sensibilidade, considerando-se o contexto cultural e as nuances individuais, o que pode contribuir para uma avaliação emocional mais precisa e centrada nas necessidades da criança.

Avaliação da dinâmica familiar

Ao longo de toda a avaliação, é importante que os aspectos da dinâmica familiar sejam identificados na busca de compreender as interações e relações entre os membros da família. Este processo abrange a análise da comunicação, das relações afetivas, da estrutura familiar, da capacidade de adaptação a mudanças, do apoio social, do ambiente doméstico e da cooperação parental.

Recomenda-se a utilização de entrevistas, observações e instrumentos específicos para se obter uma compreensão ampla. É importante assegurar que essa compreensão esteja fundamentada em uma visão abrangente da dinâmica familiar e do ambiente em que a(s) criança(s) e/ou adolescente(s) está(ão) inserida(os).

Análise dos dados apurados, conclusão e elaboração do laudo

As etapas de análise dos dados, conclusão e elaboração do laudo podem ocorrer de forma concomitante à coleta de informações das fases iniciais.

Durante todo o processo, o raciocínio é gradualmente construído por meio de uma análise abrangente e cuidadosa; assim, o laudo vai sendo elaborado de maneira contínua, incorporando todas as informações essenciais e obrigatórias para uma construção completa e fundamentada.

DOCUMENTOS PSICOLÓGICOS

Cada documento deve ser elaborado seguindo rigorosamente a Resolução CFP nº 06/2019,[6] considerando-se as diferenças de finalidade e estrutura de cada um. A Figura 3 destaca essas distinções.

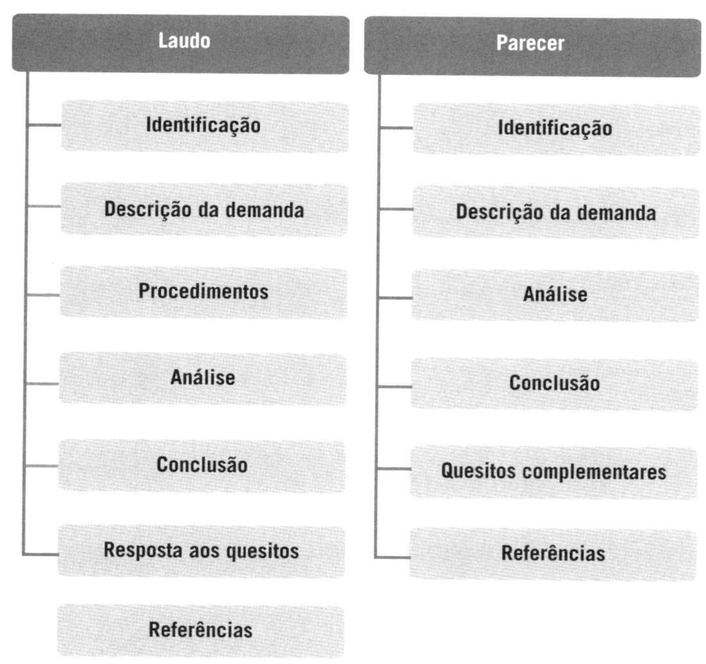

FIGURA 3 Estrutura e distinções do laudo e parecer psicológicos.
Fonte: elaborada pelas autoras.

Perito(a) e o laudo psicológico

Conforme exposto ao longo da descrição das etapas da avaliação psicológica, o(a) perito(a) será o(a) profissional responsável por realizar esse processo de avaliação a fim de responder a demanda da investigação solicitada pelo juiz. Como produto dessa avaliação, esse(a) profissional deve elaborar o laudo psicológico, em conformidade com a Resolução CFP nº 08/2010.[7]

> [...] o psicólogo perito é profissional designado para assessorar a Justiça no limite de suas atribuições e, portanto, deve exercer tal função com isenção em relação às partes envolvidas e comprometimento ético para emitir posicionamento de sua competência teórico-técnica, a qual subsidiará a decisão judicial.[7]

Visando uma atuação isenta, idônea, ética e imparcial, também de acordo com a Resolução CFP nº 08/2010, "é vedado ao psicólogo ser perito, avaliador ou parecerista em situações nas quais seus vínculos pessoais ou profissionais, atuais ou anteriores, possam afetar a qualidade do trabalho a ser realizado ou a fidelidade aos resultados da avaliação".[7]

Todos os procedimentos estipulados devem ser seguidos rigorosamente ao longo desse processo, e também é crucial atentar para o prazo estabelecido pelo(a) magistrado(a) para a entrega do laudo pericial, geralmente definido no momento da nomeação. Esse prazo deve ser estritamente respeitado, mas, caso o profissional perito o considere insuficiente para lidar com a complexidade do caso, é possível solicitar uma prorrogação, fundamentando-se a necessidade por escrito ao(à) juiz(a). O período designado, que engloba todas as etapas da avaliação, deve também incluir uma reunião técnica, se houver um(a) assistente técnico(a), para discutir assuntos pertinentes ao caso. É responsabilidade do(a) perito(a) incluir em seu laudo as respostas aos quesitos elaborados pelo(a) assistente técnico(a).

Ao elaborar o laudo pericial, é importante que o(a) profissional tenha em mente que o Judiciário conta com sua competência técnica e teórica para fornecer um conhecimento que não está dentro da sua *expertise*. Nesse sentido, é crucial que o laudo seja conclusivo, apresentando um raciocínio fundamentado nas análises da demanda, de forma lógica e coerente. Cabe ser assertivo, propondo orientações, sugestões e encaminhamentos, se necessário. A conclusão não deve, no entanto, envolver uma decisão sobre a demanda, uma vez que essa prerrogativa é do(a) magistrado(a). O(a) perito(a) assume a responsabilidade de oferecer recomendações fundamentadas, com domínio do assunto, para auxiliar na tomada de decisões judiciais, papel propositivo e orientativo que contribui efetivamente com o entendimento e a resolução da demanda pelo sistema Judiciário.

Assistente técnico(a) e o parecer psicológico

Nas demandas da Vara de Família, o(a) assistente técnico(a) é muito requisitado(a) pelos advogados. Do mesmo modo que o(a) juiz(a) necessita de um(a) profissional que o auxilie nas demandas que fogem de seu escopo de atuação (Direito), os advogados das partes também necessitam de alguém que os auxilie e tenha conhecimento técnico da mesma área. Essa função é desempenhada pelo(a) assistente técnico(a).

É importante destacar que o papel do(a) assistente técnico(a) é auxiliar tecnicamente a parte, portanto, ele não irá advogar e deve, sim, orientar, com seu conhecimento técnico, tanto o(a) advogado(a) como a parte. Com essa premissa, ao elaborar o documento que lhe cabe no processo (parecer técnico), esse(a) profissional deve se ater às questões técnicas e não às desavenças das partes.

Segundo o parágrafo único do artigo 2º da Resolução CFP nº 08/2010,[7] a relação entre o(a) perito(a) e o(a) assistente técnico(a) deve se pautar pelo respeito. O artigo 8º dessa resolução[7] afirma, ainda, que o(a) assistente técnico(a) é o(a) profissional "capacitado para questionar tecnicamente a análise e as conclusões realizadas pelo psicólogo perito" e deve restringir "sua análise ao estudo psicológico resultante da perícia". Isso significa que o papel do(a) assistente técnico(a) não é realizar uma avaliação das partes – função do(a) perito(a) –, mas analisar tecnicamente, com respeito, o trabalho realizado pelo(a) perito(a). Essa é a diferença principal entre o trabalho realizado pelo(a) perito(a) e o trabalho realizado pelo(a) assistente técnico(a).

Como consequência dessa função, o documento elaborado pelo(a) assistente técnico(a) não é um laudo, mas um parecer. A Resolução CFP nº 06/2019,[6] em seu artigo 14, define o parecer psicológico como um "pronunciamento por escrito, que tem como finalidade apresentar uma análise técnica, respondendo a uma questão-problema do campo psicológico ou a documentos psicológicos questionados". Determina, ainda, que, por se tratar de uma resposta a uma consulta (item I), seu resultado pode ser indicativo ou conclusivo (item II).[6] Assim, como explicitado no item 4 do mesmo artigo, "o parecer psicológico não é um documento resultante do processo de avaliação psicológica ou de intervenção psicológica".[6] A linguagem usada deve ser formal e técnica, mas acessível a quem não é da área da Psicologia.

A Resolução CFP nº 06/2019[6] define também como deve ser composta a estrutura do parecer psicológico. São exigidos, no mínimo, cinco itens: identificação, descrição da demanda, análise, conclusão e referências (apresentadas preferencialmente em notas de rodapé).

No tópico "Identificação", devem constar: o título do documento (Parecer Psicológico; nome completo/nome social completo e informações sociodemográficas da pessoa a quem o questionamento ou parecer se refere; nome de quem solicitou o documento, especificando se a solicitação foi realizada pelo Poder Judiciário, empresa(s), instituição(ões) pública(s) ou privada(s), pelo próprio usuário do processo ou outros interessados; a descrição da razão ou motivo do pedido; e, finalmente, o nome do(a) autor(a) do documento, com seu número de inscrição no Conselho Regional de Psicologia (CRP) e titulação que comprove o conhecimento específico e a competência no assunto.

Na "Descrição da demanda", é necessário constar o objetivo da consulta e informações referentes ao pedido e à finalidade do parecer.

O tópico "Análise" é o mais importante. Nele, deve-se fazer a discussão da questão que suscitou o documento, sempre embasada em fundamentação teórica e ética da Psicologia. Sugere-se que o tópico seja dividido em dois subitens: "Análise dos aspectos formais" e "Análise do conteúdo". No primeiro subitem, o(a) assistente técnico(a) deve se ater às informações que devem constar em um laudo psicológico, de acordo com a Resolução CFP nº 06/2019,[6] e verificar se as etapas de avaliação psicológica foram cumpridas (a perícia psicológica é a avaliação psicológica solicitada por um juiz). Já em "Análise do conteúdo", deve-se fazer uma análise crítica e técnica do conteúdo propriamente dito do laudo, isto é, do que foi escrito pelo(a) perito(a), da análise realizada e das conclusões a que se chegou. Nessa etapa do trabalho, o(a) assistente técnico(a) deve sustentar seus argumentos com referencial teórico, correlacionando-se aos elementos contidos nos autos do processo (sempre referenciando os números das folhas – em que cada informação estava), sempre mantendo comportamento ético e respeitoso com o(a) colega.

Na "Conclusão", o(a) assistente técnico(a) deve fazer um resumo dos principais pontos de sua argumentação. Uma forma didática e objetiva de de apresentar esses pontos é elencar tópicos. Depois dessa argumentação, deve-se apresentar, por fim, o parecer, ou seja, o posicionamento sobre a questão-problema ou o documento questionado. O(a) assistente técnico(a) pode concordar com as conclusões a que o(a) perito(a) chegou, discordar do que o(a) perito(a) concluiu ou concordar com alguns aspectos e discordar de outros. Em qualquer uma dessas possibilidades, a questão técnica sempre deve prevalecer na análise.

Por fim, além dessa estrutura mínima estabelecida pela Resolução CFP nº 06/2019, o(a) assistente técnico(a) pode, de acordo com a Resolução CFP nº 08/2010,[7] formular quesitos complementares. Isso significa que os quesitos complementares, se existirem, devem ser apresentados somente após a conclusão do parecer. Nesse contexto, quesitos são perguntas que o(a) perito(a) deverá responder, a partir de sua análise, e os quesitos complementares são as perguntas técnicas que o(a) assistente técnico(a) faz, de forma escrita, direcionadas ao(à) perito(a), a fim de esclarecer algum(ns) ponto(s) do laudo apresentado por esse(a) profissional, ou algum(ns) aspecto(s) que deseja que seja(m) mais bem explicado(s) ou explorado(s) na análise.

O documento deve ser encerrado sempre indicando-se o local em que foi elaborado e a data, bem como registrando-se a assinatura junto ao carimbo com nome completo e número de inscrição no CRP do(a) profissional que o elaborou. Todas as laudas devem estar numeradas e rubricadas, sendo que na última delas a rubrica é substituída pela assinatura do profissional.

CONSIDERAÇÕES FINAIS

No âmbito das Varas de Família, a Psicologia desempenha um papel fundamental, fornecendo uma contribuição valiosa para a compreensão e a resolução de questões sensíveis e complexas. Ao assumir papéis primordiais como perito(a) ou assistente técnico(a), os profissionais psicólogos(as) assumem responsabilidades técnicas e teóricas significativas. Como perito(a), sua competência na avaliação de aspectos emocionais, cognitivos e dinâmicas familiares é essencial para fornecer um entendimento aprofundado ao Judiciário. Já ao atuar como assistente técnico(a), sua *expertise* contribui para a análise crítica e fundamentada de laudos periciais, assegurando uma perspectiva equilibrada para o processo judicial.

A responsabilidade técnica e teórica desses profissionais não se limita à sua área de especialização, pois se estende ao compromisso de orientar e apoiar o Judiciário na tomada de decisões informadas. Assim, pode-se dizer que a atuação da Psicologia nas Varas de Família não apenas enriquece o processo judicial com análises especializadas, mas também promove uma abordagem humanizada e sensível, essencial para lidar com questões familiares delicadas e auxiliar nas tomadas de decisão que visam o bem-estar das partes envolvidas.

REFERÊNCIAS BIBLIOGRÁFICAS

1. Estado de São Paulo. Tribunal de Justiça do Estado de São Paulo. Família e sucessões. Disponível em: https://www.tjsp.jus.br/Especialidade/Especialidade/FamiliaSucessoes. Acesso em: mar. 2024.
2. Brasil. Lei nº 13.058, de 22 de dezembro de 2014. Altera os arts. 1.583, 1.584, 1.585 e 1.634 da Lei nº 10.406, de 10 de janeiro de 2002 (Código Civil), para estabelecer o significado da expressão "guarda compartilhada" e dispor sobre sua aplicação. Brasília, 2014.
3. Brasil. Lei nº 14.713, de 30 de outubro de 2023. Altera as Leis nº 10.406, de 10 de janeiro de 2002 (Código Civil), 13.105, de 16 de março de 2015 (Código de Processo Civil), para estabelecer o risco de violência doméstica ou familiar como causa impeditiva ao exercício da guarda compartilhada, bem como para impor ao juiz o dever de indagar previamente o Ministério Público e as partes sobre situações de violência doméstica ou familiar que envolvam o casal ou os filhos. Brasília, 2023.
4. Brasil. Lei nº 12.318, de 26 de agosto de 2010. Dispõe sobre a alienação parental e altera o art. 236 da Lei nº 8.069, de 13 de julho de 1990. Brasília, 2010.
5. Conselho Federal de Psicologia. Referências técnicas para a atuação de psicólogas(os) em Varas de Família. 2. ed. Brasília: CFP; 2019.
6. Conselho Federal de Psicologia. Resolução nº 06/2019. Institui as regras para a elaboração de documentos escritos produzidos pela(o) psicóloga(o) no exercício profissional, e revoga a Resolução CFP nº 15/1996, a Resolução CFP nº 07/2003 e a Resolução CFP nº 04/2019.
7. Conselho Federal de Psicologia. Resolução nº 08/2010. Dispõe sobre a atuação do psicólogo como perito e assistente técnico no Poder Judiciário.

6

Atuação do(a) psicólogo(a) jurídico(a) em processos envolvendo diferentes perfis de agressores

Antonio de Pádua Serafim
Laís Maria Cavalcante Vieira
Thainá Cabañas Ferreira

INTRODUÇÃO

A avaliação psicológica e a avaliação neuropsicológica podem ser aplicadas em diversos contextos. Há diferenças significativas, no entanto, entre sua aplicação no contexto clínico e no contexto jurídico. Merecem destaque as seguintes: objetivo, vínculo e consequência (Tabela 1). Na clínica, o objetivo é diagnosticar para traçar um plano terapêutico e, se necessário, encaminhar o sujeito avaliado para profissionais de outras áreas; enquanto no contexto forense a avaliação tem caráter técnico-investigativo e tem o objetivo de auxiliar a tomada de decisão de um(a) juiz(a), o que interfere diretamente na aliança terapêutica e no laudo da avaliação.[1,2]

A avaliação psicológica ou neuropsicológica é finalizada com um laudo psicológico elaborado com base nas observações e resultados obtidos ao longo do processo. Uma aplicação bastante específica dessa avaliação é feita

TABELA 1 Diferenças da avaliação psicológica nos contextos clínico e jurídico

	Contexto clínico	Contexto jurídico
Objetivo	Psicodiagnóstico e encaminhamentos	Produção de prova pericial
Relação com o avaliando	Vínculo bem-estabelecido, pautado no apoio e cuidado	Vínculo mais superficial, com um papel mais investigativo
Resultado	Laudo e encaminhamentos	Documento técnico para respaldar decisões judiciais

junto a agressores. Ela ocorre principalmente no contexto forense, quando há um processo judicial em andamento. Seu principal objetivo nesses casos é fornecer informações que esclareçam, identifiquem e avaliem um sujeito diante de uma questão legal.[2]

AVALIAÇÃO PSICOLÓGICA DE AGRESSORES

O processo de avaliação psicológica é complexo e deve ser ajustado a cada caso. O(a) profissional tem autonomia para julgar os melhores meios de alcançar o objetivo de seu trabalho.

Entre as etapas desse processo, merecem destaque as entrevistas feitas tanto com o(a) possível agressor(a) quanto com pessoas relevantes para o contexto ou para o processo. Além delas, se o(a) profissional julgar necessário, também podem ser aplicados instrumentos avaliativos e testes psicológicos escolhidos a seu critério, desde que tenham validade assegurada pelo Sistema de Avaliação de Testes Psicológicos (SATEPSI).

O objetivo da atuação de psicólogos nesse contexto é investigar questões pertinentes ao processo, auxiliando o(a) juiz(a) ou os advogados, a depender de quem demandou o serviço. Para tanto, a avaliação deve compreender aspectos do comportamento e da saúde mental do sujeito que podem subsidiar a ação judicial, como a presença de um transtorno mental.[3] O trabalho do(a) psicólogo(a) nesses casos tem caráter técnico e não envolve a função de estabelecer se houve ou não culpa, pois essa atribuição é do(a) juiz(a) responsável pelo processo.

Ao elaborar o plano de avaliação para a execução da perícia de agressores, é preciso levar em conta o crime pelo qual o sujeito foi indiciado (p. ex., lesão corporal, homicídio, violência doméstica e/ou sexual) e a frequência do cometimento da infração. Esses aspectos e os requisitos judiciais devem direcionar a investigação.[4]

Funcionamento psíquico, traços de personalidade e possíveis psicopatologias, bem como os fatores neurobiológicos e socioculturais são relevantes para a compreensão de questões de responsabilidade penal e capacidade civil, além de contribuir para a avaliação do risco de reincidência. Há pesquisas que indicam a associação entre alguns fatores individuais e diferentes tipos de crimes,[4-6] por isso os perfis dos agressores devem ser levados em conta durante a perícia psicológica e, consequentemente, na elaboração do laudo.

Durante o processo de avaliação, o(a) psicólogo(a) deve direcionar seu olhar para os seguintes aspectos:

- **Traços de personalidade**: entendidos como descrições de uma pessoa em termos de padrões relativamente estáveis de comportamentos, pensamentos e emoções, são considerados fatores relevantes para explicar os padrões de comportamento criminoso. A literatura associando personalidade antissocial e psicopatia com violência sexual, p. ex., é robusta, o que corrobora a importância de se avaliar esse aspecto.[7]
- **Distorção cognitiva**: agressores tendem a expressar crenças mal-adaptativas e pensamentos distorcidos como dar desculpas, culpar e racionalizar a prática da violência.[8]
- **Empatia**: uma redução na expressão da empatia geralmente se associa à dinâmica de agressores sexuais, seja de crianças ou adultos. Agressores que expressam baixa capacidade de reconhecer o sofrimento do outro são mais propensos a apoiar a ideia de que suas vítimas têm responsabilidade pelo crime sexual que cometeram.[9]
- **Impulsividade**: a presença da impulsividade inclui a incapacidade de prever a consequência de suas ações e, se for apresentada juntamente com uma dificuldade para inibir impulsos sexuais, acaba elevando o risco tanto da ocorrência quanto da reincidência da violência.[10]

Além desses pontos, é preciso considerar também a importância das questões psicopatológicas que podem afetar a decisão judicial. De acordo com o artigo 26 do Código Penal brasileiro,[11] questões de saúde mental podem interferir na pena do(a) agressor(a), sendo considerados inimputáveis (isentos de pena) aqueles que apresentarem doença mental ou um déficit no desenvolvimento mental que provoque a falta de compreensão do caráter ilícito de sua ação. Caso o(a) agressor(a) apresente um prejuízo parcial da compreensão da ilegalidade dos seus atos, a pena pode ser reduzida.

Outro dado relevante diz respeito à categorização do comportamento agressivo como premeditado ou impulsivo.[12] Sabe-se que o desenvolvimento desse tipo de comportamento é multifatorial, influenciado por fatores genéticos, neurofisiológicos e socioambientais (p. ex., cultura, negligência e abuso na infância), que agem de forma independente e combinada, modulando a agressividade de acordo com o contexto e as particularidades de cada pessoa.[13,14]

A agressão premeditada é orientada e motivada por um objetivo externo, de forma tal que as emoções do momento possuem um papel mínimo, sendo considerada controlada, instrumental e proativa.[12] As agressões desse tipo são associadas a traços de insensibilidade e afetividade restritiva, a indivíduos que apresentam déficit no processamento da amígdala que provoca baixos sentimentos de medo, ansiedade e empatia.[15] Essas características comportamentais, por sua vez, estão associadas a crimes mais violentos.[4]

Por outro lado, a agressão impulsiva acontece em resposta a uma provocação, ameaça ou frustração, sem a presença de qualquer objetivo externo, sendo considerada reativa, não planejada e motivada pela emoção.[15] As agressões desse tipo são associadas a déficits no córtex pré-frontal, que podem reduzir o controle inibitório e as funções executivas e, assim, provocam impulsividade, baixa flexibilidade cognitiva e capacidade de planejamento reduzida.[4]

Ainda com relação à agressão, é comum que só seja percebida quando há violência física, no entanto, o potencial danoso da violência psicológica vem sendo cada vez mais reconhecido no contexto jurídico. Um ótimo exemplo disso é a Lei "Maria da Penha" (Lei nº 11.340),[16] que reconhece, em seu artigo 7º, as violências psicológica, moral e patrimonial. Em todas elas, podem ser observadas características de agressões impulsivas e premeditadas. O reconhecimento de diferentes tipos de manifestações agressivas é importante para uma compreensão mais acurada das características psíquicas de um(a) agressor(a). Ao levar em conta essas diferenças, é possível atribuir percepções diferentes acerca do perfil de quem perpetra as agressões e entender que a organização psíquica e cognitiva de uma pessoa que agride fisicamente com frequência é diferente da de uma pessoa que agride moralmente uma única vez, por exemplo.

Identificar as capacidades de compreensão, planejamento, entendimento, regulação emocional e controle de impulsos também é essencial para a avaliação no contexto jurídico.[3] Alterações nos estados de consciência, quadros psicóticos, alucinações, delírios, estados de confusão mental, dependência química e alterações da memória e do humor são pontos de investigação importantes para que o laudo psicológico pericial informe com precisão se o(a) agressor(a) pode ser imputável de acordo com o nível de consciência que ele(a) apresenta.

Neste sentido, os aspectos cognitivos como consciência, memória e juízo também são avaliados. Alterações de consciência podem levar a prejuízos no domínio da razão e do autocontrole. Avaliar esse fator é muito importante para se entender o comportamento agressivo e determinar casos de inimputabilidade. A memória, por sua vez, pode ser diretamente afetada em casos de agressão, especialmente na violência impulsiva. Avaliação do juízo também é significativa para a compreensão do comportamento agressivo.[3]

A inteligência também é uma das capacidades mentais avaliadas durante uma perícia. Consiste na habilidade de compreensão de ideias, aprendizado, raciocínio, planejamento e resolução de problemas. O quociente de inteligência (QI) é calculado por meio da aplicação de testes psicométricos, que avaliam as diversas habilidades que envolvem esse conceito.[3] Em casos de deficiência intelectual, observa-se um déficit significativo nessas capacidades mentais e cognitivas a ponto de afetar a possibilidade de imputação do indivíduo diante do cometimento de um crime. A décima edição da Classificação Internacional de Doenças (CID-10)[17] considera que os transtornos do desenvolvimento intelectual leves apresentam um QI entre 50 e 69, aproximadamente; que quadros moderados podem apresentar QI entre 35 e 49; e os graves, valores entre 20 e 40.

A avaliação dos fatores cognitivos (inteligência, memória, aprendizagem, atenção e funções executivas) citados pode ser realizada por meio de testes psicométricos (Tabela 2).

TABELA 2 Testes Psicológicos utilizados em avaliação

Instrumento	O que avalia
Escala Wechsler de inteligência para adultos (WAIS)	Capacidade intelectual de adultos
Escala Wechsler abreviada de inteligência (WASI)	Capacidade intelectual de adultos
Teste de aprendizagem auditiva-verbal de Rey (RAVLT)	Memória declarativa episódica e medidas de aprendizagem auditivo-verbal
Teste dos cinco dígitos (FDT)	Velocidade de processamento cognitivo, capacidade de focar e de reorientar a atenção, controle inibitório e flexibilidade cognitiva
Figuras complexas de Rey	Percepção visual e memória imediata
Escala de avaliação de disfunções executivas de Barkley (BDEFS)	Possíveis déficits das Funções Executivas (FEs)
Escala Hare (PCL-R)	Risco da reincidência criminal
Inventário de personalidade NEO revisado (NEO PI-R)	Personalidade (5 grandes fatores)
Inventário de temperamento e caráter de Cloninger (TCI)	Avaliação das 4 dimensões do Temperamento e 3 dimensões de Caráter

continua

TABELA 2 Testes Psicológicos utilizados em avaliação (*continuação*)

Instrumento	O que avalia
Bateria fatorial de personalidade (BFP)	Avaliação da Personalidade (5 grandes fatores)
Teste de Rorschach clínico	Verificar a estrutura e dinâmica da personalidade (Teste Projetivo)
Teste casa-árvore-pessoa (HTP)	Avaliação da personalidade (Teste Projetivo)
Teste de apercepção temática (TAT)	Avaliação da personalidade (Teste Projetivo)
Teste das pirâmides coloridas de Pfister (Pfister)	Avaliação da estrutura de personalidade e dinâmica afetiva (Teste Projetivo)

LAUDO PSICOLÓGICO PERICIAL

De acordo com a Resolução CFP nº 06/2019,[32] do Conselho Federal de Psicologia (CFP), o laudo resultante dos processos de avaliação psicológica é um documento de ordem técnico-científica e deve conter informações imprescindíveis, como identificação, descrição de demanda, procedimento, análise, conclusão e referências. Para tanto, o(a) profissional deve se basear em observação e registros documentais, expondo apenas as informações pertinentes ao objetivo do documento.

No contexto jurídico, o laudo psicológico é meticulosamente elaborado como produto da perícia, considerando todos os elementos mencionados neste capítulo, o contexto e a autonomia do(a) profissional. Ele se configura, portanto, como o desfecho da avaliação. Assim, além de seguir a estrutura estipulada pelo CFP, o(a) profissional deve incluir respostas aos quesitos estipulados pelo requerente.

É importante destacar que, no laudo psicológico pericial, as manifestações das características psicológicas da pessoa periciada devem ser descritas em detalhes, mas sempre se limitando estritamente às informações essenciais à demanda judicial, já que o(a) psicólogo(a) perito(a) não deve se esquecer de zelar pela preservação da privacidade do indivíduo avaliado, como ressaltado por Serafim e Saffi.[3]

É preciso que a linguagem do documento seja adaptada ao contexto. O texto deve seguir a norma padrão da língua portuguesa e ter as apresentações técnicas adequadas aos leitores, que não são psicólogos.[3]

VIOLÊNCIA SEXUAL NO BRASIL

O Código Penal e a Lei nº 12.015/2009[33] estabelecem os diferentes tipos de crimes contra a dignidade sexual. Os crimes de estupro, violação sexual mediante fraude, assédio sexual e estupro de vulnerável são os que mais demandam perícias (Tabela 3).

TABELA 3 Definição legal dos crimes de estupro, violação sexual mediante fraude, assédio sexual e estupro de vulnerável

Crime	Legislação	Definição
Estupro	Art. 213 do Código Penal,[11] alterado pela Lei nº 12.015/2009[33]	Constranger alguém, mediante violência ou grave ameaça, a ter conjunção carnal ou a praticar ou permitir que com ele se pratique outro ato libidinoso
Violação sexual mediante fraude	Art. 215 do Código Penal,[11] alterado pela Lei nº 12.015/2009[33]	Ter conjunção carnal ou praticar outro ato libidinoso com alguém, mediante fraude ou outro meio que impeça ou dificulte a livre manifestação de vontade da vítima
Assédio sexual	Art. 216-A do Código Penal,[11] alterado pela Lei nº 12.015/2009[33]	Constranger alguém com o intuito de obter vantagem ou favorecimento sexual, prevalecendo-se o agente da sua condição de superior hierárquico ou ascendência inerentes ao exercício de emprego, cargo ou função
Estupro de vulnerável	Art. 217-A do Código Penal[11]	Ter conjunção carnal ou praticar outro ato libidinoso com menor de 14 anos

De acordo com o *Anuário Brasileiro de Segurança Pública de 2023*,[34] houve um aumento significativo dos casos de violência sexual no país, tendo sido registrado o maior número de casos de estupro da história, com 74.930 vítimas. Estudos indicam que agressores sexuais têm maior tendência de apresentar deficiências cognitivas, transtornos de personalidade e esquizofrenia.[35] Esses fatores, somados, têm aumentado a necessidade de perícias psicológicas e neuropsicológicas em casos de agressores sexuais para melhor determinação da pena e da imputabilidade.

A seguir, será descrito um caso para ilustrar a solicitação de uma perícia psicológica em função de lesão corporal durante ato sexual. Trata-se de perícia psicológica cuja demanda teve origem na XX Vara Criminal, Fórum da Barra Funda (São Paulo – SP), para verificar a imputabilidade de acordo com o artigo 129 do Código Penal brasileiro:– "lesão corporal (agressões físicas, com socos, tapas, pontapés e uso de objetos)".

A descrição do caso foi feita da seguinte maneira na solicitação judicial:

> "Réu, homem, 39 anos, casado, sem filhos, Ensino Fundamental completo, que trabalha como eletricista. Relata 'episódios de depressão' que passou, tendo sido mais frequente nos últimos anos, em que se sentia desmotivado e não tinha vontade de ver ninguém. Constam relatos de comportamento masturbatório intenso (cinco a seis vezes ao dia), mesmo casado há 12 anos. Refere que desde os 17 anos tem interesse por pessoas transexuais, mas nunca teve coragem de se aproximar dessas pessoas. Teve sua primeira experiência por volta dos 30 anos, mas não reagiu bem, sentindo um misto de desejo e raiva. Ainda assim, mantinha os encontros. Entretanto, neste caso que move a denúncia, após o ato sexual, sentiu um desejo incontrolável de agredir a pessoa com quem já havia saído outras vezes. Dessa forma, refere que não controlou o desejo de agressão, desferindo vários socos e chutes, e tentou estrangular, mas não conseguiu, pois a pessoa gritou e saiu correndo. Teve a prisão em flagrante."

O laudo pericial apresentado foi o seguinte:

> "Para responder à questão da imputabilidade, o periciado foi avaliado quanto a aspectos da eficiência intelectual, funções cognitivas e aspectos da personalidade (WASI, RAVLT, FDT, figuras complexas de Rey, NEO-PI e Pfister). No exame do estado mental, não foi evidenciado qualquer indicativo de quadro delirante ou alucinatório. A avaliação intelectual evidenciou QI 91 (faixa média), excluindo-se a questão de prejuízo do entendimento. Ainda assim, apresenta uma tendência a se apresentar de uma maneira supervalorizada em detrimento da percepção das suas reais características. No entanto, quando falham esses mecanismos, surgem aspectos relacionados a sujeira, desvalorização, depreciação e submissão. Nas relações com o outro, tem inclinação ao domínio e baixa empatia, buscando pessoas que lhe sejam subordinadas, com características de passividade. Há também indícios de baixa tolerância com os demais, bem como necessidade de satisfação dos impulsos imediatos, relacionados a uma incontinência impulsiva. Esta incontinência impulsiva explicar-se-ia por comportamentos oposicionistas e alto grau de irritabilidade. Com

> relação à figura feminina, existem grandes conteúdos de desvalorização mútua, de caráter misógino. O contexto das relações sexuais é moldado por dificuldades com relação à figura feminina, elevando respostas ansiosas e de irritabilidade, por medo do fracasso. É possível que esse funcionamento explique o fato de buscar relações transexuais que lhe satisfaçam, mas a percepção de sua incapacidade com as mulheres que se traduz em vulnerabilidade, deflagrando o comportamento violento contra pessoas transexuais."

O desfecho do caso apresentou a hipótese diagnóstica de transtorno misto da personalidade, pois o periciado apresentava características compatíveis, com prevalência de traços narcisistas e antissociais. A condição jurídica identificada foi de semi-imputável.

REFERÊNCIAS BIBLIOGRÁFICAS

1. Denney RL, Wynkoop TF. Clinical neuropsychology in the criminal forensic setting. J Head Trauma Rehab. 2000;15(2):804-28.
2. Huss MT. Psicologia forense: pesquisa, prática clínica e aplicações. Porto Alegre: Artmed; 2011.
3. Serafim AP, Saffi F. Psicologia e práticas forenses. 3.ed. Barueri: Manole; 2019.
4. Pederson CA, Griffith RL, Nowalis S, Fite PJ. Creating profiles of juvenile offenders using functions of aggression and callous-unemotional traits: relations to crime type. Psychiatr Psychol Law. 2022;30(5):713-36.
5. Barros DM, Serafim AP. Association between personality disorder and violent behavior pattern. Forensic Sci Int. 208;179(1):19-22.
6. Serafim AS, Barros DM, Castellana GB, Gorenstein C. Personality traits and violent behavior: a comparison between psychopathic and non-psychopathic male murderers. Psychiatr Res. 2014;219(3):604-8.
7. Stoll CB, Boillat C, Pflueger MO, Graf M, Rosburg T. Psychopathy, neuroticism, and abusive behavior in low risk child sex offenders. J Child Sex Abuse. 2019;28(8): 990-1006.
8. Babchishin KM, Hanson RK, Hermann CA. The characteristics of online sSex offenders: a meta-analysis. Sexual Abuse. 2011;23(1):92-123.
9. Hempel IS, Buck NM, van Vugt ES, van Marle HJ. Interpreting child sexual abuse: empathy and offense-supportive cognitions among child sex offenders. J Child Sex Abuse. 2015;24(4):354-68.
10. Mouilso ER, Calhoun KS, Rosenbloom TG. Impulsivity and sexual assault in college men. Violence Victims. 2013;28(3):429-42.
11. Brasil. Decreto-lei nº 2.848, de 7 de dezembro de 1940. Código Penal. Rio de Janeiro, 1940.

12. Blais J, Solodukhin E, Forth AE. A meta-analysis exploring the relationship between psychopathy and instrumental versus reactive violence. Criminal Justice Behav. 2014;41(7):797-821.
13. Mendes DD, Mari JDJ, Singer M, Barros GM, Mello AF. Estudo de revisão dos fatores biológicos, sociais e ambientais associados com o comportamento agressivo. Rev Bras Psiquiatria. 2009;31(suppl. 2):77-85.
14. D'Avila S, Campos AC, Bernardino IM, Cavalcante GMS, Nóbrega LMD, Ferreira EFE. Characteristics of Brazilian offenders and victims of interpersonal violence: an exploratory study. J Interpersonal Violence. 2019;34(21-22):4459-76.
15. Feilhauer J, Cima M, Korebrits A, Kunert HJ. Differential associations between psychopathy dimensions, types of aggression, and response inhibition. Aggressive Behav. 2012;38(1):77-88.
16. Brasil. Lei nº 11.340, de 7 de agosto de 2006. Cria mecanismos para coibir a violência doméstica e familiar contra a mulher, nos termos do § 8º do art. 226 da Constituição Federal, da Convenção sobre a Eliminação de Todas as Formas de Discriminação contra as Mulheres e da Convenção Interamericana para Prevenir, Punir e Erradicar a Violência contra a Mulher; dispõe sobre a criação dos Juizados de Violência Doméstica e Familiar contra a Mulher; altera o Código de Processo Penal, o Código Penal e a Lei de Execução Penal; e dá outras providências. Brasília, 2006.
17. Brasil. Ministério da Saúde. Departamento de Informática do Sistema Único de Saúde. CID-10. Brasília: DataSUS; 2021. Disponível em: http://www2.datasus.gov.br/cid10/V2008/cid10.htm, Acesso em: abr. 2024.
18. Wechsler D. Wechsler adult intelligence scale: technical and interpretive manual. 4. ed. San Antonio (EUA): Psychological Corporation; 2008.
19. Yates D, Trentini C, Tosi S, Corrêa S, Poggere L, Valli F. Apresentação da escala de inteligência Wechsler abreviada (WASI). Avaliação Psicológica. 2006;5(2):225-33.
20. Rey A. L'Examen linique en psychologie. Paris: Press Universitaire de France; 1958.
21. Sedó MA. FDT: teste dos cinco dígitos. Madrid: TEA; 2007.
22. Rey A. Teste de cópia e de reprodução de memória de figuras geométricas complexas: manual. São Paulo: Casa do Psicólogo; 2007.
23. Barkley RA. Barkley deficits in executive functioning scale (BDEFS). Nova York: Guilford Press; 2011.
24. Hare RD. Manual for the Hare psychopathy checklist-revised. 2. ed. Toronto: Multi-Health Systems; 2003.
25. Flores-Mendonza CE. Inventário de personalidade NEO revisado: manual técnico. São Paulo: Vetor; 2007.
26. Cloninger CR. The temperament and character inventory: revised. Washington: Center for Psychobiology of Personality/Washington University; 1999.
27. Nunes CH, Hutz CS, Nunes MFO. Bateria fatorial de personalidade (BFP): manual. São Paulo: Casa do Psicólogo; 2010.
28. Rorschach H. Rorschach test: psychodiagnostic plates. Hogrefe; 1927.

29. Buck JN. H-T-P: casa – árvore – pessoa. Técnica projetiva de desenho: manual e guia de interpretação. São Paulo: Vetor; 2003.
30. França e Silva E. O teste de apercepção temática de Murray (TAT) na cultura brasileira: manual de aplicação e interpretação. Rio de Janeiro: Fundação Getúlio Vargas; 1984.
31. Villemor AF. Pirâmides coloridas de Pfister. São Paulo: CEPA; 1978.
32. Conselho Federal de Psicologia. Resolução nº 06/2019. Institui regras para a elaboração de documentos escritos produzidos pela(o) psicóloga(o) no exercício profissional e revoga a Resolução CFP nº 15/1996, a Resolução CFP nº 07/2003 e a Resolução CFP nº 04/2019.
33. Brasil. Lei nº 12.015, de 7 de agosto de 2009. Altera o Título VI da Parte Especial do Decreto-Lei nº 2.848, de 7 de dezembro de 1940 – Código Penal, e o art. 1º da Lei nº 8.072, de 25 de julho de 1990, que dispõe sobre os crimes hediondos, nos termos do inciso XLIII do art. 5º da Constituição Federal e revoga a Lei nº 2.252, de 1º de julho de 1954, que trata de corrupção de menores. Brasília, 2009.
34. Fórum Brasileiro de Segurança Pública. 17º Anuário brasileiro de segurança pública. São Paulo: Fórum Brasileiro de Segurança Pública; 2023.
35. Achá MFF, Rigonatti SP, Saffi F, Barros DM, Serafim AP. Prevalence of mental disorders among sexual offenders and non-sexual offenders. J Bras Psiquiatria. 2011;60(1):11-5.

7

Elaboração de documento psicológico para manuseio de arma de fogo

Cristiane Faiad
Fernanda Gonçalves da Silva

INTRODUÇÃO

A avaliação psicológica é um processo complexo que visa analisar características psicológicas como personalidade, inteligência, aspectos cognitivos, entre outras, de indivíduos ou grupos em busca de uma tomada de decisão ou orientação.[1] As solicitações por tal atuação são crescentes no Brasil e, entre suas possibilidades, um dos campos de aplicação considerados de maior demanda é a chamada avaliação psicológica compulsória. Trata-se de uma avaliação de caráter obrigatório que pode ceder a um indivíduo algum tipo de direito que pleiteia (avaliação psicológica compulsória normativa) ou levar à perda de um direito (avaliação psicológica mandatória).

A possibilidade de uso de arma de fogo no país tem normas próprias e regras previamente estabelecidas que precisam ser seguidas, entre as quais se encontra a realização de uma avaliação psicológica enquadrada como compulsória normativa.[2] Essa avaliação é permeada por especificidades que vão desde o processo avaliativo (como deve ser realizado, quais instrumentos podem ser aplicados e qual documento orientativo deve ser elaborado), passam pela responsabilização do(a) profissional que faz a avaliação e chegam até seu efeito na vida do usuário da arma, no fenômeno da violência social[3,4] e na sociedade.

Para os profissionais da área da Psicologia, é imprescindível compreender o objetivo da avaliação psicológica para o porte de arma de fogo, bem como conhecer a legislação que orienta essa prática e suas particularidades. Este capítulo apresenta informações sobre o assunto e discute a importância da qualidade dos documentos produzidos, considerando as possíveis diferenças que podem existir a depender do contexto de avaliação.

OBJETIVO DA AVALIAÇÃO PSICOLÓGICA

A avaliação psicológica para porte de arma de fogo tem como objetivo identificar se o indivíduo que pretende portar ou ter posse de arma de fogo detém as características compatíveis para essa prática.[1] Assim, partindo de um perfil de requisitos psicológicos previamente selecionados, o(a) profissional realiza uma avaliação para que se chegue ao resultado de aptidão ou inaptidão.[3,5] Para tanto, espera-se que o(a) profissional faça uso de diferentes métodos e técnicas a fim de levantar evidências sobre o indivíduo que faz a solicitação.[6]

NORMATIVAS E DOCUMENTOS ORIENTATIVOS

Uma das exigências para o porte de arma no Brasil é que o indivíduo, entre outros requisitos, passe por uma avaliação psicológica. Essa avaliação deve ser realizada tendo como base algumas normativas básicas a depender do contexto em que o indivíduo está inserido.

As principais normas vigentes no país estão listadas na Tabela 1. Outras especificidades e normativas podem ser encontradas no *Manual Avaliação Psicológica para Manuseio de Arma de Fogo*, do Conselho Federal de Psicologia (CFP).[5]

A execução de uma avaliação tão específica requer do(a) profissional um preparo qualificado sobre as normativas que orientam o processo e, para além disso, conhecimento sobre questões técnicas e éticas, escolha adequada de instrumentos psicológicos e outras técnicas, conhecimento sobre psicometria e outras competências técnicas e comportamentais para o bom desempenho da tarefa. É preciso sempre lembrar, afinal, que esta não é uma avaliação psicológica normativa, mas uma definição sobre entregar a um indivíduo um instrumento que pode ser letal.

DOCUMENTOS PSICOLÓGICOS

A elaboração de documentos psicológicos é uma habilidade que todo(a) psicólogo(a) deve desenvolver, pois, sempre que solicitado, o(a) profissional deve comunicar seus avanços e/ou resultados em uma entrevista devolutiva e de forma escrita.[7] Há, no entanto, um desconhecimento de parte da categoria

TABELA 1 Normativas vigentes essenciais para a realização da avaliação psicológica para posse e porte de arma de fogo

Normativa	Conteúdo mais relevante
Lei nº 10.826/2003[8]	Rege a avaliação e atribui competência para a Polícia Federal
Decreto nº 5.123/2004[9]	Documento psicológico, manuseio de arma de fogo
Instrução Normativa nº 78/2014, do Departamento de Polícia Federal[7]	• Especifica as regras para a avaliação para manuseio de arma de fogo e deve ser seguida, obrigatoriamente, por psicólogos credenciados pela PF • É voltada para a avaliação de vigilantes, mas também é utilizada em outros contextos • Especifica as situações para as quais a avaliação é exigida • Define que os termos que devem ser utilizados no documento psicológico são **apto** ou **inapto** • Define regras para nova avaliação • Determina métodos e técnicas • Define como se dão o credenciamento e o descredenciamento dos psicólogos • Dispõe sobre questões administrativas e processuais • Estabelece modelos de documentos • Apresenta extrato de indicadores psicológicos
Resolução nº 01/2022, do Conselho Federal de Psicologia[10]	• Aplicada a todo profissional com inscrição nos Conselhos Regionais de Psicologia que realizam essa avaliação • Estabelece preceitos e requisitos da avaliação psicológica para registro e porte de arma de fogo • Lista os requisitos psicológicos a serem avaliados • Fornece orientações sobre o ambiente de avaliação • Fornece orientação sobre o processo de avaliação • Apresenta os impedimentos do profissional para realizar a avaliação • Determina a validade do documento psicológico

continua

TABELA 1 Normativas vigentes essenciais para a realização da avaliação psicológica para posse e porte de arma de fogo (*continuação*)

Normativa	Conteúdo mais relevante
Manual Avaliação Psicológica para Manuseio de Arma de Fogo, do Conselho Federal de Psicologia[5]	• Apresenta perguntas e respostas sobre diferentes especificidades da avaliação • Define as competências da Polícia Federal e do Conselho Federal de Psicologia no processo • Diferencia cada documento a ser produzido e suas especificidades • Apresenta os impedimento do(a) psicólogo(a) na avaliação • Determina a validade dos documentos

sobre as diretrizes que norteiam a escrita de alguns documentos psicológicos, o que resulta em erros constantes em sua elaboração. Parte dos erros identificados é resultado de desconhecimento ou falta de atualização do(a) psicólogo(a) sobre as normativas do CFP sobre a elaboração de documentos psicológicos.

Atualmente, a Resolução CFP nº 06/2019[11] é a normativa que institui diretrizes para a elaboração de documentos escritos produzidos por psicóloga(o) no exercício profissional. Além dessa normativa, a escrita de laudos psicológicos para o contexto do porte de armas de fogo também deve seguir as diretrizes da Instrução Normativa nº 78/2014 do Departamento de Polícia Federal.[7] Essa instrução estabelece os procedimentos para expedição do laudo produzido para atestar a aptidão psicológica para o manuseio de arma de fogo e para exercer a profissão de vigilante.

O artigo 2º da Instrução Normativa nº 78/2014[7] determina que o resultado da avaliação psicológica deve ser atestado em laudo psicológico conclusivo, conforme modelo apresentado no Anexo II da normativa (Figura 1). A estrutura proposta pela Instrução Normativa nº 78/2014 difere daquela estabelecida pela Resolução CFP nº 06/2019.

A estrutura determinada pela Instrução Normativa nº 78 do Departamento de Polícia Federal é composta por dados da clínica, dados de identificação do avaliado, definição de aptidão ou inaptidão do porte de arma, local e data, bem como dados e assinatura do(a) psicólogo(a) avaliador(a). Há indicação, ainda, da obrigatoriedade, por parte do(a) psicólogo(a) credenciado(a), de enviar uma cópia do laudo psicológico de todo interessado considerado INAPTO, em envelope lacrado, para a unidade da Polícia Federal com atribuição na

<table>
<tr><td colspan="3">Laudo psicológico</td></tr>
<tr><td colspan="3">Identificação da clínica:</td></tr>
<tr><td colspan="3">Nome:</td></tr>
<tr><td colspan="3">Endereço:</td></tr>
<tr><td>Cidade:</td><td>CEP:</td><td>UF:</td></tr>
<tr><td colspan="3">Responsável técnico:</td></tr>
<tr><td colspan="3">CPF do responsável técnico:</td></tr>
<tr><td colspan="3">Identificação do avaliado:</td></tr>
<tr><td colspan="2">Nome:</td><td>Sexo:</td></tr>
<tr><td colspan="3">Estado civil:</td></tr>
<tr><td>Cidade:</td><td>CEP:</td><td>UF:</td></tr>
<tr><td>Idade:</td><td colspan="2">CPF:</td></tr>
<tr><td>Profissão:</td><td colspan="2">Data da avaliação:</td></tr>
<tr><td colspan="3">O candidato acima relacionado foi submetido à avaliação psicológica, sendo considerado:

( ) Apto ao manuseio de arma de fogo
( ) Apto ao manuseio de arma de fogo e ao exercício da profissão de vigilante
( ) INAPTO</td></tr>
<tr><td colspan="3">Local e data:</td></tr>
<tr><td colspan="3">Nome do(a) psicólogo(a):</td></tr>
<tr><td colspan="3">Nº do CRP:</td></tr>
<tr><td colspan="3">CPF do(a) psicólogo(a):</td></tr>
<tr><td colspan="3">Assinatura do(a) psicólogo(a):</td></tr>
</table>

FIGURA 1 Modelo de laudo psicológico de acordo com a Instrução Normativa nº 78/2014.[7]

circunscrição. Além disso, orienta que os nomes dos testes psicológicos aplicados e as características de personalidade aferidas não sejam identificados no documento.

Em comparação, as diretrizes para elaboração de um laudo psicológico instituídas pela Resolução CFP nº 06/2019[11] determinam a exposição, no campo de procedimentos, de todos os instrumentos e técnicas utilizados na elaboração do documento, que pode ser um laudo ou um parecer psicológico.[5]

A existência dessas diferenças entre as duas normativas, tanto em nomenclatura quanto na forma, faz com que o(a) psicólogo(a) que atua na área precise elaborar um documento que atenda às duas solicitações.

Outra diferença diz respeito à composição da bateria a ser aplicada na avaliação. A Instrução Normativa nº 78, atualmente em vigência, institui a obrigatoriedade da utilização de uma bateria mínima de testes psicológicos composta por um teste projetivo, um teste expressivo, um teste de memória, um teste de atenção difusa e concentrada e uma entrevista semiestruturada. De acordo com o entendimento dessa norma, esses instrumentos permitem a aferição das características de personalidade e das habilidades dos usuários de arma de fogo e dos vigilantes.

A Resolução CFP nº 06/2019[11] exige, além dos testes mencionados pela norma da Polícia Federal, que o(a) psicólogo(a) acrescente ao menos um teste de inteligência para avaliação de nível intelectual.

Essas exigências relacionadas aos testes psicológicos requerem uma competência extremamente importante dos psicólogos, que é escolher os testes adequados à demanda, atentando-se para os requisitos que precisam ser avaliados, seus critérios e a adequada emissão de um resultado.

Quanto ao prazo de guarda de documentos, ambas as normativas determinam o prazo de guarda do documento de cinco anos, em arquivo ou banco de dados em seu local de trabalho. Cabe ao(à) profissional ter em mãos a lista de pessoas já submetidas à avaliação psicológica, com os instrumentos psicológicos utilizados e os laudos emitidos para cada um deles.

CONSIDERAÇÕES FINAIS

A avaliação para porte e posse de arma de fogo resguarda uma série de particularidades que devem ser atendidas por parte do(a) profissional que atua na área. Muitas são as questões éticas e técnicas envolvidas nesse processo, já que o uso de uma arma de fogo requer, por sua natureza e consequências, um perfil mínimo para bem utilizá-la.

Cabe ao(à) profissional acompanhar todas as atualizações de suas práticas profissionais que poderão ser normatizadas pelo Conselho Federal de Psicologia, bem como todas as normativas vigentes que tratem sobre o tema. É importante não interpretar as normativas como um mecanismo de controle e punição quando não são cumpridas, pois, na verdade, elas são o resultado de um esforço da categoria de instituir boas práticas que reflitam o objetivo de nossa profissão, que é promover saúde e qualidade de vida para os indivíduos atendidos e toda a sociedade.

Diante de tantos desafios, cabe aos profissionais da área a busca por uma avaliação de qualidade, baseada em preceitos éticos e técnicos, bem como nos direitos humanos.

REFERÊNCIAS BIBLIOGRÁFICAS

1. Conselho Federal de Psicologia. Cartilha avaliação psicológica 2022. Disponível em: https://site.cfp.org.br/wp-content/uploads/2022/08/cartilha_avaliacao_psicologica-2309.pdf. Accesso em: mar. 2024.
2. Faiad C, Santos AP, Lobosque EMG, Sant'Anna Filho O, Prado LV, Coelho Junior FA. Avaliação psicológica em concursos públicos e porte de arma: histórico e desafios. Psicol Ciênc Profissão. 2021;41:1-13.
3. Faiad C, Alves BCI. Contribuições do Satepsi para avaliações psicológicas compulsórias (trânsito, porte de arma e concursos públicos). Psicol Ciênc Profissão. 2018; 38:50-9.
4. Oliveira ALS, Luna CF, Silva MGP. Homicídios do Brasil na última década: uma revisão integrativa. Ciênc Saúde Coletiva. 2020;25(5):1925-34.
5. Conselho Federal de Psicologia. Manual avaliação psicológica para manuseio de arma de fogo. 2022. Disponível em: https://site.cfp.org.br/publicacao/manual-avaliacao-psicologica-para-manuseio-de-arma-de-fogo. Acesso em: mar. 2024.
6. Resende AM. Desafios da avaliação psicológica para porte de arma de fogo. Psicol Conexões. 2019;2.
7. Brasil. Departamento de Polícia Federal. Instrução Normativa nº 78, de 10 de fevereiro de 2014. Estabelece procedimentos para o credenciamento, fiscalização da aplicação e correção dos exames psicológicos realizados por psicólogos credenciados, responsáveis pela expedição do laudo que ateste a aptidão psicológica para o manuseio de arma de fogo e para exercer a profissão de vigilante. Brasília, 2014.
8. Brasil. Lei nº 10.826, de 22 de dezembro de 2003. Dispõe sobre registro, posse e comercialização de armas de fogo e munição, sobre o Sistema Nacional de Armas – Sinarm, define crimes e dá outras providências. Brasília, 2003.
9. Brasil. Decreto nº 5.123, de 1º de julho de 2004. Regulamenta a Lei nº 10.826, de 22 de dezembro de 2003, que dispõe sobre registro, posse e comercialização de armas

de fogo e munição, sobre o Sistema Nacional de Armas - SINARM e define crimes. Brasília, 2004.

10. Conselho Federal de Psicologia. Resolução nº 01, de 21 de janeiro de 2022. Regulamenta a avaliação psicológica para concessão de registro e porte de arma de fogo e revoga a Resolução CFP nº 18, de 9 de dezembro de 2008, a Resolução CFP nº 02, de 30 de março de 2009, e a Resolução CFP nº 10, de 21 de outubro de 2009.
11. Conselho Federal de Psicologia. Resolução nº 06, de 29 de março de 2019. Institui regras para a elaboração de documentos escritos produzidos pela(o) psicóloga(o) no exercício profissional e revoga a Resolução CFP nº 15/1996, a Resolução CFP nº 07/2003 e a Resolução CFP nº 04/2019.

8

Da avaliação à intervenção psicológica: atuações da Psicologia em enfermaria pediátrica

Andressa Lima Maalouf
Milena Nazário dos Santos

INTRODUÇÃO

O período do nascimento até os 18 anos de idade,[1] dividido em infância e adolescência, é marcado por intensas e graduais transformações de natureza física e psíquica que culminam na estruturação complexa do ser humano. O desenvolvimento biopsicossocial do indivíduo é afetado pelas experiências e aprendizados desse período, assim como pelas relações familiares e sociais então estabelecidas.

Sabe-se que cada fase do desenvolvimento infanto-juvenil tem especificidades que marcam a transição para o momento de vida seguinte. Assim, no atendimento à criança e ao adolescente, independente do contexto em que ocorre (hospital, clínica, escola), é fundamental considerar os aspectos esperados para cada fase do desenvolvimento (físico, cognitivo e psicossocial – Tabela 1). A observação desses aspectos indica se a aprendizagem, o comportamento, a socialização e as reações emocionais estão de acordo com o esperado para a etapa do desenvolvimento e a idade e, assim, podem nortear o plano terapêutico e as intervenções a serem realizadas.

A infância e a adolescência são períodos dinâmicos permeados por alterações físicas, cognitivas, psíquicas, emocionais e sociais, e influenciados pelo meio familiar e social em que a criança/adolescente está inserida. Essas fases têm extrema relevância no ciclo vital, uma vez que os eventos e situações vivenciados nesse período repercutem na fase adulta.

Adoecimento e hospitalização comprometem a vida da criança/adolescente em diversos âmbitos, podendo interferir diretamente no desenvolvimento infanto-juvenil.[2,3]

TABELA 1 Desenvolvimento físico, cognitivo e psicossocial infanto-juvenil

Faixa etária	Desenvolvimento físico	Desenvolvimento cognitivo	Desenvolvimento psicossocial
Primeira infância (0 a 3 anos)	• Sentidos e sistemas corporais funcionam de forma variada • Cérebro torna-se mais complexo e é sensível aos estímulos ambientais • Desenvolvimento físico e das habilidades motoras se dá de forma acelerada	• Capacidade de aprender e lembrar • Rápida compreensão e desenvolvimento do uso da linguagem • No final do segundo ano de vida, a criança passa a usar símbolos e se inicia a habilidade de resolução de problemas	• Vínculos afetivos familiares e social começam a se formar • Aumento do interesse por outras crianças • Desenvolvimento da autoconsciência • Passagem da dependência para a autonomia
Segunda infância (3 a 6 anos)	• Crescimento constante • Diminuição do apetite • Distúrbios de sono • Aprimoramento das habilidades motoras finas e aumento de força	• Pensamento mágico (real e imaginário se mesclam) • Aprimoramento da memória e da linguagem • Aprendizado das regras • Aparecimento do pensamento causal (se/então) • Capacidade de reconhecer o que é seu	• Maior complexidade do autoconceito e da compreensão das emoções • Desenvolvimento da identidade de gênero • Independência, autocontrole e iniciativa são formados • Brincar imaginativo, mais elaborado e social • Família ainda é referência, mas compreende relações sociais próximas (avós, tios, primos etc.)

continua

TABELA 1 Desenvolvimento físico, cognitivo e psicossocial infanto-juvenil (*continuação*)

Faixa etária	Desenvolvimento físico	Desenvolvimento cognitivo	Desenvolvimento psicossocial
Terceira infância (7 a 11 anos)	• Crescimento mais lento • Aumento da força física e das habilidades atléticas • Saúde melhor do que em outras fases	• Pensamento real e abstrato se diferenciam • Desenvolvimento do pensamento lógico, mas ainda concreto • Dificuldades e talentos se destacam • Fase escolar regular e aprendizagem regulada	• Autoconhecimento torna-se mais complexo e afeta a autoestima • Diminuição do controle dos pais • Relações sociais assumem lugar de importância
Adolescência (12 a 18 anos)	• Mudanças corporais significativas • Maturidade reprodutiva • Riscos à saúde relacionados ao comportamento (transtornos alimentares, abuso de drogas)	• Desenvolvimento do pensamento abstrato e do raciocínio científico • Capacidade criativa para resolução de problemas • Educação focada na escolha profissional	• Foco na busca da própria identidade e da identidade sexual • Questionamento de figuras de autoridade (pais, professores) • Influência social mais intensa (positiva ou negativa)

Fonte: adaptada de Papalia e Feldman, 2010.[4]

IMPACTO DA HOSPITALIZAÇÃO NA INFÂNCIA E NA ADOLESCÊNCIA

O adoecimento e a hospitalização infanto-juvenis representam momentos críticos e, por vezes, traumáticos para a criança/adolescente e sua família, pois o percurso natural da vida é interrompido. Na prática, esses acontecimentos tornam necessária a adaptação de todo o microssistema familiar a um novo universo permeado de incertezas e descontrole, o que modifica toda a dinâmica até então estabelecida.

Repentinamente, a criança/adolescente se depara com um novo ambiente em que está afastada de seu núcleo familiar e social, cuidada por pessoas desconhecidas que realizam procedimentos invasivos e dolorosos. De modo geral, essa vivência imposta incrementa sentimentos e fantasias angustiantes de ataque por conta do sofrimento físico e psíquico mobilizado pelo contexto hospitalar, o que impacta no desenvolvimento e interfere negativamente na expressão emocional.[5]

Embora as reações emocionais apresentadas por crianças e adolescentes nesse ambiente sejam distintas e dependam de diversos fatores individuais (idade, personalidade e hábitos familiares, p. ex.), na prática é possível identificar a presença de embotamento emocional, apatia, depressão, ansiedade, regressão, agressividade, solidão pelo afastamento familiar e social, culpa, sensação de punição (adoecimento e internação são vistos como consequência de maus comportamentos e pensamentos), alteração da autoimagem, despersonalização, recusa ou apego exagerado às figuras parentais ou cuidadores, má adesão ao tratamento e não cumprimento de regras indesejadas (Figura 1).[5-7]

As representações que a doença e a internação terão para a criança dependerão: da fase do desenvolvimento em que se encontra; das informações que forem transmitidas a ela; de sua capacidade de compreensão sobre o adoecimento, a natureza da doença e o tempo de internação; de sua experiência hospitalar anterior, se houver; e da situação familiar. Além disso, os efeitos do adoecimento e da hospitalização no desenvolvimento infanto-juvenil dependerão de características do próprio adoecimento (caráter agudo, crônico ou progressivo, p. ex.) e das internações (se são recorrentes e/ou prolongadas).[8]

Com relação à família, também há consequências diretas desse contexto, já que é obrigatória a permanência do(a) cuidador(a) durante a hospitalização de uma criança ou adolescente – papel geralmente desempenhado pela mãe.[9] As adaptações e organizações requeridas para garantir essa presença fazem com que os cuidadores também se afastem do convívio familiar, profissional e social durante o período de internação, modificando a dinâmica familiar.

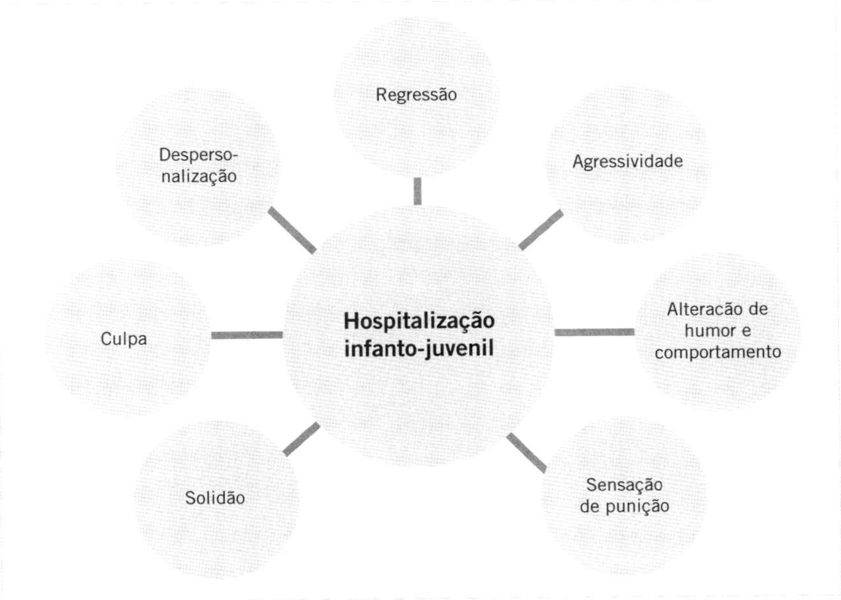

FIGURA 1 Reações emocionais de criança/adolescente durante hospitalização.

Pode-se dizer, então, que esse microssistema sofre uma fragmentação transitória em que o lugar de cada integrante na família é alterado, o que pode apaziguar ou desencadear conflitos.[2,10]

Nessas circunstâncias, o acompanhamento psicológico deve ser despendido tanto para a criança quanto para seus familiares, considerando-se a vulnerabilidade e a instabilidade incitadas por essa vivência. Os objetivos devem ser promover uma adaptação familiar a esse contexto, amenizar as alterações estruturais no cotidiano familiar, viabilizar a construção de estratégias de enfrentamento e auxiliar na relação interpessoal com a equipe de saúde.

ATENDIMENTO PSICOLÓGICO EM ENFERMARIA PEDIÁTRICA

A dinâmica de uma enfermaria envolve especificidades que repercutem na avaliação e no acompanhamento psicológico, uma vez que sua estrutura difere dos âmbitos clínico e ambulatorial. No ambiente de enfermaria, o *setting* terapêutico é o leito do hospital, no qual é habitual que ocorram interrupções pela equipe multidisciplinar para realizar diversos procedimentos (exames, medicamentos, banho etc.). É comum, ainda, que a demanda para avaliação psicológica tenha partido da equipe de saúde, e não por desejo do paciente e/ou de algum familiar.

A duração do acompanhamento psicológico também é peculiar nesse contexto, já que fica atrelada ao período em que o tratamento médico for realizado no ambiente hospitalar. A periodicidade do atendimento, por sua vez, é definida a partir das características do caso e do tempo de internação.[6,10]

Mesmo com todas essas especificidades, o atendimento psicológico em enfermaria segue uma estrutura própria, que é composta por avaliação psicológica, diagnóstico situacional, planejamento terapêutico e ação terapêutica.[6,10]

Há, ainda, algumas particularidades do ambiente de enfermaria pediátrica em comparação com a enfermaria de adultos que demandam a reestruturação da atuação. Na enfermaria pediátrica, o olhar avaliativo é direcionado para a criança/adolescente, que é o centro do cuidado, e também para as figuras parentais, que são parte integrante e inseparável do tratamento. As figuras parentais são a ponte entre a criança e a equipe de saúde, uma vez que assumem o papel de transmissão de informações, em ambas as direções, norteando o entendimento sobre a condição da criança, auxiliando nos cuidados dentro do contexto hospitalar e estimulando ou desestimulando o tratamento proposto pela equipe.[10]

O acompanhamento pode se iniciar a partir de solicitação da equipe médica diante de uma demanda observada na rotina do setor ou a pedido do paciente/família. Assim, em um primeiro momento, é importante compreender o motivo da demanda e quem a solicitou para definir como será realizado o primeiro contato para a avaliação psicológica. Consideram-se também a condição clínica da criança e seu nível de consciência para estruturar o atendimento psicológico.

Usualmente, no primeiro contato com criança e cuidadores, deve-se compreender a condição clínica da criança e a demanda; obter informações sobre o desenvolvimento da criança, socialização e escolarização; identificar redes de apoio e aspectos da dinâmica familiar acerca dos papéis estabelecidos nesse núcleo; e estabelecer a frequência de atendimento a ser realizado (semanal, duas ou três vezes na semana, ou diário), sempre considerando a previsão de alta hospitalar.

Desse modo, a avaliação psicológica em pediatria é estruturada tendo em vista o contato com a criança, a entrevista com as figuras parentais, o atendimento lúdico e/ou instrumentos e escalas disponíveis, e as intervenções e manejos que serão realizados (Figura 2). Essa sequência não é fixa e pode ser modificada caso seja necessário.

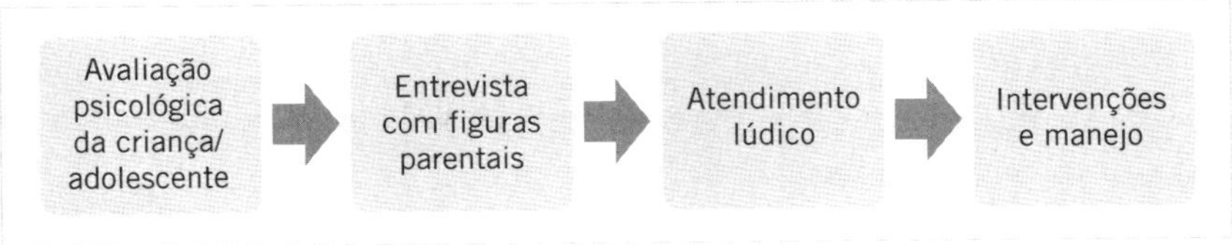

FIGURA 2 Estrutura da avaliação psicológica em pediatria.

AVALIAÇÃO PSICOLÓGICA DA CRIANÇA/ADOLESCENTE HOSPITALIZADA

Para estruturar a avaliação psicológica em pediatria, a primeira análise que deve ser feita diz respeito à idade da criança/adolescente e ao estágio de desenvolvimento em que se encontra, adequando-se a linguagem ao caso específico. Além disso, compreender o diagnóstico médico e ter acesso a informações como tempo de internação e tratamento(s) realizado(s) ampliam a compreensão da vivência que a criança/adolescente e as figuras parentais estão experienciando no momento e podem orientar as atividades e recursos a serem utilizados durante a avaliação e a intervenção psicológica com a criança/adolescente.[6]

Na prática diária, percebe-se que o primeiro contato com a criança/adolescente é valioso para o estabelecimento do vínculo terapêutico e que é efetivo abordar, primeiramente, aspectos pessoais da criança/adolescente, indagando sobre gostos e vontades, rotina, família e socialização. Esse manejo ameniza a despersonalização causada pelo adoecimento e pela hospitalização e é o passo inicial para a construção do vínculo terapêutico. Nesse primeiro contato, deve-se observar se a criança responde às perguntas por meio de relato verbal ou expressão não verbal.

No caso de crianças na primeira infância ou no início da segunda (menos de 6 anos), a entrevista com as figuras parentais ou cuidadores é a primeira parte da avaliação, uma vez que o mundo de fantasia que caracteriza esse período pode se misturar com o mundo real, o que pode fazer com que o discurso seja atravessado por esse conteúdo, interferindo nas percepções e informações sobre a criança e sua internação. Nesses casos, brincadeiras, atividades lúdicas e desenhos são utilizados como forma de estabelecimento de vínculo e avaliação. Por meio da interação e da observação, devem ser obtidas informações sobre como a criança tem vivenciado o adoecimento e a hospitalização, a expressão de sentimentos suscitados por esse ambiente, os recursos adaptativos da criança, e a exploração e a descoberta de novas formas de enfrentamento diante do adoecimento e a hospitalização que promovem a elaboração da vivência atual.[6,11]

No caso de crianças a partir dos 6 anos, é possível realizar uma entrevista semiestruturada a fim de investigar a função psíquica (consciência, atenção, linguagem e afetividade), a maneira como a criança se apresenta ao(à) psicólogo(a) (disponível, colaborativa, comunicativa, introspectiva, pouco receptiva), as reações emocionais mobilizadas pelo contexto hospitalar (apatia, passividade, raiva, irritação), o grau de compreensão da criança com relação a sua hospitalização e a disponibilidade para brincadeiras e atividades lúdicas propostas pelo(a) psicólogo(a).[6,12] Recursos lúdicos de apoio (p. ex., baralho de emoções, livros sobre adoecimento e hospitalização infanto-juvenil, jogos, atividades gráficas, boneco terapêutico, massa de modelar, lápis de cor – Figura 3) podem amparar a avaliação e ter efeito terapêutico para a criança, uma vez que viabilizam a expressão emocional e possibilitam a manutenção de um aspecto da vida normal. As intervenções realizadas com recursos lúdicos e do brincar dentro do contexto hospitalar promovem o restabelecimento físico e emocional, pois facilitam a elaboração dos conflitos e desenvolvem a capacidade de simbolização.[13]

Sabe-se, ainda, que ações terapêuticas que viabilizem a participação da criança/adolescente em seu tratamento, possibilitando uma comunicação entre a criança/adolescente, família e equipe de saúde, a fim de esclarecer condutas e tratamentos e/ou favorecendo o contato físico e o acesso a visitas, têm efeitos benéficos como a diminuição do estresse e a humanização do ambiente hospitalar, tornando a internação menos traumática para a criança/adolescente.[6]

Entrevista com figuras parentais

Uma parte relevante da avaliação psicológica da criança/adolescente é a entrevista com as figuras parentais, que vivenciam o processo de internação junto com a criança/adolescente e precisam se adaptar em diversos setores da vida e da dinâmica familiar. O adoecimento e a internação suscitam nas figuras parentais reações emocionais e alterações psíquicas típicas de negação, inserção de tratamentos alternativos, culpa, ansiedade, insegurança, confusão, impotência, frustração, apreensão, choque, desamparo, angústia, impaciência, desconfiança, estresse, exaustão, "conspiração do silêncio" e pouca tolerância às solicitações e/ou sofrimento da criança.[3,7,14]

O espaço de expressão e acolhimento promovido por esse contato junto às figuras parentais repercute também na criança/adolescente, pois as reações emocionais dos cuidadores durante esse processo influenciam diretamente a postura do filho diante do adoecimento e da hospitalização.[15]

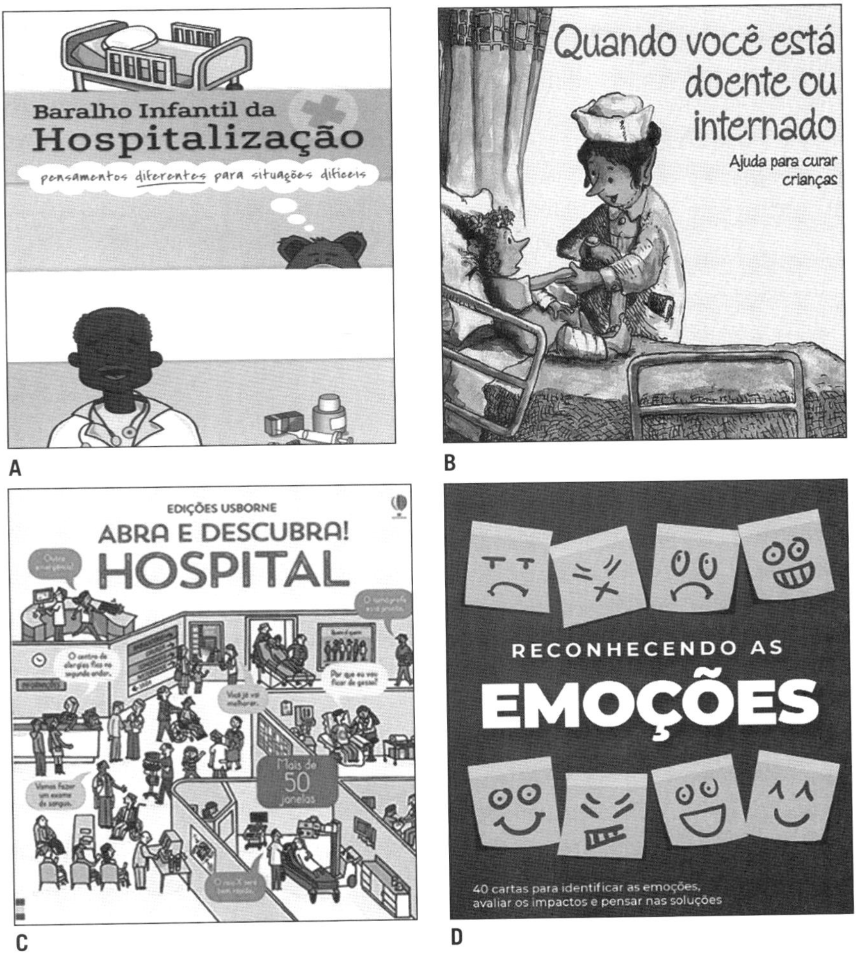

FIGURA 3 Recursos lúdicos usados como intervenção durante avaliação psicológica na pediatria. A: jogo "Baralho infantil da hospitalização";[16] B: livro *Quando você está doente ou internado*;[17] C: livro interativo *Abra e descubra! Hospital*;[18] D: jogo "Reconhecendo as emoções".[19]

No primeiro contato com as figuras parentais, realiza-se uma entrevista semiestruturada que abrange questões relativas à história de vida da criança/adolescente, ao adoecimento e à internação atual; a compreensão dos cuidadores sobre o adoecimento e o tratamento; a maneira como a família tem lidado com a hospitalização; o vínculo afetivo parental-filial estabelecido durante a internação; informações que têm sido transmitidas para a criança; como têm sido realizados os cuidados; reações emocionais dos cuidadores durante a internação; autocuidado parental durante a internação; organização familiar; e rede de apoio.

A Tabela 2 apresenta questões que devem compor a entrevista semiestruturada.

TABELA 2 Entrevista com figuras parentais de crianças/adolescentes hospitalizados

História de vida da criança/adolescente	Como foi a gestação? (desejada/planejada) Houve alguma complicação? Como é a rotina? Quais comportamentos são comuns em casa? Há quanto tempo frequenta a escola? Tem alguma queixa relativa ao ambiente escolar? (*bullying*, comportamento inadequado) Como é a dinâmica familiar? (com quem mora)
Informações sobre o adoecimento e a internação	Qual foi o motivo da internação? (sintomas iniciais) Já passou por outra internação anteriormente? O que compreendem sobre a doença e o tratamento? Quais informações a criança/adolescente tem sobre sua doença? Houve mudança comportamental ou emocional nesse contexto?
Informações familiares	A família tem se reorganizado a partir do adoecimento e da internação? Como o(a) cuidador(a) tem conciliado cuidados dedicados ao paciente e aos demais membros que exijam atenção e cuidado dos responsáveis? Há uma rede de apoio familiar? Tem conseguido revezar com outro familiar? Como tem se sentido?

Não restringir as entrevistas com as figuras parentais ao levantamento de informações da criança/adolescente oferece uma possibilidade de construir junto aos cuidadores um lugar de acolhimento e orientação durante a hospitalização, facilita a relação interpessoal com a equipe de saúde, proporciona o fortalecimento da parentalidade nesse contexto e, com isso, promove uma contenção emocional para a criança/adolescente durante esse momento.

Instrumentos psicológicos usados na hospitalização de crianças e adolescentes

O uso de testes e instrumentos psicológicos na pediatria pode ajudar na compreensão do impacto da hospitalização para a criança/adolescente naquele momento de vida.

Embora não haja um conjunto de testes definido para esse contexto, sugere-se considerar aqueles que englobam aspectos da personalidade e alterações na autoimagem e no humor. A Tabela 3 apresenta algumas sugestões.

A partir da avaliação e da intervenção psicológica com a criança/adolescente e as figuras parentais, é indispensável que haja troca de informações com os integrantes da equipe assistencial, a fim de compor manejos terapêuticos tanto com o(a) paciente quanto com a família. Ao fornecer os dados relevantes sobre o(a) paciente e a família, compartilhando informações sobre a interpretação

TABELA 3 Relação de instrumentos psicológicos recomendados para o ambiente de enfermaria pediátrica

Teste casa-árvore-pessoa (HTP)	Técnica projetiva gráfica e verbal na qual o sujeito é convidado a fazer o desenho, em tons cromáticos ou acromáticos, de uma casa, uma árvore e uma pessoa, podendo ser solicitado que seja feito um desenho adicional de uma pessoa do sexo oposto à que foi desenhada primeiro. Após a finalização de cada desenho, aplica-se um inquérito referente às associações do sujeito sobre os aspectos de cada produção. O material necessário para a aplicação do teste inclui folhas A4, lápis preto nº 2, borracha, apontador e uma caixa com oito lápis de cor nas cores amarelo, azul, laranja, marrom, preto, roxo, verde e vermelho[20]
Teste do desenho da figura humana (DFH-IV)	Técnica projetiva gráfica não verbal na qual a criança é convidada a realizar dois desenhos, um de uma pessoa do sexo feminino e outro de uma pessoa do sexo masculino. Essa técnica avalia o desenvolvimento cognitivo de crianças de 5 a 11 anos a partir da aplicação de 58 indicadores de desenvolvimento cognitivo a cada uma das figuras desenhadas. A avaliação dos resultados se relaciona com o sexo da criança, a idade e o tipo de figura desenhada[21]

continua

TABELA 3 Relação de instrumentos psicológicos recomendados para o ambiente de enfermaria pediátrica (*continuação*)

Escala Baptista de depressão infanto-juvenil (EBADEP-IJ)	Escala composta por 50 itens que avalia os sintomas depressivos em crianças e adolescentes, na faixa etária de 8 a 17 anos. O instrumento apresenta 24 descritores de sintomas físicos e psicológicos que indicam como o sujeito tem se sentido nas últimas duas semanas. A intensidade da sintomatologia varia de 0 a 2 pontos, sendo que quanto menor for a pontuação, menores são os sintomas depressivos apresentados[22]
Marcadores de resiliência infantil (MRI)	Teste de julgamento situacional composto por 27 itens apresentados em forma de breves histórias ilustradas. Avalia o potencial resiliente em crianças com idades entre 8 e 12 anos. A criança é convidada a ser a personagem principal da história e a cada item a personagem passa por uma situação desafiadora, cabendo à criança decidir, entre três desfechos apresentados, o que ela faria na situação descrita. A pontuação das alternativas varia entre 0 e 2, de acordo com o desfecho selecionado, conferindo-se pontuação 0 para resposta não adequada, 1 ponto para resposta neutra ou que não resolve o problema integralmente e 2 pontos para resposta adequada e resiliente[23]

psicológica e o estado emocional da criança e de sua família, o(a) psicólogo(a) amplia seu olhar humanizado e dá subsídios para a equipe manejar os cuidados a fim de minimizar o impacto do adoecimento e da hospitalização.

CONSIDERAÇÕES FINAIS

Como exposto, a infância e a adolescência são períodos do ciclo vital marcados por transições e transformações, sendo esperado que o sujeito tenha vivências positivas e que não ocorrem atravessamentos que abalem o *status quo* do desenvolvimento global da criança/adolescente. Um processo de adoecimento e hospitalização de criança/adolescente tem, portanto, impacto avassalador, já que causa uma ruptura do costumeiro, afetando todos os âmbitos da vida da criança/adolescente e de todo o seu familiar.

A necessidade de adaptação a um ambiente desconhecido e assustador mobiliza diversos sentimentos que, por vezes, são impedidos de serem expressados, suscitando sofrimento físico e psíquico. A equipe de saúde pode ser vista pela criança/adolescente como uma ameaça por causa dos procedimentos invasivos e dolorosos, o que intensifica fantasias e angústias. Em contrapartida, a família também se depara com a necessidade de reestruturação de seu papel, uma vez que assume um papel secundário nos cuidados da criança/adolescente nesse ambiente.

Nesse contexto, a avaliação e o acompanhamento psicológico na enfermaria pediátrica são inseridos a fim de proporcionar um olhar de cuidado para além do físico. Nesse espaço, a criança/adolescente pode expressar suas angústias, inseguranças e preocupações, de forma verbal ou não verbal, o que permite a ela elaborar essa vivência e ser um agente ativo de seu próprio tratamento e cuidado. Concomitantemente, a atuação junto aos cuidadores estende o espaço de acolhimento e reorganização psíquica frente à vivência para essas pessoas, interferindo positivamente no cuidado com a criança/adolescente e na relação interpessoal com a equipe de saúde.

Assim, a atuação do(a) psicólogo(a) em pediatria, em conjunto com a equipe multidisciplinar, traz um toque de humanização e cuidado para que o(a) paciente e sua família sejam vistos para além do diagnóstico e do número de leito, amenizando o impacto do adoecimento e da hospitalização e possibilitando a ressignificação dessa vivência.

REFERÊNCIAS BIBLIOGRÁFICAS

1. Brasil. Lei nº 8.069, de 13 de julho de 1990. Dispõe sobre o Estatuto da Criança e do Adolescente e dá outras providências. Brasília, 1990.
2. Ferreira AN, Sales JKD, Coelho HP, Marçal FA, Melo CS, Sousa DR, et al. Hospitalização infantil: impacto emocional indexado à figura dos pais. Rev Interfaces Saúde Humanas Tecnol. 2020;8(1):402-8.
3. Vieira MM, Whitaker MC, Costa AA, Ribeiro JM. A atenção da enfermagem na saúde da criança: revisão integrativa da literatura. Uniara. 2015;18(1).
4. Papalia DE, Feldman RD. Desenvolvimento humano. 12.ed. Porto Alegre: Artmed; 2010.
5. Nigro M. Hospitalização: o impacto na criança, no adolescente e no psicólogo hospitalar. São Paulo: Casa do Psicólogo; 2004.
6. Amaral VA, Uwagoya KSH, Pinto LA, Kioroglo PS, Pozzani AF, Carvalho DC, Sasso LGC, Silva LMS, Bonsaver M, Rosa NB. Atendimento psicológico em enfermarias. In: Bruscato WL, Fregonese AA, Braga APSM, Silva AC, Barbour FF, Lima MGS, et al. (orgs.). A psicologia na saúde: da atenção primária à alta complexidade. São Paulo: Casa do Psicólogo; 2014. p. 135-47.
7. Chiattone HBC. A criança e a hospitalização. In: Camon VAA (org.); Chiattone HBC, Meleti MR. A psicologia no hospital. 2.ed. São Paulo: Cengage Learning; 2014. p. 23-100.

8. Lima MGS. Atendimento psicológico da criança no ambiente hospitalar. In: Bruscato WL, Benedetti C, Lopes SRA (orgs.). A prática da psicologia hospitalar na Santa Casa de São Paulo: novas páginas em uma antiga história. São Paulo: Casa do Psicólogo; 2004 p. 81-87.
9. Conselho Nacional dos Direitos da Criança e do Adolescente. Resolução nº 41, de 17 de outubro de 1995. Dispõe sobre os direitos da criança e do adolescente hospitalizados. Brasília, 1995.
10. Crepaldi MA, Rabuske MM, Gabarra LM. Modalidades de atuação do psicólogo em psicologia pediátrica. In: Crepaldi MA, Linhares MBM, Perosa GB. Temas em psicologia pediátrica. São Paulo: Casa do Psicólogo; 2006. p. 13-56.
11. Menezes M, Moré CLOO, Cruz RM. O desenho como instrumento de medida de processos psicológicos em crianças hospitalizadas. Avaliação Psicológica. 2008;7(2): 189-98.
12. Azevêdo AVS. Construção do protocolo de avaliação psicológica hospitalar para a criança queimada. Avaliação Psicológica. 2010;9(1):99-109.
13. Parcianello AT, Felin RB. E agora doutor, onde vou brincar? Considerações sobre hospitalização infantil. Barbadói. 2008;28(1):147-66.
14. Fonseca LGA, Panciera SDP, Zihlmann KF. Hospitalização em oncologia pediátrica e desenvolvimento infantil: interfaces entre aspectos cognitivos e afetivos. Psicol Ciênc Profissão. 2021;41(1):1-14.
15. Bermute GG. Atuação junto a crianças e adolescentes em hospitais. In: Baptista CHV, Wosnes CJ, Fonseca RN. Psicologia hospitalar: desafios do cotidiano – da gestação à adolescência. São Paulo: B307 Livraria e Saúde; 2023. p. 1-5.
16. Broering CV, Kruger O. Baralho infantil da hospitalização: pensamentos para situações difíceis. Novo Hamburgo (RS): Sinopsys; 2018.
17. McGrath T. Quando você está doente ou internado. São Paulo: Paulus; 2004.
18. Daynes K. Abra e descubra! Hospital. São Paulo: Usborne; 2020.
19. Schmidt MC, Vieira J. Reconhecendo as emoções. São Paulo: Matrix; 2001.
20. Tradivo LSPC, Moraes MCV, Marques AM, Tosi SMVD. A técnica do desenho da casa-árvore-pessoa(HTP): Avaliação psicológica no contexto brasileiro. São Paulo: Vetor; 2024.
21. Wechsler SM, Prado CM, Oliveira KS, Mazzarino BG. Desenho da figura humana: análise da prevalência de indicadores para avaliação emocional. Psicol Reflex Crit. 2011;24(3).
22. Baptista MN, Cremasco GS. Propriedades psicométricas da escala Baptista de depressão infanto-juvenil (EBADEP-IJ). Arq Bras Psicol. 2013;65(2):198-213.
23. Oliveira KS, Nakano TC. Marcadores de resiliência infantil: evidências de validade para estrutura interna e precisão. Psicol Ciênc Profissão. 2021;41:1-15.

9

Avaliação psicológica de pacientes adultos hospitalizados em tratamento oncológico

Daniela Marques Farina

INTRODUÇÃO

O diagnóstico de câncer gera repercussões psicossociais de diferentes intensidades e leva a uma diversidade de reações relacionadas às formas distintas de lidar e enfrentar a doença, por sua vez atreladas ao estigma social do câncer. Assim, instauram-se sofrimentos específicos nesses pacientes decorrentes do desconhecimento de informações fidedignas e/ou de uma vivência de tratamentos emocionalmente desestruturantes e invasivos. O momento do diagnóstico oncológico leva os pacientes a terem que lidar com sentimentos de medo, angústia, tristeza e culpa, assim como considerar a possibilidade de morte. O conjunto desses fatores constitui um rompimento da estrutura psicológica e torna-se cenário para uma potencial crise cognitiva e emocional, por conta do estresse prolongado.[1] A necessidade de processar novas informações e tomar decisões importantes ao longo do período de doença, inclusive algumas referentes a aspectos de vulnerabilidade e finitude, pode potencializar, nesse contexto, as reações emocionais negativas.[2] Ansiedade e depressão são as manifestações desse sofrimento psicológico mais prevalentes em pacientes oncológicos, identificadas em 30 a 43% deles.[3] O desenvolvimento de comportamento suicida também merece destaque. O diagnóstico de câncer pode ser considerado um fator de risco, com uma taxa de morte por autoextermínio entre pacientes oncológicos duas vezes maior do que na população geral e riscos de ideação e comportamento suicidas, de duas a quatro vezes maior.[4]

Compreender a resposta dos pacientes ao diagnóstico oncológico parece, portanto, fundamental. Suas reações emocionais podem representar uma barreira ao entendimento sobre a doença e à aderência ao tratamento, com consequentes piora da qualidade de vida e dificuldade de ajustamento psicológico.

FATORES DE RISCO PSICOLÓGICO EM ONCOLOGIA

O ajustamento psicológico em pacientes oncológicos pode ser entendido como a habilidade de aprender e se adaptar às mudanças decorrentes do adoecimento e do tratamento. O grau de ajustamento é uma consequência do enfrentamento psicológico, do suporte social e da construção de sentido do sujeito sobre sua trajetória oncológica. A adaptação, por sua vez, é influenciada pelo senso de significado de vida e por aspectos físicos de cada paciente.

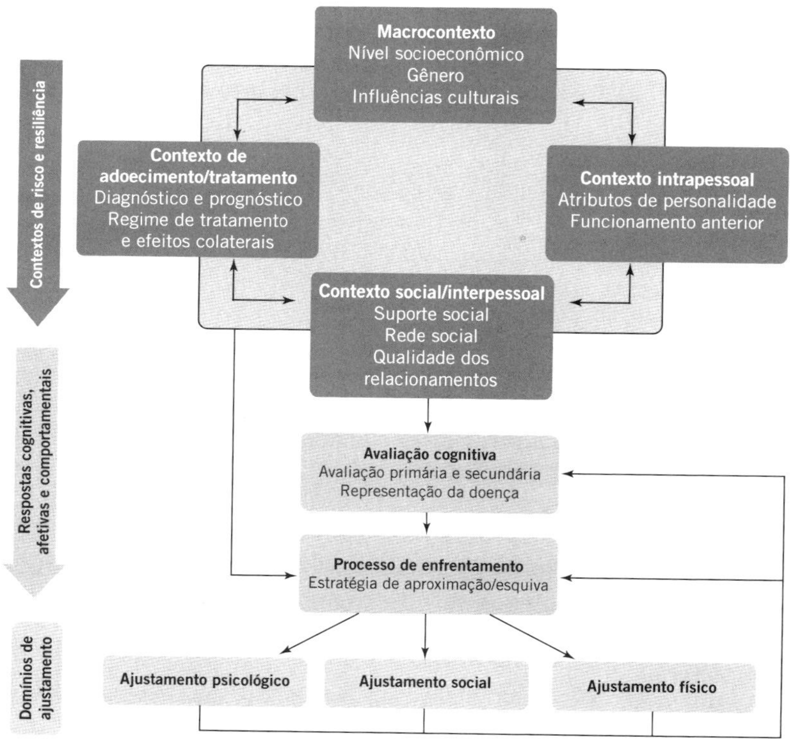

FIGURA 1 Fluxograma do modelo de ajustamento de Hoyt e Stanton.[5]

A gravidade do diagnóstico oncológico e o prognóstico não podem ser apontados, portanto, como únicos fatores determinantes da adaptabilidade dos pacientes. Estudos demonstram que, mesmo diante de um potencial curativo de certos tipos histológicos de câncer, como o câncer de tireoide, ocorrem uma queda relevante na qualidade de vida, desajustes afetivos e cognitivos, e sintomas ansiosos. Há, na prática, perdas e mudanças importantes que se impõem a partir da descoberta do câncer.

O principal termo usado para descrever o sofrimento psíquico na literatura da saúde é *distress*. Na Psico-oncologia, a definição adotada é postulada pelas diretrizes da National Comprehensive Cancer Network (NCCN). O conceito diz respeito ao conjunto de reações emocionais resultantes de uma sobrecarga de estresse prolongado, em que uma situação estressora é entendida como experiência emocional desagradável e multifatorial (psicológica, social e/ou espiritual) com potencial de interferência no processo de ajustamento do adoecimento por câncer, seus sintomas e tratamentos.

Entre os fatores que podem alterar o risco de adoecimento psíquico e produção de quadros de ansiedade, depressão e *distress*, os mais conhecidos são: histórico psiquiátrico pessoal e familiar uso de substâncias psicoativas, aspectos cognitivos, presença de comorbidades, nível socioeconômico, suporte social, gênero, idade, prognóstico, contexto estressor, espiritualidade e religiosidade, e quadros de dor e sintomático expressivos (Tabela 1).

Pacientes com histórico psiquiátrico pessoal ou familiar apresentam maior suscetibilidade a adoecimento psíquico por possíveis alterações fisiológicas, de

TABELA 1 Fatores associados a risco psicológico em pacientes oncológicos

Histórico psiquiátrico	• Maior suscetibilidade a adoecimento psíquico por possíveis alterações fisiológicas, de origem genética ou não • Experiência anterior que evidencie dificuldade na habilidade de enfrentamento de fatores ambientais estressores • Correlação entre câncer e desenvolvimento de transtornos ansiosos e depressivos
Uso de substâncias psicoativas	• Facilitador no desenvolvimento de quadros psiquiátricos • Potencial ansiogênico decorrente de excitação fisiológica • Possíveis quadros de abstinência

continua

TABELA 1 Fatores associados a risco psicológico em pacientes oncológicos (*continuação*)

Aspectos cognitivos (capacidade de compreensão e comunicação reduzidas)	• Dificuldade no processo de tomada de decisões e construção de perspectivas • Desorganização psíquica
Ausência de suporte social	• Diminuição das formas de assistência, tangíveis e intangíveis • Prejuízo no desenvolvimento do senso de pertencimento, percepção de cuidado e sensação de estima • Restrições de relacionamentos afetivos • Ausência de suporte emocional
Baixo nível socioeconômico	• Fragilidade de acesso a recursos que promovam adaptação ao adoecimento • Dificuldade de acesso a estruturas de tratamento e suportes adequados • Dificuldade de acompanhamento de saúde preventiva e diagnóstico precoce
Quadro de dor, quadro sintomático e comorbidades	• Diminuição da qualidade de vida percebida • Surgimento de contextos estressores e perdas importantes
Gênero e idade (mulheres e/ou pacientes mais jovens)	• Maior propensão a certa fragilidade psíquica • Menor suporte emocional • Destituição de projeto de vida e perspectivas
Prognóstico	• Gravidade do diagnóstico oncológico e prognóstico
Espiritualidade e religiosidade	• Fatores protetivos • Promoção a ressignificação positiva do contexto de adoecimento e atividades otimistas

Fonte: adaptada de Souza, 2014.[5]

origem genética ou não; experiência anterior que evidencie dificuldade na habilidade de enfrentamento de fatores ambientais estressores, resultando em quadros psiquiátricos; ou correlação entre o câncer e o desenvolvimento de transtornos ansiosos e depressivos que acarretariam retorno do quadro clínico anterior.

O uso de substâncias psicoativas, por sua vez, é um comportamento facilitador do desenvolvimento de quadros psiquiátricos, tanto por seu potencial ansiogênico decorrente da excitação fisiológica, quanto por possíveis quadros de abstinência, já que se faz necessária a interrupção do uso de certas substâncias durante o tratamento para evitar a interferência nas drogas alopáticas, o agravamento de sintomas e/ou prejuízo físico.

Os aspectos cognitivos se relacionam à capacidade de compreensão e comunicação dos pacientes. O não entendimento das informações sobre o quadro clínico, o prognóstico, o tratamento e os efeitos colaterais dificulta o processo de tomada de decisões e a construção de perspectivas, influenciando a desorganização psíquica dos pacientes.

O nível socioeconômico pode interferir no desenvolvimento e no aprimoramento das habilidades cognitivas, uma vez que é sabido que o contexto de fragilidade social desfavorece o acesso a recursos de escolarização. Além disso, a vulnerabilidade econômica dificulta o acesso a estruturas de tratamento e suportes adequados, acompanhamento de saúde preventiva e diagnóstico precoce, resultando em maior gravidade e sintomatologia. Esses aspectos reverberam também em uma rede de apoio insuficiente, pois pode haver impossibilidade de algum familiar se afastar de suas atividades laborais para acompanhamento do tratamento dos pacientes oncológicos, muitas vezes marcados por diversos compromissos e frequente comparecimento às instituições de saúde.

Para além da fragilidade da rede de apoio familiar e social por questões socioeconômicas, as restrições de relacionamentos afetivos diminuem também as formas de assistência, tangíveis e intangíveis, fazendo com que os sujeitos apresentem prejuízo no desenvolvimento do senso de pertencimento, na percepção de cuidado e na sensação de estima. Faz-se importante compreender, para além da existência de uma rede de apoio, a qualidade do suporte recebido, que pode ser estratificado em instrumental (disponibilidade de cuidado das questões operacionais) e emocional (disponibilidade afetiva do cuidado).

Por fim, a sintomatologia e os quadros de dor crônica, frequentemente presentes, resultam na diminuição da qualidade de vida percebida dos pacientes oncológicos, que experienciam contextos estressores e de perdas importantes, assim como a presença de comorbidades, que agravam as limitações impostas ao estado de saúde. Ademais, mulheres e/ou pacientes mais jovens estão mais propensos a certa fragilidade psíquica, pois tendem a receber menos suporte emocional e deparam-se com uma destituição de projeto de vida e perspectivas.

A religiosidade e a espiritualidade são vistas como fatores protetivos por promoverem a ressignificação positiva do contexto de adoecimento e atividades otimistas a partir da crença de resultados positivos, diminuindo níveis de ansiedade e depressão.

INTRUMENTOS PSICOLÓGICOS DE AVALIAÇÃO EM PACIENTES ONCOLÓGICOS

O uso de instrumentos para identificação dos níveis de funcionalidade, qualificação da experiência de adoecimento e tratamento, e identificação de afetos negativos tem se tornado comum na avaliação psicológica de pacientes oncológicos adultos. A aplicação da Psicoeducação para o delineamento de procedimentos nesse contexto pode funcionar como uma tentativa de assegurar a compreensão do sofrimento emocional e dos prejuízos na qualidade de vida e na rede de apoio, mesmo na ausência de desordens psicológicas. A Tabela 2 descreve alguns instrumentos de apoio que podem ser utilizados nesse contexto.

TABELA 2 Instrumentos psicológicos recomendados para o contexto oncológico

Instrumento psicológico	Descrição
Indicador de risco psicológico em Oncologia (IRPO)[5]	Composto por 37 itens construídos a partir de quatro domínios diferentes: percepção de doença (4 itens), suporte social (8 itens), enfrentamento (1945 itens) e *distress* (10 itens). Todos os itens são avaliados por uma escala tipo Likert de cinco pontos. Na avaliação de percepção de doença, as alternativas de resposta são: "não", "um pouco", "moderadamente", "muito" e "demais". No restante dos itens, as alternativas são: "nunca", "quase nunca", "às vezes", "quase sempre" e "sempre". Apresentou boa confiabilidade e elevadas cargas fatoriais enquanto guia para direcionar as avaliações e intervenções a serem realizadas com pacientes oncológicos
Instrumento de avaliação de qualidade de vida da Organização Mundial da Saúde, versão abreviada (WHOQOL-Bref)[6]	Composto por 26 questões, sendo duas questões gerais de qualidade de vida, sete questões sobre o domínio físico, seis questões sobre o domínio psicológico, três questões sobre relações sociais e oito questões sobre o domínio do meio ambiente. Apresentou resultados de consistência interna e validade discriminantes, validade de critério, validade concorrente e fidedignidade teste-reteste em versão traduzida e adaptada para o português

continua

TABELA 2 Instrumentos psicológicos recomendados para o contexto oncológico (*continuação*)

Instrumento psicológico	Descrição
Inventário de depressão de Beck, segunda edição (BDI-II)[7]	Instrumento de autoavaliação de sintomas depressivos nos últimos 15 dias composto por 21 itens na forma de frases afirmativas. Para cada item, o sujeito deve escolher entre quatro opções que dizem respeito à intensidade de sua identificação com o sintoma descrito, com pontuação variando de 0 a 3. A soma dos itens apresenta pontuação máxima de 63. Após revisão da primeira versão do inventário para alinhar critérios dos transtornos depressivos descritos na quarta edição do *Manual Diagnóstico e Estatístico de Transtornos Mentais* (DSM-IV), alguns estudos identificaram boa consistência interna
Inventário de ansiedade de Beck (BAI)[8]	Instrumento de autoavaliação de sintomas ansiosos nos últimos 15 dias composto por 21 itens na forma de frases afirmativas. Para cada item, o sujeito deve escolher entre quatro opções que dizem respeito à intensidade de sua identificação com o sintoma descrito, com pontuação variando de 0 a 3. A soma dos itens apresenta pontuação máxima de 63. Assim como o inventário de depressão de Beck, apresentou boa consistência interna

Fonte: elaborada pela autora.

Entre os instrumentos recomendados para esse contexto, o indicador de risco psicológico em Oncologia (IRPO) e a versão abreviada do instrumento de avaliação de qualidade de vida da Organização Mundial da Saúde (WHOQOL-Bref), apesar de terem validade e consistência identificadas em estudos, não são privativos ao uso do(a) psicólogo(a), sendo, portanto, ferramentas de apoio e não diagnósticas. Os inventários de Beck para depressão e ansiedade, por sua vez, são testes psicológicos favoráveis que podem ser utilizados no exercício profissional restrito à classe, como previsto na Resolução CFP nº 31/2022 e no *Código de Ética Profissional do Psicólogo.*

PLANOS PSICOTERAPÊUTICOS

Pensar no processo de ajustamento à doença oncológica com característica de cronicidade (Tabela 3) possibilita construir ações para prevenção e cuidado ao sofrimento psicológico, tomando por base toda a complexidade de fatores envolvidos.

Na promoção do desenvolvimento de ajustamento ao adoecimento, é importante trabalhar as competências atreladas a esse processo: adaptação, prevenção e tratamento de desordens psicológicas, minimização de afetos negativos, fortalecimento de suporte psicológico e inserção social, e melhora da percepção da qualidade de vida.

A adaptação está relacionada ao controle das tarefas sobre o adoecimento, visando manutenção da autoestima, busca por construção de significado para o câncer, manejo dos sintomas e quadros álgicos e proteção da autonomia e da funcionalidade. Outro aspecto importante diz respeito à prevenção e ao tratamento de desordens psicológicas, como transtorno de ajustamento, transtornos de humor, depressão e ansiedade, a partir de sua identificação, com propostas de encaminhamento e construção de estratégias de manejo. A minimização de afetos negativos, como sintomas ansiosos, sintomas depressivos, *distress* e medo, também fortalece o ajustamento por meio da ressignificação e da elaboração do contexto de sofrimento apresentado, com a construção de novas perspectivas. Suporte e inserção social adequados, manutenção de identidade e relações interpessoais fortalecem a identidade dos pacientes, promovendo aumento de autoestima, autoconceito e autoimagem, o que acarreta maior confiança sobre si e melhor adesão aos tratamentos propostos. Por fim, é possível melhorar a percepção da qualidade de vida a partir de intervenções que diminuam o contexto estressor que se apresenta e de propostas de meios adequados para enfrentamento. Essas ações são confluentes com as estratégias de prevenção de suicídio.[5]

TABELA 3 Ações psicoterapêuticas para promoção de ajustamento ao câncer

Competências de ajustamento	Ações psicoterapêuticas
Adaptação	• Controle das tarefas sobre o adoecimento • Manutenção da autoestima • Construção de significado para o câncer • Manejos dos sintomas e quadros álgicos • Proteção da autonomia e da funcionalidade
Prevenção e tratamento de desordens psicológicas	• Identificação de transtornos psiquiátricos • Tratamento de transtornos psiquiátricos

continua

TABELA 3 Ações psicoterapêuticas para promoção de ajustamento ao câncer (*continuação*)

Competências de ajustamento	Ações psicoterapêuticas
Minimização de afetos negativos	• Identificação de sintomas ansiosos, sintomas depressivos, *distress* e medo • Ressignificação do sofrimento suscitado pelo adoecimento
Fortalecimento de suporte psicológico e inserção social	• Identificação e melhora da qualidade da rede de apoio • Manutenção dos papéis sociais e relações interpessoais
Melhora da percepção da qualidade de vida	• Identificação de aspectos atrelados à queda da qualidade de vida • Mobilização de recursos para promoção de qualidade de vida

Fonte: adaptada de Souza, 2014.[5]

CONSIDERAÇÕES FINAIS

Consideram-se efetivas as intervenções psicológicas possibilitadoras de promoção de resiliência, de melhora da qualidade de vida e com impactos positivos na saúde mental de pacientes oncológicos. A baixa adesão às propostas de tratamento acarreta problemas de ajustamento dessa população a esse contexto de adoecimento. A resiliência é definida como a manutenção ou a rápida recuperação do estado de saúde mental durante ou após a exposição a contextos significativamente estressores, sendo descrita como uma habilidade resultante do processo de aprendizagem de adaptação, que pode ser aperfeiçoada. Os dados demonstram que as intervenções psicológicas focadas em resiliência foram efetivas no que diz respeito à melhora da saúde mental dos pacientes com câncer, principalmente no período imediatamente após o diagnóstico e durante o tratamento alopático.[9]

Nesse sentido, a realização de uma avaliação psicológica criteriosa e assertiva pode assegurar um melhor enfrentamento e maior possibilidade de ajustamento diante de um contexto marcado por riscos e fragilidades psicológicas relevantes, tendo função de proteção à saúde mental, à integridade psíquica e física, e ao tratamento exigido e instituído pelo Ministério da Saúde aos pacientes portadores de câncer.

REFERÊNCIAS BIBLIOGRÁFICAS

1. Campos EMP. A psico-oncologia. Boletim Academia Paulista Psicol. 2010;30(79):440-9.
2. Antoni MH, Moreno PI, Penedo FJ. Stress management interventions to facilitate psychological and physiological adaptation and optimal health outcomes in cancer patients and survivors. Annu Rev Psychol. 2023;74:423-55.
3. Watts S, Leydon G, Birch B, Prescott P, Lai L, Eardley S, et al. Depression and anxiety in prostate cancer: a systematic review and meta-analysis of prevalence rates. BMJ Open. 2014;4(3):e003901.
4. Ciccone AO. Câncer e suicídio: uma análise narrativa sobre fatores de risco para o comportamento suicida em pacientes oncológicos. In: Scavacini K, Silva DR (orgs.). Atualizações em suicidologia: narrativas, pesquisas e experiências. São Paulo: Instituto Vita Alere; 2021.
5. Souza JR. Indicador de risco psicológico em oncologia (IRPO): construção e validação de um instrumento de triagem para pacientes com câncer. (Tese de Doutorado). Brasília: Universidade de Brasília; 2014.
6. Fleck MPA, Fachel O, Louzada S, Xavier M, Chachamovich E, Vieira G, et al. Desenvolvimento da versão em português do instrumento de avaliação de qualidade de vida da Organização Mundial da Saúde (WHOQOL-100). Rev Bras Psiquiatr. 1999;21(1).
7. Gorenstein C, Pang WY, Argimon IL, Werlang BSG. Inventário Beck de depressão-II: manual. São Paulo: Casa do Psicólogo; 2011.
8. Cunha JA. Manual da versão em português das escalas Beck. São Paulo: Casa do Psicólogo; 2001.
9. Ludolph P, Kunzler AM, Stoffers-Winterling J, Helmreich I, Lieb K. Interventions to promote resilience in cancer patients. Dtsch Arztebl Int. 2019;51-52(51-52):865-72.

10

Elaboração de documentos psicológicos e protocolos de avaliação de pacientes que aguardam o procedimento de cirurgia bariátrica

Andréa Silveira Ferrari
Alexandra Ferreira Phillipps
Katia Almeida Gonçalves Coelho

INTRODUÇÃO

De acordo com a Organização Mundial da Saúde (OMS),[1] a obesidade representa um dos principais problemas de saúde da atualidade, associada à ocorrência de diversas doenças crônicas (diabetes tipo 2, hipertensão arterial), cardiovasculares, respiratórias, hepáticas e de ordem muscular e esquelética; desordens do sistema reprodutivo; alterações dermatológicas; quadros oncológicos; distúrbios do sono; e transtornos de saúde mental; além de ser um fator agravante de outros quadros patológicos, como a Covid-19.

Decorrente de múltiplos fatores, a obesidade precisa ser avaliada e enfrentada como uma doença e um problema de saúde pública, e não apenas com o viés social de ser consequência da falta de força de vontade do indivíduo. O seu tratamento vai além das mudanças de hábitos e restrições alimentares, sendo necessário investigar as diversas causas (biológicas, psicológicas e/ou sociais) que levam o sujeito a desenvolver uma propensão a engordar ou adotar um comportamento alimentar compulsivo.

Nesse sentido, a cirurgia bariátrica pode representar uma opção de tratamento em casos de obesidade muito grave, quando o seu grau coloca em risco a vida do paciente, comprometendo gravemente a sua qualidade de vida física e mental, além dos relacionamentos sociais. Para que uma pessoa possa passar pelo procedimento cirúrgico, no entanto, é necessário um processo avaliativo e preparatório para determinar o seu grau de compreensão e de comprometimento com o tratamento, visando tratar as causas e evitar reações adversas e frustrações posteriores.

CAUSAS E IMPLICAÇÕES DA OBESIDADE NA SAÚDE E NA QUALIDADE DE VIDA

A obesidade é uma doença crônica, complexa e multifatorial determinada pelo excesso de acúmulo de gordura corporal. De forma geral, ela decorre de uma desordem energética no organismo ligada a dietas ricas em açúcares e gorduras prejudiciais à saúde acompanhada da falta de atividade física. Na maioria dos casos, é possível identificar a presença de ambientes obesogênicos e fatores genéticos, medicamentosos, iatrogênicos e psicossociais que têm papel importante para o excesso de peso.[2,3]

A obesidade representa um dos principais problemas de saúde da atualidade.[1] Dados da OMS demonstram uma tendência de aumento pronunciado na prevalência da obesidade na próxima década em crianças e adolescentes (de 9% para 28% entre as meninas e de 19% para 41% entre os meninos).[1] Em adultos, a prevalência da obesidade pode duplicar no mesmo período. No ano de 2025, estima-se que 2,3 bilhões de adultos no mundo estarão acima do peso e, entre eles, 30,44% apresentarão índices de massa corporal (IMC) acima de 30. Esse índice, resultante da divisão do peso corporal, em quilogramas, pela altura da pessoa, em metros, elevada ao quadrado, é utilizado para identificar e classificar a obesidade, conforme demonstrado na Tabela 1.

Um levantamento divulgado pela Sociedade Brasileira de Cirurgia Bariátrica e Metabólica (SBCBM), a partir da dados obtidos junto ao Ministério da Saúde, apontou que o número de pessoas obesas no Brasil atingiu 6,7 milhões, com cerca de 860 mil pessoas com obesidade grau III (IMC acima de 40 kg/m^2).[4] Esse fato coloca o Brasil entre os países com a maior taxa de obesos em todo o mundo.

TABELA 1 Classificação da obesidade de acordo com o índice de massa corporal (IMC)

IMC	Classificação
25-29,9 kg/m^2	Sobrepeso
30-34,9 kg/m^2	Obesidade grau I
35-39,9 kg/m^2	Obesidade grau II
$\geq$ 40 kg/m^2	Obesidade grau III (mórbida)

Fonte: adaptada de World Health Organization, 2024.[1]

CRITÉRIOS DE INDICAÇÃO E NEGATIVA DE CIRURGIA BARIÁTRICA

A realização de cirurgia bariátrica em pacientes obesos teve início durante a década de 1990. Inicialmente, os critérios estipulavam que os procedimentos poderiam ser realizados em pacientes com obesidade graus II e III, que representavam riscos significativos à saúde. Além disso, para a realização dessas cirurgias, é imperativo que uma equipe multiprofissional faça uma avaliação prévia com o intuito de mitigar os fatores de risco envolvidos.

Atualmente, os dois tipos de cirurgia mais usados são o *bypass* gástrico e a cirurgia Sleeve,[5,6] ambos realizados por vias minimamente invasivas utilizando videolaparoscopia ou tecnologias robóticas. O *bypass* gástrico é um procedimento em que se faz o grampeamento de uma parte do estômago e o intestino é desviado. A técnica reduz o peso inicial em 70 a 80%, já que ocorre um aumento dos hormônios da saciedade, gerando um déficit de gasto calórico, e auxilia no controle de diabetes e hipertensão arterial. Os pacientes submetidos à técnica de *bypass* gástrico necessitam de suplementação de vitaminas e podem sofrer o *dumping*, que é o mal-estar causado por uma ingestão alta de carboidratos e açúcares.[5,6] Já na cirurgia Sleeve são retirados aproximadamente dois terços do estômago, que fica com a aparência de um tubo. A técnica tem boa eficácia sobre o controle de hipertensão, colesterol e triglicérides. A absorção dos nutrientes fica preservada e a cirurgia pode ser convertida para outros tipos se houver reganho de peso. Os pacientes submetidos à cirurgia Sleeve necessitam do uso contínuo de vitamina B12 e têm maior possibilidade de ter refluxo gastroesofágico.

Atualmente, os critérios para a realização de cirurgia bariátrica são:

- Pacientes com IMC entre 30 e 35 kg/m^2: somente na presença de diabetes tipo 2 sem controle há mais de dois anos.
- Pacientes com IMC acima de 35 kg/m^2: presença de outras doenças associadas ao excesso de peso, como hipertensão, apneia do sono, esteatose hepática (gordura no fígado), entre outras.
- Pacientes com IMC acima de 40 kg/m^2: sem outras doenças.

Estão em discussão no Conselho Federal de Medicina (CFM) algumas mudanças nas regras para indicação da cirurgia bariátrica e metabólica no Brasil, incluindo a ampliação dos critérios de indicação do procedimento para pacientes com IMC a partir de 35 kg/m^2 sem a presença de qualquer doença associada e a indicação para pacientes com diabetes fora de controle e IMC maior que 30 kg/m^2.[5,7]

Os casos em que a cirurgia não é indicada como melhor tratamento são os de pacientes com limitação intelectual significativa, aqueles sem rede de apoio ou com suporte insuficiente, pacientes que apresentam transtornos psiquiátricos não controlados e aqueles que fazem uso de álcool e drogas ilícitas.[5]

AVALIAÇÃO PSICOLÓGICA PARA CIRURGIA BARIÁTRICA

A avaliação psicológica é uma etapa fundamental no processo pré-operatório, pois busca identificar fatores psicossociais que podem ter influência no resultado da cirurgia, bem como na adaptação pós-cirúrgica do paciente. O processo de avaliação inclui, assim, a motivação e o comprometimento com as mudanças de estilo de vida necessárias no pós-operatório com o objetivo de auxiliar na garantia de que os pacientes estejam mentalmente preparados para o procedimento e para lidar com as mudanças físicas, emocionais e comportamentais que acompanham a cirurgia.

Os fatores psicossociais avaliados abrangem a história de vida do paciente, englobando histórico de abusos, traumas vivenciados, comportamento alimentar e transtorno psiquiátrico prévio; compreensão quanto à cirurgia e às mudanças de estilo de vida necessárias; as motivações e as expectativas para o procedimento; a presença de ideação suicida; o nível socioeconômico; e o uso de substâncias. Além disso, também são pertinentes os fatores clínicos no que diz respeito à verificação de que os tratamentos indicados são devidamente seguidos, pois a maioria desses tratamentos requer o uso contínuo de medicamentos cujo uso inadequado pode acarretar complicações que impactam o processo psicológico.[6]

Durante o processo avaliativo, são necessárias alterações como a adoção de novos padrões alimentares e ajustes no estilo de vida, a fim de alcançar uma redução de peso significativa no período pré-cirúrgico. A transformação desses padrões deve ser objeto de monitoramento, visando ampliar a conscientização sobre novos comportamentos relacionados à saúde e promover a percepção das mudanças em curso. Os hábitos alimentares atuais refletem tanto os processos internos (pensamentos e sentimentos) quanto os externos (ambiente e comportamento), portanto é possível inferir que necessitam ser modificados ainda na fase pré-operatória. Sabe-se que a modificação realizada durante a avaliação psicológica pré-cirúrgica é crucial para influenciar os resultados no período pós-operatório.[6]

Processo da avalição psicológica

O processo de avaliação psicológica em pacientes candidatos à cirurgia bariátrica está resumido na Figura 1. A elaboração dos documentos psicológicos e dos protocolos de avaliação desempenha um papel crucial nesse contexto, pois a demanda por esses procedimentos tem aumentado significativamente ao longo dos anos.

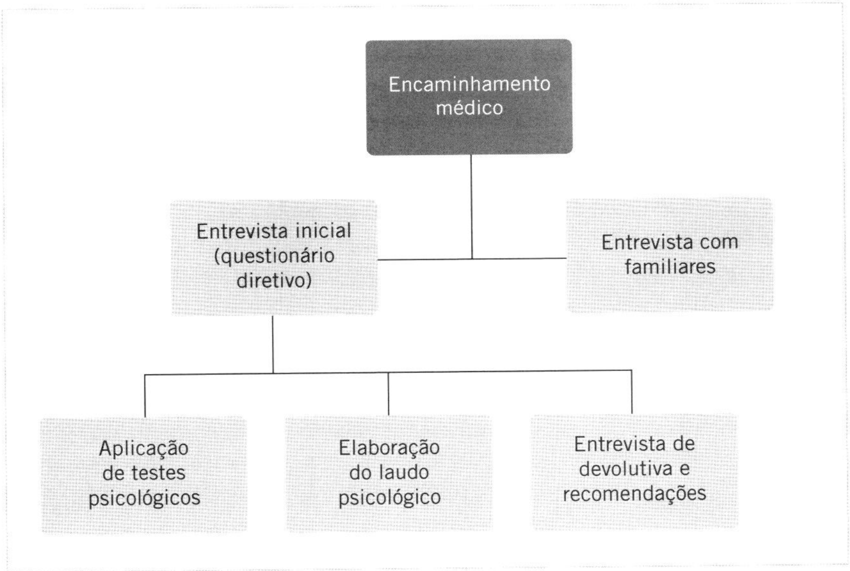

FIGURA 1 Processo de avaliação psicológica de candidatos à cirurgia bariátrica.
Fonte: elaborada pelos autores.

A atuação do(a) psicólogo(a) especializado(a) junto ao(à) paciente candidato(a) a cirurgia bariátrica se inicia com o encaminhamento do médico que acompanha o processo de preparação para o procedimento. O(a) profissional deve realizar, então, uma primeira entrevista para obtenção de informações fundamentais sobre o(a) paciente, utilizando um questionário diretivo como o apresentado na Tabela 2.

A entrevista com familiares é fundamental, pois pode servir como um critério crucial para determinar a exclusão de pacientes que não contam com apoio familiar adequado. Essa entrevista fornece uma visão mais completa e contextualizada da situação do paciente, além de complementar as

TABELA 2 Questionário diretivo

Informações gerais	
Nome:__________	Idade: ________
Gênero: __________	Estado civil: ________
Profissão: __________	Escolaridade: ________
Contato (telefone/*e-mail*): __________	
Endereço residencial: __________	
Com quem reside? __________	
Questões	**Respostas**
Histórico médico	
Você possui alguma condição médica crônica? Se sim, qual?	
Você já passou por alguma cirurgia anteriormente? Se sim, descreva.	
Você está tomando algum medicamento regularmente? Se sim, quais e para quê?	
Você já teve alguma complicação relacionada a procedimentos médicos anteriores?	
Possui hábitos nocivos? Se sim, qual(is)?	
Conhecimento e compreensão sobre o procedimento	
Por que você está considerando a cirurgia bariátrica?	
Quais são os possíveis benefícios que você espera obter com essa cirurgia?	
Como você acredita que a cirurgia bariátrica pode melhorar sua qualidade de vida?	
Quais são os possíveis riscos ou complicações de que você está ciente relacionados à cirurgia?	
Como você acha que essa cirurgia pode afetar a sua vida em longo prazo?	
Histórico de vida	
Como foram sua infância e sua adolescência?	
Você já teve alguma experiência significativa que influenciou a sua decisão de fazer essa cirurgia?	
Como tem sido a sua vida emocionalmente nos últimos anos?	
Você está satisfeito(a) com a sua qualidade de vida atualmente?	

continua

TABELA 2 Questionário diretivo (*continuação*)

Questões	**Respostas**
Histórico de obesidade e tentativas de perda de peso anterior	
Há quanto tempo você lida com o problema da obesidade?	
Já tentou perder peso anteriormente? Se sim, quais métodos você tentou e por quanto tempo?	
Como você se sente com relação às suas tentativas anteriores de perda de peso?	
A que você relaciona o seu ganho de peso?	
Comportamento alimentar	
Como é sua relação com a comida atualmente?	
Você costuma ter comportamentos compulsivos ou emocionais com relação à comida? Se sim, pode descrever?	
Quais são seus padrões alimentares típicos em um dia normal?	
Avaliação da adesão ao tratamento	
Você acredita que consegue seguir as orientações médicas e psicológicas necessárias antes e após a cirurgia? Por quê?	
O que está sendo mais fácil e mais difícil com relação às mudanças de comportamento?	
Quais são seus maiores desafios para seguir um plano de tratamento de longo prazo?	
Avaliação da qualidade de vida	
Como você avalia sua qualidade de vida atualmente?	
Quais são suas expectativas com relação à qualidade de vida após a cirurgia bariátrica?	
Histórico de saúde mental	
Você tem ou teve problemas de saúde mental, como depressão, ansiedade, transtornos alimentares ou dependência química? Se sim, pode descrever?	
Você está atualmente recebendo tratamento para esses problemas? Em caso afirmativo, descreva.	
Como você tem lidado com o estresse recentemente?	
Como você avalia o seu estado emocional geral atualmente?	
Você tem algum histórico de tentativas de autolesão ou pensamentos suicidas?	

continua

TABELA 2 Questionário diretivo (*continuação*)

Questões	**Respostas**
Aspectos social e familiar	
Como é seu relacionamento com a sua família?	
Você discutiu a sua decisão de fazer essa cirurgia com os seus amigos ou familiares? Qual foi a reação deles?	
Quem está apoiando você na decisão de fazer a cirurgia?	
Como você acha que sua vida familiar e social pode ser afetada após a cirurgia?	
Como você imagina que será sua alimentação após a cirurgia na presença de amigos ou familiares?	
Expectativas realistas e compreensão das mudanças de estilo de vida	
Quais são suas expectativas com relação aos resultados da cirurgia bariátrica?	
Você compreende as mudanças de estilo de vida que serão necessárias após a cirurgia? Pode descrever algumas delas?	
Informações adicionais e relevantes	
Há mais alguma informação sobre sua saúde física ou mental que você gostaria de compartilhar?	
Existe alguma preocupação específica que você gostaria que fosse abordada durante a sua avaliação psicológica pré-cirúrgica?	
Você tem alguma pergunta ou dúvida sobre o procedimento cirúrgico ou o processo de recuperação?	

Este questionário pode ser adaptado de acordo com as necessidades específicas de cada paciente e as diretrizes da instituição médica.
Fonte: elaborada pelos autores.

informações obtidas por meio de questionários. Ao entrevistar a rede de apoio familiar, é possível identificar eventos estressores que podem impactar a saúde e recuperação do paciente e avaliar o nível de suporte que está disponível para o paciente. Além disso, essa interação fornece informações sobre o compromisso dos familiares durante o processo cirúrgico, o que é essencial para garantir a segurança e o bem-estar do paciente antes, durante e após uma intervenção médica.

A falta de suporte familiar adequado pode resultar em consequências adversas, incluindo complicações durante a cirurgia, dificuldades na recuperação pós-operatória e até mesmo maior risco de complicações emocionais e psicológicas. Portanto, a entrevista com familiares desempenha um papel significativo na avaliação abrangente do paciente e na tomada de decisões clínicas, ajudando a garantir que o paciente receba o suporte necessário para um tratamento bem-sucedido e uma recuperação satisfatória.

Organização dos instrumentos psicológicos

Os instrumentos psicológicos utilizados na avaliação psicológica voltada para cirurgia bariátrica visam avaliar fatores como depressão, ansiedade, compulsão alimentar, autoestima e prontidão para a mudança, pois esses aspectos podem interferir no sucesso da cirurgia bariátrica. Identificar esses problemas antes da cirurgia permite que a equipe médica planeje intervenções adequadas no sentido de minimizar possíveis complicações pós-operatórias.[8] Assim, a bateria deve abranger testes de personalidade, questionários de autoimagem e escalas que avaliem a depressão e a ansiedade dos pacientes. A Tabela 3 descreve alguns instrumentos recomendados para esse contexto.

TABELA 3 Instrumentos psicológicos recomendados para o contexto da cirurgia bariátrica

Instrumentos psicológicos	Descrição
Teste casa-árvore-pessoa (HTP)	O paciente é convidado a fazer um desenho livre de uma casa, uma árvore e uma figura humana. O teste estimula a projeção de elementos da personalidade e de áreas de conflito dentro da situação terapêutica, permitindo que sejam identificadas informações para o psicodiagnóstico, assim como aspectos específicos do ambiente
Teste das pirâmides coloridas de Pfister	O paciente é convidado a preencher três pirâmides quadriculadas, utilizando quadrados de cores diversas, conforme sua livre escolha. O teste avalia aspectos da personalidade por meio da impressão que as cores produzem nas pessoas

continua

TABELA 3 Instrumentos psicológicos recomendados para o contexto da cirurgia bariátrica (*continuação*)

Instrumentos psicológicos	Descrição
Questionário de imagem corporal (BSQ-4)	Questionário autopreenchido composto por 34 itens avaliados por uma escala tipo Likert. Construído para mensurar, nas quatro semanas anteriores, a preocupação com a forma corporal e com o peso, especialmente a frequência com que os indivíduos com e sem transtorno alimentar experimentam a sensação de se sentirem "gordos", podendo dar indícios de distorção de imagem corporal
Inventário de depressão de Beck, segunda edição (BDI-II) Inventário de ansiedade de Beck (BAI) Inventário de ideação suicida de Beck (BSS) Inventário de desesperança de Beck (BHS)	São utilizadas, respectivamente, para: medir a gravidade de sintomas de depressão, medir a gravidade dos sintomas de ansiedade, examinar a intenção suicida de um paciente e medir aspectos da desesperança (como sentimentos sobre o futuro, perda de motivação e expectativas)

Fonte: elaborada pelos autores.

Após analisar os dados obtidos com a aplicação dos testes psicológicos, o(a) psicólogo(a) finaliza o processo de avaliação com a elaboração do laudo psicológico, que deve seguir as diretrizes da Resolução CFP nº 06/2019.[9] A entrevista de devolução é o momento em que o(a) psicólogo(a) informa ao paciente a conclusão do seu parecer (favorável ou desfavorável), apresentando os aspectos identificados e analisados que o fundamentaram. Também podem ser feitas recomendações como iniciar ou continuar a terapia psicológica, participar de grupos de apoio, ou buscar tratamento para questões psicológicas específicas. Além disso, no momento do atendimento da devolutiva o(a) profissional pode esclarecer possíveis dúvidas do(a) paciente sobre o processo.

CONSIDERAÇÕES FINAIS

A avaliação psicológica voltada para a liberação de um procedimento como a cirurgia bariátrica deve ser sempre pautada na ética profissional, sobretudo nos casos em que a instituição solicitante faz parte da iniciativa privada e só solicita a avaliação para cumprir uma legislação. Ainda que o(a) paciente manifeste seu desejo de passar pelo procedimento, o(a) psicólogo(a) deve se atentar às influências mercantilistas envolvidas, ressaltando os riscos e implicações do procedimento cirúrgico e os efeitos que podem não corresponder às suas expectativas.

Trata-se, portanto, de atuar em consonância com os princípios da defesa do bem-estar do paciente e das repercussões psicológicas que um procedimento como esse pode trazer para a vida do indivíduo. O procedimento cirúrgico deve ser a última alternativa para resolver o problema da obesidade, utilizado apenas como recurso para aumentar a qualidade de vida e a saúde do paciente, quando todos os outros tratamentos falharem.

REFERÊNCIAS BIBLIOGRÁFICAS

1. World Health Organization. Obesity and overweight. 2024. Disponível em: https://www.who.int/en/news-room/fact-sheets/detail/obesity-and-overweight. Acesso em: fev. 2024.
2. Associação Brasileira para o Estudo da Obesidade e da Síndrome Metabólica. Mapa da obesidade. Disponível em: https://abeso.org.br/obesidade-e-sindrome-metabolica/mapa-da-obesidade. Acesso em: fev. 2024.
3. World Health Organization. Health service delivery framework for prevention and management of obesity. Geneva: WHO; 2023. Disponível em: https://www.who.int/publications/i/item/9789240073234. Acesso em: fev. 2024.
4. Sociedade Brasileira de Cirurgia Bariátrica e Metabólica. Obesidade atinge mais de 6,7 milhões de pessoas no Brasil em 2022. 3 de março de 2023. Disponível em: https://www.sbcbm.org.br/obesidade-atinge-mais-de-67-milhoes-de-pessoas-no-brasil-em-2022. Acesso em: fev. 2024.
5. Sociedade Brasileira de Cirurgia Bariátrica e Metabólica. Técnicas cirúrgicas. Disponível em: https://www.sbcbm.org.br/tecnicas-cirurgicas-bariatrica. Acesso em: fev. 2024.
6. Flores CA. Avaliação psicológica para cirurgia bariátrica: práticas atuais. ABCD Arq Bras Cir Dig. 2014;27(suppl. 1):59-62.
7. Sociedade Brasileira de Cirurgia Bariátrica e Metabólica. Brasil discute novas regras para cirurgia bariátrica. 2022. Disponível em: https://www.sbcbm.org.br/brasil-discute-novas-regras-para-cirurgia-bariatrica. Acessado em: fev. 2024.
8. Vieira PG. Avaliação terapêutica aplicada a procedimentos cirúrgicos: casos clínicos. São Paulo: Vetor; 2021.
9. Conselho Federal de Psicologia. Resolução nº 06, de 29 de março de 2019. Institui regras para a elaboração de documentos escritos produzidos pela(o) psicóloga(o) no exercício profissional e revoga a Resolução CFP nº 15/1996, a Resolução CFP nº 07/2003 e a Resolução CFP nº 04/2019.

11

Avaliação psicológica e elaboração de documentos psicológicos em ambulatório de transplante renal

Jessyca Rossi de Lima
Laylla Alves Rocha Araujo

INTRODUÇÃO

No contexto do transplante renal, serão abordados os aspectos psicológicos dos indivíduos que irão receber o órgão transplantado (receptores). Este capítulo tem como objetivos instrumentalizar psicólogos que atuam na área para realizar a avaliação psicológica desses pacientes e estimular reflexões acerca dessa temática.

TRANSPLANTE RENAL

As doenças renais ocorrem por diferentes motivos. Em alguns casos, elas surgem de forma abrupta, em pessoas com comorbidades desconhecidas e sem apresentar sintomatologia prévia e, em outros, decorrem de uma doença congênita ou se associam a outras doenças, como hipertensão arterial sistêmica e *diabetes mellitus*, que são consideradas fatores de risco.

O termo "doença renal crônica" (DRC) diz respeito a:

> alterações heterogêneas que afetam tanto a estrutura quanto a função renal, com múltiplas causas e múltiplos fatores de risco. Trata-se de uma doença de curso prolongado, que pode parecer benigno, mas que muitas vezes torna-se grave e que na maior parte do tempo tem evolução assintomática.[1]

Quando os rins já não funcionam mais como deveriam e o(a) paciente recebe o diagnóstico de doença renal crônica, ele(a) se depara com uma série de repercussões negativas em sua vida e diferentes modalidades de tratamento a que poderá ser submetido(a) no curso desse adoecimento. Essas modalidades específicas de tratamento são as seguintes:

- Tratamento conservador: tem como objetivo retardar a progressão da doença por meio do uso de medicamentos e modificações na dieta e no estilo de vida.
  - Diálise peritoneal: método em que o peritônio (membrana porosa e semipermeável que reveste os principais órgãos abdominais) passa a ser utilizado como "filtro" e realiza-se uma infusão de um líquido limpo de toxinas no paciente.
- Hemodiálise: método realizado em clínica especializada ou hospital em que o paciente é ligado a uma máquina que realiza a filtração do sangue. As sessões costumam acontecer três vezes na semana, com duração média de 3 a 4 horas cada.
- Transplante renal: procedimento cirúrgico em que um rim saudável, de pessoa viva ou falecida, é implantado no(a) doente (receptor(a)) e passa a realizar as funções de filtração e eliminação de líquidos e toxinas necessárias para o funcionamento do organismo. É a alternativa de tratamento considerada mais completa e que oferece maior qualidade de vida ao(à) receptor(a), mas não é considerada como cura da doença, pois o órgão transplantado tem durabilidade média de 10 anos e, em alguns casos, se mantém em bom funcionamento por menos tempo.[2]

Com o prognóstico geral de cronicidade, os tratamentos podem ocasionar uma série de mudanças de vida, como restrições na dieta e na ingestão de líquidos, limitações físicas, diminuição da autonomia, mudanças na imagem corporal, isolamento social, afastamento do trabalho e, consequentemente, se associar a uma piora da qualidade de vida relacionada à saúde.[3]

Para indivíduos que se encontram com a doença em um estágio mais avançado, o transplante renal é considerado o método mais "libertador", mas ele tem implicações subsequentes que incluem o uso contínuo de medicações (p. ex., imunossupressores), mudanças no estilo de vida, restrições alimentares e um impacto emocional significativo que permeia o cenário prévio ou posterior à cirurgia de transplante.

ATUAÇÃO DO(A) PSICÓLOGO(A) HOSPITALAR

As reações emocionais apresentadas no contexto do transplante renal são diversas por conta da singularidade de cada indivíduo e da maneira particular com que todo o processo será vivenciado. Ao deparar-se com seu adoecimento, em geral o(a) paciente renal crônico(a) apresenta uma série de reações emocionais associadas a um processo de luto decorrente das grandes mudanças relativas às suas expectativas e projeções de vida. É possível caracterizar as cinco fases do luto definidas por Kübler-Ross[4] nesse contexto com as seguintes frases:

- **Negação**: "Não, não pode ser comigo!".
- **Raiva**: "Por que eu?".
- **Negociação/barganha**: "Vou fazer tudo certinho e tudo vai voltar ao normal".
- **Depressão**: "Nunca mais serei feliz".
- **Aceitação**: "As coisas se ajustam e eu vou me adaptar a essa nova realidade".

A Figura 1 apresenta as principais reações emocionais observadas no atendimento a pacientes receptores antes e depois do transplante renal, de acordo com a experiência das autoras deste capítulo.

Pré-transplante

- Ansiedade diante da espera para realizar o transplante
- Medo de intercorrências durante o procedimento
- Angústias relacionadas ao receio de complicações após a cirurgia
- Fantasias acerca do(a) doador(a) ("quem era?", "qual a causa da morte?")
- Fantasias acerca da cura da doença

Pós-transplante

- Ansiedades diante do processo pós-operatório
- Medos relacionados à rejeição do órgão transplantado
- Angústias diante do tempo/durabilidade do enxerto

FIGURA 1 As principais reações emocionais antes e depois do transplante renal.
Fonte: elaborada pelas autoras.

Diante da percepção da necessidade de um(a) profissional que trate dos aspectos emocionais desses pacientes, a Portaria nº 3.407/98 do Ministério da Saúde instituiu a atuação do(a) psicólogo(a) em equipes multidisciplinares de transplantes.[5] Assim, o(a) psicólogo(a) foi legalmente inserido nas unidades de transplante e passou a contribuir com conhecimentos específicos da área.

A atuação da Psicologia nesse contexto pode se dar pelo processo de avaliação psicológica tanto de receptores quanto de potenciais doadores antes do transplante, durante internações ou em atendimentos ambulatoriais, a depender das necessidades observadas pelo(a) psicólogo(a), por profissionais da equipe ou por solicitação do(a) próprio(a) paciente e seus familiares. Além disso, também deve ser realizado acompanhamento psicológico após a cirurgia, com paciente e familiar ou cuidador, visando verificar a adesão ao tratamento, os recursos adaptativos do(a) paciente após o procedimento, o resgate da autonomia e a necessidade de acompanhamento psicológico contínuo.[6] Neste capítulo, será abordado especificamente o processo de avaliação psicológica pré-cirúrgica com receptores.

Organização da avaliação psicológica de receptores de transplantes renais

A avaliação psicológica anterior à cirurgia de transplante é um procedimento importante para o preparo dos pacientes, mas também faz parte do processo de liberação para a realização da cirurgia. Seu principal objetivo é compreender os aspectos psíquicos e emocionais por meio do uso de ferramentas e instrumentos da profissão, como anamnese psicológica, atividades gráficas, escalas e testes psicológicos. A avaliação psicológica do(a) receptor(a) deve consistir em compreender suas motivações com relação ao transplante, suas expectativas, o nível de compreensão que o(a) paciente apresenta com relação ao processo, sua capacidade de adaptação diante das mudanças de vida, sua adesão aos tratamentos prévios, a presença do suporte social (assim como a qualidade desse apoio), seu histórico psicopatológico, a presença de hábitos nocivos (p. ex., uso de álcool e drogas ilícitas) e as possíveis fantasias relacionadas ao novo órgão ou a seu(ua) doador(a).

Além desses fatores, o(a) psicólogo(a) também poderá intervir por meio da Psicoeducação abordando os aspectos emocionais que envolvem todo o processo, auxiliar o(a) paciente a clarificar suas fantasias com relação à doença ou ao transplante e alinhar as expectativas com os objetivos do tratamento.

É importante destacar que o momento da avaliação representa um espaço para o(a) paciente expressar seus sentimentos, fantasias, medos e angústias diante da doença renal e do transplante, oportunidade imprescindível para que possa ressignificar conceitos e crenças sobre o tratamento.[7]

A avaliação psicológica recomendada para esse contexto clínico é estruturada com a anamnese psicológica e testes psicológicos, inventários e/ou escalas aplicados após a entrevista inicial de anamnese. Destaca-se que os instrumentos, além de importantes para rastreio de sintomas como ansiedade ou depressão, podem ser ferramentas que impulsionam importantes reflexões. De modo geral, os instrumentos utilizados nesse contexto devem ter o objetivo de fazer um levantamento da intensidade dos sintomas depressivos e ansiosos.[8]

Os instrumentos recomendados para utilização nesse contexto são a escala de modos de enfrentamento de problemas (EMEP) e a segunda edição do inventário de depressão de Beck (BDI-II), descritos na Tabela 1. Além disso, podem ser realizadas atividades gráficas, como a linha da vida, para estimular reflexões sobre a história de vida do paciente.

TABELA 1 Instrumentos recomendados para avaliação psicológica de receptores de transplante renal

Instrumentos psicológicos	Descrição
Escala de modos de enfrentamento de problemas (EMEP)[7]	Escala que permite compreender as estratégias de enfrentamento utilizadas pela pessoa diante de um evento estressor geral ou direcionado à saúde. É composta pelos seguintes itens: focalizados no problema, baseados na emoção, centrados na prática religiosa ou pensamento fantasioso e busca por suporte social. O indivíduo deve marcar a resposta que mais traduz a sua percepção, e pontuações maiores representarão o fator de enfrentamento mais utilizado
Inventário de depressão de Beck, segunda edição (BDI-II) Inventário de ansiedade de Beck (BAI)[9]	Escalas constituídas por 21 grupos de afirmações cada, compostas por quatro questões em que a pessoa sinaliza com qual se identifica mais, com quatro possibilidades de respostas

Fonte: elaborada pelas autoras.

Não há um prazo determinado para a conclusão da avaliação psicológica, pois considera-se que cada indivíduo é único e lida com o adoecimento de uma forma diferente. Assim, o número de atendimentos também poderá variar de acordo com as demandas apresentadas. Nesse sentido, é importante considerar a dinâmica do ambulatório no qual o trabalho é realizado, pois as rotinas das instituições podem impactar a atuação em si. De maneira geral, é possível realizar, em média, a avaliação psicológica em cinco atendimentos, sendo quatro para a avaliação propriamente dita e uma para a devolutiva e, a depender das demandas apresentadas, poderá ser necessário um número maior de atendimentos.

Ao finalizar a avaliação, o(a) profissional produz um laudo psicológico, que será composto por informações pertinentes sobre o(a) paciente e deve contar com a estrutura apresentada na Tabela 2.

TABELA 2 Estrutura do laudo psicológico

Dados de identificação	Informações sociodemográficas (nome, idade etc.) do(a) paciente e nome do(a) autor(a) da avaliação psicológica
Finalidade	Motivo do processo de avaliação, composto pela verificação de aspectos de personalidade e comportamentais relacionados ao procedimento cirúrgico
Procedimento	Detalhamento dos atendimentos realizados (número de atendimentos, duração e instrumentos psicológicos utilizados)
Análise	Articulação entre a finalidade da avaliação e a história de vida, aspectos emocionais observados relacionados ao processo de adoecimento e transplante e os resultados obtidos com a aplicação dos instrumentos psicológicos
Conclusão	Indicação ou negativa de liberação para realização da cirurgia de transplante
Referências bibliográficas	Indicação das referências bibliográficas de todos os testes psicológicos utilizados

Fonte: elaborada pelas autoras.

É importante destacar, por fim, que há situações relativas ou formais em que o transplante é contraindicado, incluindo comorbidades associadas, adesão ao tratamento e rede de apoio (Tabela 3). Essa decisão é conjunta, construída por meio de discussão com a equipe multiprofissional.

TABELA 3 Contraindicações ao transplante renal

Contraindicações formais	Doenças hepáticas Doenças cardiovasculares ou infecciosas que não se encontrem estáveis Desnutrição grave Distúrbios cognitivos e transtornos mentais sem o devido tratamento Uso abusivo de drogas ou uso de drogas ilícitas[2]
Contraindicações relativas	Dificuldades importantes com a adesão aos tratamentos atuais ou questões graves em sua rede de apoio familiar que possam comprometer o tratamento futuro após a cirurgia, como uso correto dos medicamentos e acompanhamentos médicos[2]

Fonte: elaborada pelas autoras.

CONSIDERAÇÕES FINAIS

Em geral, o adoecimento crônico coloca o indivíduo em contato com sua própria vulnerabilidade e a iminência da finitude, por isso o(a) psicólogo(a) desempenha um papel essencial ao acompanhar esses pacientes durante o processo de tratamento.

Na avaliação psicológica realizada aos pacientes que se submeterão à cirurgia de transplante renal, é importante compreender se os envolvidos apresentam recursos emocionais satisfatórios para lidar com as implicações do procedimento. Para além disso, o acompanhamento psicológico poderá funcionar como um processo facilitador da adaptação do(a) paciente à sua nova realidade, ressignificando a sua história e favorecendo seu protagonismo no processo de adoecimento e tratamento.

REFERÊNCIAS BIBLIOGRÁFICAS

1. Brasil. Ministério da Saúde. Doenças renais crônicas. Disponível em: https://www.gov.br/saude/pt-br/assuntos/saude-de-a-a-z/d/drc. Acesso em: abr. 2024.

2. Sociedade Brasileira de Nefrologia. Transplante renal. 2023. Disponível em: https://sbn.org.br/publico/tratamentos/transplante-renal. Acesso em: abr. 2024.
3. Martins MR, Cesarino CB. Qualidade de vida de pessoas com doença renal crônica em tratamento hemodialítico. Rev Latino-am Enfermagem. 2005;13(5).
4. Kübler-Ross E. Sobre a morte e o morrer. 9.ed. São Paulo: Martins Fontes; 2008.
5. Brasil. Ministério da Saúde. Portaria nº 3.407, de 5 de agosto de 1998. Aprova o regulamento técnico sobre as atividades de transplantes e dispõe sobre a Coordenação Nacional de Transplantes. Brasília, 1998.
6. Kioroglo PS, Lima PXB, Silva AC. Atendimento psicológico em transplantes e doação de órgãos, células e tecidos. In: Bruscato WL, Fregonese AA, Braga APSM, Silva AC, Barbour FF, Lima MGS, et al (orgs.). A psicologia na saúde: da atenção primária à alta complexidade. São Paulo: Casa do Psicólogo; 2014.
7. Garcia MLP, Souza AMA, Holanda TC. Intervenção psicológica em uma unidade de transplante renal de um hospital universitário. Psicol Ciênc Profissão. 2005;25(3).
8. Seidl EM, Tróccoli BT, Zannon CL. Análise fatorial de uma medida de estratégias de enfrentamento. Psicol Teor Pesq. 2001;17(3):225-34.
9. Cunha JA. Manual da versão em português das escalas Beck. São Paulo: Casa do Psicólogo; 2001.

12

Avaliação e acompanhamento psicológico de gestação de alto risco na clínica perinatal

Andressa Lima Maalouf

INTRODUÇÃO

Este capítulo tem o objetivo de introduzir os aspectos da clínica perinatal e o impacto do diagnóstico de alto risco, a fim de instrumentalizar os profissionais para a avaliação e o acompanhamento psicológico dessas pacientes em serviços de saúde a partir das particularidades dessa fase, podendo ser adequado também à prática clínica.

Destaca-se que a perinatalidade é caracterizada por afetar não somente a pessoa que está gestando, mas todo o seu entorno familiar e social próximo; por isso, termos como "gestante", "mulher", "parceiro" e "família", utilizados neste texto, devem ser entendidos em todo a sua diversidade e complexidade, abrangendo as diversas constituições familiares existentes, sem se restringir às nomenclaturas de gênero porventura adotadas.

CLÍNICA PERINATAL

O período perinatal, que abarca a gestação e o puerpério, é permeado por transformações profundas em todos os âmbitos da vida da mulher. Durante a gestação, usualmente destacam-se as mudanças físicas, porém já é evidente que essa fase também é caracterizada por uma intensa plasticidade psíquica, com alterações emocionais, sociais, profissionais, econômicas, conjugais e familiares acontecendo simultaneamente.

Quando a gravidez é descoberta, ainda que tenha sido desejada e planejada, a mulher começa a vivenciar uma crise maturativa por conta das transformações viscerais mobilizadas por essa nova fase, passando por uma ressignificação de sua identidade e do lugar que ocupa na família e na sociedade.[1-3] Por isso, ao longo da fase, a gestante presencia a coexistência de sentimentos opostos (ambivalência afetiva) que surgem a partir das idealizações, inseguranças, ganhos, renúncias, novas perspectivas de vida e medo pelo desconhecido.[3] O entorno familiar também é afetado por uma gravidez, pois todos passam a vivenciar uma reestruturação na dinâmica até então conhecida. A forma como a gestação é recebida influenciará diretamente a relação a ser construída com esse bebê, que ocupará, no microssistema familiar, um lugar próprio. É durante o período gestacional que vai se formando um movimento imaginativo parental de construção de vínculo afetivo com o bebê, como a concepção de um lugar de reconhecimento desse sujeito no mundo a partir das expectativas, projeções e ideais, a fim de preparar os pais psiquicamente para recebê-lo.[3-5] Em contrapartida, observa-se na prática clínica que algumas fantasias ansiogênicas atreladas aos sintomas físicos da gestação ou a experiências gestacionais prévias, próprias ou familiares, são atreladas ao mal desenvolvimento gestacional e fetal, potencializando a apreensão de vivenciar uma perda gestacional ou de o bebê ter alguma condição clínica grave.

As intensas mudanças físicas e psíquicas suscitadas pela gravidez, no entanto, não ocorrem de uma só vez; na verdade, elas vão se desenrolando ao longo de todo o período gestacional. Assim, em termos clínicos, a gestação é dividida em três fases definidas pelo número de semanas gestacionais. Essas fases são denominadas como trimestres a fim de nortear a gestante com relação às suas próprias mudanças fisiológicas, bem como no acompanhamento do desenvolvimento do bebê. Assim, no primeiro trimestre, que é demarcado da 1ª à 12ª semanas gestacionais, o embrião formado inicialmente torna-se feto e todos os órgãos internos são formados. Esse período inicial é considerado a fase mais delicada de uma gestação, pois há um maior risco de perda gestacional, o que mobiliza na mulher ansiedade e medo de que a gestação não se desenvolva. Embora não sejam notadas mudanças físicas significativas, essa fase é a de maior sintomatologia, pois é nesse trimestre que a gestante passa a apresentar tanto sintomas físicos quanto emocionais decorrentes da mudança hormonal. No segundo trimestre, que abarca da 13ª à 26ª semanas, ocorrem o amadurecimento dos órgãos do feto e seu crescimento, tornando-se perceptíveis os movimentos fetais. Nesse período, as mudanças físicas são mais aparentes, mas ao mesmo tempo espera-se que ocorra uma diminuição dos sintomas físicos iniciais da gestação. Com o desenvolvimento gestacional e a maior percepção dos movimentos fetais, há uma diminuição das reações emocionais ambivalentes vivenciadas no trimestre anterior. Por fim, no terceiro trimestre, que abrange da 27ª à 40ª semanas, os órgãos internos do feto continuam crescendo e o desenvolvimento de órgãos vitais como pulmão e coração se completa. Nessa fase, o feto ouve e reage a estímulos sonoros (p. ex., músicas e vozes das figuras parentais). Para a gestante, esse período é marcado por uma mudança física expressiva, pois seu corpo vai se preparando para o parto. Consequentemente, há uma acentuação da ansiedade, da preocupação e do medo quanto ao trabalho de parto e as mudanças que serão vivenciadas no pós-parto.[1,6,7] A Tabela 1 apresenta um resumo das alterações físicas e emocionais vivenciadas ao longo da gestação.

Mesmo depois do nascimento do bebê, as mudanças biopsicossociais vivenciadas pela mulher no período gravídico não cessam. O puerpério, que se inicia após o nascimento do bebê, é o período em que o corpo materno vai se recuperando do parto e regressando às características pré-gestacionais, ao mesmo tempo que a mulher se reorganiza psiquicamente diante da concretização da maternagem e ajusta sua rotina, inserindo o bebê em sua dinâmica de vida. Esse é um momento cronologicamente variável e impreciso e, a depender de como a mulher o vivencia, pode ser marcado por sintomas exacerbados de ansiedade, estresse e tristeza.[8]

É comum um período inicial de maior labilidade emocional (choro fácil, irritabilidade, tristeza, melancolia, ansiedade e estresse) em decorrência dos fatores fisiológicos que marcam o fim da gestação (queda hormonal significativa após o parto e a apojadura (primeira descida do leite)) e associados à adaptação inicial dos cuidados com o bebê (privação de sono e adequação da rotina). Essa fase é chamada de *blues* puerperal ou tristeza materna e perdura, em média, até a terceira semana de pós-parto.[9]

Os sintomas dessa fase inicial costumam diminuir com o passar do tempo;[9] no entanto, há casos em que ocorre um agravamento sintomático capaz de desencadear quadros psiquiátricos mais graves, como a depressão perinatal e a psicose puerperal. Nesses casos, é indispensável fornecer acompanhamento psicológico e psiquiátrico concomitantes. Alguns fatores de risco prévios ou decorrentes da gestação que podem indicar a possibilidade desses desfechos desfavoráveis de saúde mental são passíveis de identificação ainda no período pré-natal. Caso sejam identificados, a rede de apoio familiar e/ou social construída se torna ainda mais essencial para o cuidado da dupla mãe-bebê.[3,10]

A forma como a gestação e o puerpério são vivenciados sofre influência do desejo e do planejamento pela gestação/bebê; do histórico gestacional da mulher; do momento de vida em que essa gravidez ocorre; e da forma como parceiro e o entorno familiar e social recebem essa gestação e, a partir disso,

TABELA 1 Alterações físicas e emocionais maternas ao longo da gestação

Trimestre	1º trimestre (1 a 12 semanas)	2º trimestre (13 a 26 semanas)	3º trimestre (27 a 40 semanas*)
Aspectos físicos maternos	Mudanças corporais discretas Sintomas físicos (enjoo, náuseas, vômito, hipersonia, indisposição e aumento ou diminuição do apetite) Considerado como período crítico	Melhora/diminuição dos sintomas físicos Mudanças do esquema corporal Alterações na libido e no desempenho sexual Movimentos fetais já são percebidos	Aumento das queixas físicas: dores, cansaço, inchaço e limitações decorrentes do crescimento da barriga
Aspectos emocionais maternos	Ambivalência emocional (desejo e não desejo da gravidez) Ansiedade e questionamentos sobre estar ou não grávida, já que as mudanças físicas são sutis Comunicação sobre a gravidez para parceiro e familiares Insegurança e medo de sofrer um abortamento Ansiedade de dar a notícia para a família	Mais estável do ponto de vista emocional Construção da relação com o bebê a partir dos movimentos fetais Ambivalência emocional quanto aos movimentos fetais (podem ser vistos com alívio e felicidade ou medo e angústia) Labilidade emocional Medo de as mudanças físicas serem irreversíveis Aumento ou diminuição do desejo e do desempenho sexual	Elevação do nível de ansiedade pela proximidade do parto (preparação para a chegada do bebê) Medo com relação ao parto e às mudanças do pós-parto Ambivalência emocional (desejo de terminar a gestação e receio de não conseguir conciliar as mudanças advindas do pós-parto)

*Nascimento a termo entre 37 a 42 semanas.

como a rede de apoio vai sendo construída. Além de todos esses fatores externos, o próprio desenvolvimento gestacional, seja ele de baixo ou alto risco, também influi na vivência perinatal e na construção de vínculo com o bebê. É inquestionável, portanto, a relevância do acompanhamento psicológico durante o ciclo gravídico-puerperal com profissionais que compreendem as particularidades da clínica perinatal.

GESTAÇÃO DE ALTO RISCO

O acompanhamento pré-natal é a assistência prestada pela equipe médica e de enfermagem à gestante ao longo do período gestacional e do parto. Sua realização é fundamental para prevenir e/ou detectar precocemente patologias maternas e fetais e permite, assim, reduzir os riscos à gestante, acompanhar o desenvolvimento do bebê e viabilizar um parto mais seguro para a dupla mãe-bebê.[11]

Uma gestação é considerada de alto risco quando se identifica, durante o acompanhamento pré-natal, uma condição ou complicação que impacte na saúde da gestante e/ou do feto. Os fatores que definem o alto risco gestacional englobam tanto condições maternas prévias à gestação quanto aquelas decorrentes do período gestacional, abrangendo características individuais, condições sociodemográficas desfavoráveis, patologias maternas prévias à gestação, antecedentes obstétricos, patologias obstétricas consequentes da gestação, transtornos psiquiátricos maternos prévios e condições do feto. A Tabela 2 apresenta os critérios diagnósticos para alto risco gestacional.

O impacto causado pelo diagnóstico de alto risco mobiliza na gestante uma mudança de perspectiva com relação à gestação e ao bebê. A vivência gestacional esperada e a idealização que estava sendo construída até então são rompidas, situação na qual a ambivalência emocional típica do ciclo gravídico se intensifica. A partir dessas alterações, observa-se na prática clínica que os níveis de tristeza, estresse e ansiedade podem ser potencializados pelas possibilidades de mudança de hábitos, restrições de várias ordens (física, social), inclusão de tratamento diário e necessidade de hospitalizações para estabilização de sintomas clínicos maternos para cuidado da dupla mãe-bebê e evitar complicações que provoquem perda gestacional ou parto prematuro.

As reações emocionais observadas na gestante a partir dessa constatação são distintas e singulares, mas há prevalência de emoções como tristeza, culpa, frustração com relação a seu papel como mãe, sentimento de incapacidade de gerar um filho, preocupações exacerbadas com relação ao bebê, dificuldade de se adequar ao tratamento proposto e intensificação de depressão, ansiedade, estresse,

TABELA 2 Critérios diagnósticos de gestação de alto risco[7,12]

Características individuais	Gestante com idade menor do que 15 anos ou menarca há menos de dois anos Gestante com idade maior do que 35 anos Altura materna inferior a 1,45 m Peso pré-gestacional materno inferior a 45 kg e/ou superior a 75 kg (IMC < 19 kg/m^2 ou > 30 kg/m^2) Malformações estruturais nos órgãos reprodutivos maternos
Condições sociodemográficas desfavoráveis	Conflitos conjugais e/ou familiares Gestação não planejada Baixa escolaridade Hábitos de vida nocivos (tabagismo e alcoolismo) Riscos ocupacionais (esforço físico, exposição a agentes físicos, químicos e biológicos nocivos, e estresse)
Patologias maternas prévias à gestação	Cardiopatia Doenças autoimunes Doenças infecciosas Infecções sexualmente transmissíveis Endocrinopatias Epilepsia Ginecopatias Hipertensão arterial Pneumopatias Nefropatias Neoplasias Trombofilia
Antecedentes obstétricos	Abortamentos anteriores (em andamento, retidos, infectados) Óbito fetal e/ou neonatal explicado ou inexplicado Parto prematuro anterior Infertilidade/esterilidade Intervalo interpartal inferior a dois anos ou superior a cinco anos Nuliparidade ou grande multiparidade Síndrome hemorrágica ou hipertensiva Diabetes gestacional Cirurgia uterina anterior (incluindo dois ou mais partos cesáreos)

continua

TABELA 2 Critérios diagnósticos de gestação de alto risco[7,12] (*continuação*)

Patologias obstétricas	Rotura prematura de membranas (RPM) Aloimunização Descolamento placentário Doenças infectocontagiosas vividas durante a presente gestação (infecção do trato urinário, doenças do trato respiratório, rubéola, toxoplasmose etc.) Doenças clínicas diagnosticadas pela primeira vez na gestação atual (cardiopatias, endocrinopatias, síndrome HELLP) Eclâmpsia (convulsões não geradas por epilepsia) Pré-eclâmpsia (aumento de pressão arterial e proteinúria) Exposição indevida ou acidental a fatores teratogênicos Ganho ponderal inadequado (excessivo ou insuficiente) Gestação múltipla Gravidez prolongada Hemorragias da gestação Hiperêmese Insuficiência istmo-cervical Mola hidatiforme Pseudociese Quantidade e/ou qualidade do líquido amniótico Restrição de crescimento intrauterino (RCIU)
Transtornos psiquiátricos maternos prévios	Transtornos alimentares Transtornos de humor Transtornos psicóticos Dependência de substâncias psicoativas (uso de álcool e/ou outras drogas)
Condições fetais	Malformações fetais congênitas Malformações fetais incompatíveis com a vida Arritmia fetal

angústia e irritabilidade por conta das limitações impostas por essa nova condição.[13] Nos casos de malformações fetais, além de todas as reações emocionais citadas, a gestante passa a vivenciar o luto pelo bebê idealizado à medida que o bebê "real" vai sendo apresentado durante o pré-natal.[3,14]

A mulher deve passar, então, a ser acompanhada por uma equipe multidisciplinar capaz de fornecer cuidados que esse momento demanda nos âmbitos físico, psíquico e social. Em 2013, a Portaria nº 1.020 do Ministério da Saúde instituiu diretrizes e critérios para o acompanhamento a gestantes de alto risco, estabelecendo que o acompanhamento do plano de cuidados deve ser elaborado pela equipe multiprofissional do serviço de saúde que realiza o pré-natal de alto risco, sendo o psicólogo um dos profissionais que devem compor essa equipe.[15] Para atuar com gestantes de alto risco, é fundamental que o(a) profissional da saúde mental compreenda as implicações das condições clínicas e obstétricas, atente-se à psicodinâmica do período gravídico, favoreça o vínculo afetivo materno e familiar que será estabelecido com o bebê, e identifique, desenvolva e fortaleça a rede de apoio familiar e social.[16]

AVALIAÇÃO E ACOMPANHAMENTO PSICOLÓGICO EM GESTAÇÃO DE ALTO RISCO

O pré-natal natal psicológico (PNP) na clínica de alto risco é uma prática que complementa o acompanhamento pré-natal tradicional cujo objetivo é realizar intervenções de caráter profilático a fim de proporcionar cuidado humanizado e integral à gestante.[17] Esse acompanhamento é realizado em serviços de saúde (hospitais e clínicas) capacitados para oferecer suporte clínico necessário às condições específicas da gestante.

A estrutura desse pré-natal especializado deve se adequar àquela do serviço de saúde no qual está inserido, podendo se enquadrar em três modalidades distintas: consultas psicológicas de pré-natal, acompanhamento psicológico pré-natal individual e acompanhamento psicológico pré-natal em grupo.[13,16] Esses três modelos têm como objetivo identificar fatores que indiquem risco para desfecho desfavorável em saúde mental e, para tanto, realizam intervenções terapêuticas para viabilizar fatores protetivos e prevenir o agravamento de transtornos psiquiátrico graves no período gravídico-puerperal. Neste capítulo, será abordada a avaliação realizada no modelo de acompanhamento psicológico pré-natal individual, destacando-se, no entanto, que a avaliação e os instrumentos utilizados podem ser adaptados às demais modalidades.

FIGURA 1 Acompanhamento psicológico de pré-natal.
Fonte: elaborada pela autora.

O pré-natal psicológico se baseia na estrutura da psicoterapia breve, que tem como característica atendimentos com foco definido e período limitado. Assim, todo o processo de avaliação e acompanhamento psicológico pré-natal é composto por pelo menos 12 consultas psicológicas a serem divididas ao longo do período gravídico até o parto. Inicialmente, realiza-se uma entrevista diagnóstica semiestruturada que investiga a dinâmica materna e familiar anterior e durante a gestação, a percepção e o impacto psicossocial da gestação de alto risco, e o histórico obstétrico e psiquiátrico. Depois, ao longo do acompanhamento psicológico, devem-se verificar a adesão ao tratamento médico proposto, os recursos adaptativos da gestante com relação aos cuidados necessários decorrentes da gravidez de alto risco, a dinâmica da identidade materna, os conflitos familiares e a construção de vínculo afetivo mãe-bebê. Também são aspectos importantes desmistificar fantasias sobre a gestação e o feto e, por fim, preparar a gestante para o parto e o puerpério.[13]

Instrumentos e testes psicológicos

Os instrumentos usados na clínica perinatal, em especial na gestação de alto risco, devem avaliar aspectos emocionais relacionados a ansiedade, depressão e estresse.[17,18] Também merecem destaque os testes projetivos que permitem maior expressão de subjetividade e do mundo simbólico do sujeito, que podem ser aplicados para complementar a entrevista diagnóstica no pré-natal psicológico. A partir dos dados obtidos com a aplicação desses instrumentos, é possível identificar aspectos que indiquem desfecho desfavorável em saúde mental

FIGURA 2 Aspectos trabalhados durante o acompanhamento psicológico pré-natal na gestação de alto risco.
Fonte: elaborada pela autora.

e, assim, traçar um plano terapêutico para promover medidas preventivas e, assim, potencializar fatores protetivos para a gestante. A Tabela 3 apresenta os instrumentos psicológicos recomendados para esse contexto.

É importante lembrar que, embora os instrumentos psicométricos citados possam ser aplicados em gestantes e puérperas, eles são direcionados à população geral e, por conta disso, podem não ponderar questões consideradas esperadas no período perinatal. Até a finalização deste capítulo, não há instrumentos ou escalas regulamentadas e de uso exclusivo do(a) psicólogo(a) que considerem as modificações físicas e psicológicas do período gestacional. A triagem psicológica para aplicação em gestantes (TGAP), por sua vez, é o único instrumento aprovado no Sistema de Avaliação de Testes Psicológicos (SATEPSI) específico para gestantes que constata os sinais de alerta para alterações emocionais de cada trimestre gestacional, considerando as alterações típicas desse período;[19] no entanto, como não é de uso exclusivo do(a) psicólogo(a), não pode ser utilizado como ferramenta diagnóstica, apenas de apoio. Há, por outro lado, instrumentos específicos para a clínica perinatal

TABELA 3 Instrumentos psicológicos recomendados para a avaliação psicológica em pré-natal de alto risco

Inventário de depressão de Beck, segunda edição (BDI-II)[18]	Questionário autoavaliativo aplicável em pacientes com mais de 13 anos composto por 21 questões de múltipla escolha, contendo quatro afirmações que descrevem como o indivíduo tem se sentido nas últimas duas semanas, no que se refere a sintomas físicos (fadiga, perda de peso, distúrbio do sono) e psicológicos (desesperança, irritabilidade, ideias suicidas, culpa ou sensação de punição). A intensidade sintomática das respostas varia de 0 a 3. A soma total dos itens pode atingir até 63 pontos. A intensidade dos sintomas depressivos apresentados é determinada de acordo com o escore obtido, como: depressão mínima (0 a 13 pontos), depressão leve (14 a 19 pontos), depressão moderada (20 a 28 pontos) e depressão grave (29 a 63 pontos)
Inventário de ansiedade de Beck (BAI)	Questionário autoavaliativo composto por 21 questões de múltipla escolha, contendo quatro afirmações que descrevem a intensidade de sintomas ansiosos. As questões são direcionadas para sensações físicas e psicológicas, sendo que a soma dos itens pode atingir até 63 pontos. O nível de ansiedade apresentada é classificado de acordo com o escore obtido em: grau mínimo de ansiedade (0 a 7 pontos), ansiedade leve (8 a 15 pontos), ansiedade moderada (16 a 25 pontos) e ansiedade grave (26 a 63 pontos)
Inventário de sintomas de estresse para adultos de Lipp (ISSL)[20]	Questionário que contém 63 itens divididos em três quadrantes, referentes à avaliação de sinais e sintomas de estresse a partir dos aspectos físicos/somáticos, psicológicos ou mistos, e do nível de estresse em quatro fases (alerta, resistência, quase-exaustão e exaustão). As respostas são assinaladas em cada quadrante, sendo que F1 representa os sintomas físicos e P1 representa os sintomas psicológicos. Pode ser aplicado individualmente ou em grupos de até 20 pessoas
Teste de apercepção temática (TAT)[21]	Técnica projetiva composta por 31 pranchas, sendo 30 impressas retratando cenas que exprimem situações sociais e relações interpessoais e 1 em branco. O teste consiste na apresentação das pranchas, solicitando-se que o indivíduo narre uma história sobre cada uma delas. Recomenda-se o uso máximo de 11 pranchas, sendo que as 5 primeiras pranchas sempre devem ser aplicadas e a escolha das outras pranchas se baseia na demanda de cada caso/paciente. Para a clínica perinatal, as pranchas que podem utilizadas são: 1 a 5 (universais); 7MF, 8MF, 11 (universal) e 16

Fonte: elaborada pela autora.

que ainda não foram avaliados pelo SATEPSI, como a escala de depressão pós-parto de Edimburgo (EPDS), desenvolvida na Grã-Bretanha, que rastreia sintomas depressivos ainda na gestação, tendo se mostrado muito eficaz. Essa escala já foi traduzida e validada em território nacional, mas ainda não pode ser utilizada como instrumento avaliativo.

CONSIDERAÇÕES FINAIS

O período perinatal é um momento crítico para a mulher que pode se tornar ainda mais intenso ao ser identificada uma gestação de alto risco. É notória, portanto, a relevância de se realizar avaliação e acompanhamento psicológico durante a gravidez de alto risco. Esse acompanhamento permite identificar e diagnosticar precocemente desfechos desfavoráveis em saúde mental e, assim, intervir de forma diretiva, viabilizando a construção de fatores protetivos.

É fundamental, no entanto, ampliar a perspectiva para além do recorte apresentado, uma vez que o período perinatal por si só já demanda uma atenção considerável mesmo que não haja nenhuma complicação durante a gestação. Outro aspecto a ser aplicado na estrutura atual é o fato de a assistência psicológica se encerrar após o parto, não sendo consideradas as implicações do puerpério. Isso mostra que o olhar para as questões associadas ao período perinatal ainda é prematuro tanto com relação a políticas públicas quanto com relação aos instrumentos inerentes às especificidades da clínica perinatal e validados pelo Conselho Federal de Psicologia (CFP).

Nesse cenário, merece destaque a aprovação da Lei nº 14.721/2023,[22] que instituiu a necessidade do cuidado integral à saúde da mulher no período perinatal, jogando luz à relevância da assistência psicológica nesse momento de vida. A partir dessa mudança recente, a gestante poderá ter acesso ao acompanhamento psicológico durante a gravidez e no puerpério independente do risco gestacional. A lei entrará em vigor em maio de 2024 e representa um avanço crucial para o desenvolvimento de um cuidado mais especializado e adequado à mulher durante o ciclo gravídico-puerperal.

REFERÊNCIAS BIBLIOGRÁFICAS

1. Maldonado MT. Psicologia da gravidez: gestando pessoas para uma sociedade melhor. São Paulo: Ideias e Letras; 2017.
2. Bortoletti FF, Moron AF, Santana RM, Abrahão AR, Pares DB, Azevedo A, et al. Atuação do psicólogo em serviço de medicina fetal. In: Moron AF, Cha SC, Isfer EV (eds.). Abordagem multidisciplinar em medicina fetal. São Paulo: Escritório Editorial; 1996. p. 11-5.

3. Maalouf AL. O nascimento marcado pela hospitalização precoce e o impacto na relação parental-filial. In: Baptista CHV, Wosnes CJ, Fonseca RN. Psicologia hospitalar: desafios do cotidiano: da gestação à adolescência. São Paulo: B307 Livraria e Saúde; 2023. p. 41-9.
4. Battikha EC. A comunicação do diagnóstico na UTI Neonatal: médicos e pacientes – assimetrias e simetrias. São Paulo: Escuta; 2017.
5. Ferrari AG, Piccinini CA, Lopes RS. O bebê imaginado na gestação: aspectos teóricos e empíricos. Psicol Estud. 2007;12(2):305-13.
6. Brasil. Ministério da Educação. Conheça todas as etapas de desenvolvimento do bebê. 2015. Disponível em: https://www.gov.br/ebserh/pt-br/hospitais-universitarios/regiao-nordeste/mco-ufba/comunicacao/noticias/conheca-todas-as-etapas-de-desenvolvimento-do-bebe. Acesso em: abr. 2024.
7. Brasil. Ministério da Saúde. Secretaria de Atenção à Saúde. Departamento de Ações Programáticas Estratégicas. Gestação de alto risco: manual técnico. 5.ed. Brasília: Ministério da Saúde; 2010.
8. Rodrigues OMPR, Schiavo RA. Stress na gestação e no puerpério: uma correlação com a depressão pós-parto. Rev Bras Ginecol Obstet. 2011;33(9):252-7.
9. Campos PA, Féres-Carneiro T. Sou mãe: e agora? Vivências do puerpério. Psicologia USP. 2021;32.
10. Iaconelli V. Depressão pós-parto e tristeza materna. Rev Pediatria Moderna. 2005;41(1-6).
11. Brasil. Ministério da Saúde. Manual técnico de gestação de alto risco. 5.ed. Brasília: Ministério da Saúde; 2012.
12. Moraes MHC. As gestações de alto risco. In: Moraes MHC. Psicologia e psicopatologia perinatal: sobre o (re)nascimento psíquico. Curitiba: Appris; 2021. p. 55-82.
13. Giuliano RC, Carvalho DC, Horta PAC, Jacobucci ANP, Zardi LD, Silva LMS, Oliveira NZ, Condes RP, Carvalho AM, Pinto LA, Amaral VA. A atuação da psicologia hospitalar em ambulatórios. In: Bruscato, WL, Fregonese AA, Braga APSM, Silva AC, Barbour FF, Lima MGS, et al. (orgs.). A psicologia na saúde: da atenção primária à alta complexidade: o modelo de atuação da Santa Casa de São Paulo. São Paulo: Casa do Psicólogo; 2014. p. 168-170.
14. Suassuna AMV. Diagnóstico pré-natal: o impacto psicológico profundo. 2.ed. Porto Alegre: Simplíssimo; 2020.
15. Brasil. Ministério da Saúde. Portaria nº 1.020, de 29 de maio de 2013. Institui as diretrizes para a organização da Atenção à Saúde na Gestação de Alto Risco e define os critérios para a implantação e habilitação dos serviços de referência à Atenção à Saúde na Gestação de Alto Risco, incluída a Casa de Gestante, Bebê e Puérpera (CGBP), em conformidade com a Rede Cegonha. Brasília, 2013.
16. Caldas DB, Silva ALR, Böing E, Crepaldi A, Custódio ZAO. Atendimento psicológico no pré-natal de alto risco: a construção de um serviço. Psicol Hosp (São Paulo). 2013;11(1):66-87.
17. Arrais AR, Araújo TCCF, Schiavo RA. Depressão e ansiedade gestacionais relacionadas à depressão pós-parto e o papel preventivo do pré-natal psicológico. Rev Psicol Saúde. 2019;11(2):23-34.

18. Cunha ACB, Patricio SF, Akerman LPF, Maynarde PS, Saunders C. Picamalácia na gestação de risco e aspectos psicológicos relacionados. Temas Psicol. 2017;25(2):613-30.
19. Fuchs GC. Instrumentos para avaliação psicológica em gestantes. 2022. Disponível em: https://materonline.com.br/instrumentos-para-avaliacao-psicologica-em-gestantes. Acesso em: abr. 2024.
20. Cunha JA (trad.). Manual da versão em português das escalas Beck. São Paulo: Casa do Psicólogo; 2001.
21. Murray HA. TAT: teste de apercepção temática. 3.ed. São Paulo: Casa do Psicólogo; 2005.
22. Brasil. Lei nº 14.721, de 8 de novembro de 2023. Altera os arts. 8º e 10º da Lei nº 8.069, de 13 de julho de 1990 (Estatuto da Criança e do Adolescente), para ampliar a assistência à gestante e à mãe no período da gravidez, do pré-natal e do puerpério. Brasília, 2023.

13

Avaliação psicológica para procedimentos de laqueadura e vasectomia

Andréa Silveira Ferrari
Alexandra Ferreira Phillipps
Katia Almeida Gonçalves Coelho

INTRODUÇÃO

Quando uma pessoa decide realizar um procedimento cirúrgico visando evitar uma futura concepção, deve-se levar em consideração que sua atitude envolve diversos aspectos biopsicossociais. Como existem vários outros métodos contraceptivos disponíveis e o procedimento cirúrgico envolve riscos, além de poder representar uma decisão irreversível, é imprescindível fazer uma avaliação psicológica para investigar os aspectos comportamentais, psíquicos, emocionais e sociais do(a) paciente que podem influenciar essa decisão. Isso implica dizer que a pessoa deve ser avaliada de forma integral a fim de se determinar o seu grau de informação e convicção acerca do procedimento que será realizado e de suas consequências.

Há diversos métodos contraceptivos reversíveis disponíveis, agrupados em comportamentais ("tabelinha", muco cervical, temperatura basal, coito interrompido), hormonais (pílulas anticoncepcionais, contraceptivos injetáveis, anéis vaginais, adesivos cutâneos e implantes subcutâneos) e de barreira (preservativos, diafragma, espermicidas, dispositivo intrauterino – DIU). Os preservativos masculinos e femininos, além de evitarem gravidez indesejada, protegem contra as infecções sexualmente transmissíveis (IST), como sífilis, herpes genital, hepatite B, HIV/aids, entre outras.[1,2]

A laqueadura e a vasectomia, por sua vez, são opções cirúrgicas que costumam ser irreversíveis. No Brasil, a história da laqueadura feminina foi marcada, na década de 1980, pela violação de direitos reprodutivos, sobretudo de mulheres pobres, negras e indígenas, seja pela falta de informação e de disponibilidade de outros métodos contraceptivos, seja pela imposição social em ações de incentivo financiadas por organizações internacionais.[3] A legislação sobre planejamento familiar que inclui esses métodos data de 1996 e até 2022 as mulheres ainda necessitavam da autorização expressa do parceiro e precisavam ter a idade mínima de 25 anos para realizá-la, fatos que foram revogados e alterados pela Lei nº 14.443/2022.[4]

PLANEJAMENTO FAMILIAR E TRATAMENTOS CONTRACEPTIVOS

Dá-se o nome de planejamento familiar a um conjunto de práticas educativas em saúde que propõem métodos e técnicas focadas na concepção e na anticoncepção, assegurando orientações ao público com opções de livre escolha. Trata-se, portanto, de uma política de prevenção e promoção em saúde da família, pois visa à constituição de prole desejada e programada, de forma consciente.[5]

Anticoncepção, por sua vez, é um recurso de planejamento familiar que corresponde ao uso de métodos e técnicas com a finalidade de impedir que o relacionamento sexual resulte em gravidez. A decisão pela anticoncepção depende de várias circunstâncias e é norteada por interpretações e entendimentos sujeitos a alterações, que envolvem pontos positivos e negativos, além de sofrer influência de múltiplos fatores do contexto cultural.[6]

Alguns métodos contraceptivos mostram-se bastante eficazes, mas seus índices de efetividade variam. Sabe-se, no entanto, que nenhum deles garante 100% de certeza e que aqueles que dependem do fator humano, como é o caso da pílula anticoncepcional, podem resultar em insucesso por falhas na adesão.

Não é o fator que mais influencia na decisão, visto que o SUS disponibiliza vários métodos contraceptivos: hormonais (de uso oral e injetável), de barreira (diafragma e preservativos), dispositivo intrauterino (DIU) e, ainda, a laqueadura e vasectomia, ou seja, quase todos.

LAQUEADURA E VASECTOMIA

Da Antiguidade até meados do século XX, existiam poucas opções de métodos para prevenção da gravidez. Na década de 1960, surgiu o primeiro método contraceptivo de uso oral, chamado pílula anticoncepcional. Após esse período, os métodos contraceptivos evoluíram no que diz respeito a qualidade e eficácia. No Brasil, por muito tempo a pílula anticoncepcional foi adotada como controle de natalidade. Somente em 1984 o Ministério da Saúde elaborou o Programa de Assistência Integral à Saúde da Mulher

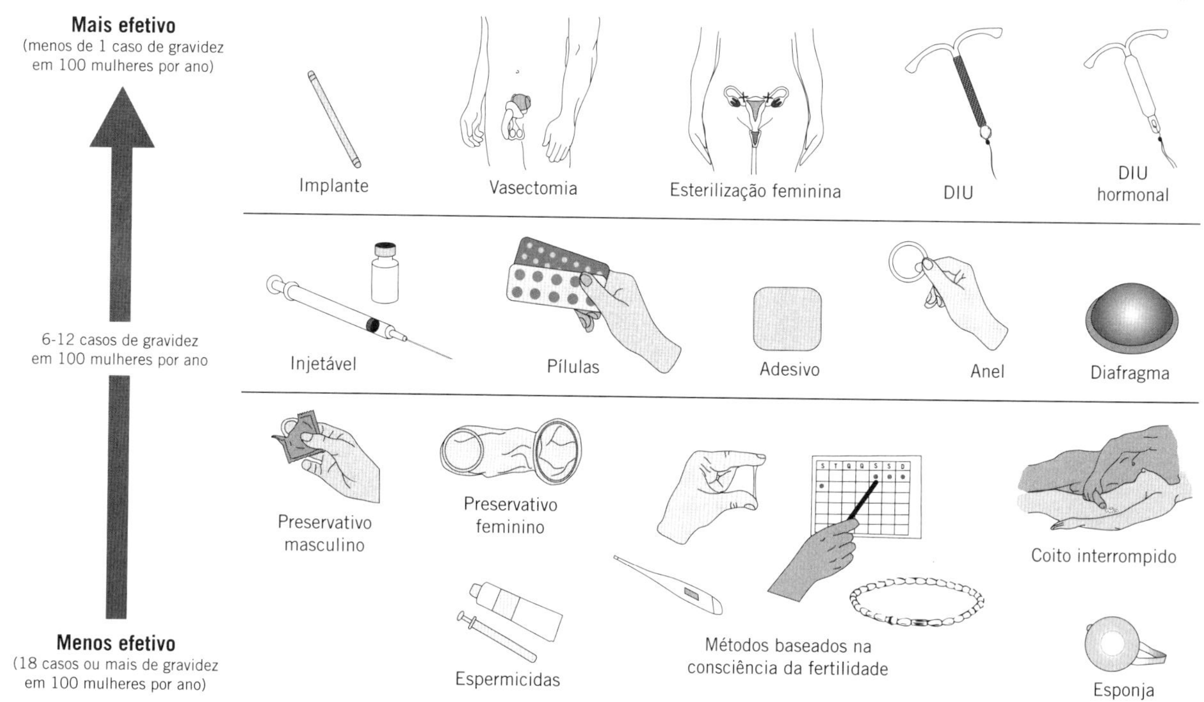

FIGURA 1 Esquema comparativo da eficácia de diferentes métodos contraceptivos. A seta indica crescimento da eficácia. DIU: dispositivo intrauterino.

Fonte: adaptada de Cwiak e Berga, 2014.[7]

(PAISM), que tinha entre seus objetivos elaborar ações preventivas e de cuidado às mulheres, tanto na clínica ginecológica quanto no que diz respeito ao planejamento familiar.[8]

Laqueadura, também chamada de ligadura tubária, é o procedimento cirúrgico que promove a obstrução mecânica das tubas uterinas, impedindo a migração dos espermatozoides ao encontro dos óvulos após a relação sexual sem contraceptivos e, portanto, impossibilita a fertilização. As duas tubas podem ser cortadas, amarradas, cauterizadas ou fechadas com grampos ou anéis.[3] Trata-se de um método de esterilização definitiva feminina, que possui boa eficácia e baixo risco de falhas. Existem duas vias para sua realização: a laparotomia, em que o abdome é aberto, e a videolaparoscopia, na qual o acesso cirúrgico é feito por pequenos cortes pertos do umbigo para a colocação de uma cânula com câmera.[8-10]

Vasectomia é um método contraceptivo cirúrgico realizado em homens que consiste em interromper a passagem dos espermatozoides pelo ducto deferente. A técnica envolve a identificação do ducto e a retirada de um fragmento de cada canal, mediante anestesia local, para que não ocorra mais a passagem. O procedimento é realizado em centros especializados, sem necessidade de internação, e tem duração de 15 a 20 minutos. A vasectomia não interfere na potência sexual e não compromete a vascularização dos testículos.[8]

A desvantagem desses procedimentos cirúrgicos em comparação com outros métodos contraceptivos é que eles costumam ser irreversíveis, pois, ainda que existam intervenções para reverter o processo, as taxas de sucesso são baixas. Além disso, por não protegerem contra as infecções sexualmente transmissíveis, são necessários métodos complementares no ato sexual, como o uso de preservativos.[8]

Critérios para se submeter ao tratamento cirúrgico contraceptivo

A Lei nº 9.263/96, que trata do planejamento familiar, estabeleceu diversos requisitos obrigatórios que deveriam ser cumpridos de forma alternativa ou cumulativa para garantia do acesso à cirurgia de esterilização para mulheres e homens. Mais recentemente, no entanto, alguns dos critérios foram alterados pela Lei nº 14.443/2022, facilitando o acesso a métodos contraceptivos definitivos. Entre as mudanças, detalhadas na Tabela 1, merecem destaque a redução da idade mínima de 25 para 21 anos e a dispensa da autorização expressa do parceiro. Outra possibilidade prevista já na legislação anterior é que a mulher que já tiver dois ou mais filhos vivos pode solicitar o procedimento a partir dos 18 anos de idade.

TABELA 1 Comparativo das leis nº 9.263/96 e nº 14.443/2022

Lei nº 9.263/96 (antes)	Lei nº 14.443/2022 (depois)
Idade mínima de 25 anos ou dois filhos vivos	Idade mínima de 21 anos ou dois filhos vivos
Sem prazo para disponibilização de qualquer método e técnica de contracepção	Prazo máximo de 30 dias para disponibilização de qualquer método e técnica de contracepção
Proibição da realização de laqueadura durante o período do parto	Permissão para realização de laqueadura durante o período do parto
Consentimento obrigatório do cônjuge para a realização da laqueadura	Consentimento do cônjuge não obrigatório para a realização da laqueadura

A realização dos procedimentos de vasectomia ou laqueadura precisa ser voluntária, e tanto homens quanto mulheres precisam estar plenamente conscientes sobre os riscos, vantagens, desvantagens e eficácia. Para tanto, a lei garante a ambos o acesso a todas as informações pertinentes antes de tomarem a decisão. A gestante, especificamente, pode solicitar a realização do procedimento durante o período do parto, desde que manifeste seu desejo com 60 dias de antecedência. Durante esse período de espera, ela pode acessar o serviço de regulação da fecundidade e receber o acompanhamento de uma equipe multidisciplinar com o objetivo de assegurar a certeza ou possível desistência do procedimento.[9-11]

Avaliação psicológica

A avaliação psicológica é um procedimento restrito aos psicólogos que vem sendo cada vez mais requisitado pela equipe multidisciplinar como forma de contribuir, no contexto do planejamento familiar, para que decisões sejam tomadas de forma assertiva, possibilitando um cenário favorável no pós-cirúrgico. Trata-se de um processo ordenado cujo objetivo é apurar manifestações psicológicas utilizando métodos, técnicas e instrumentos psicológicos de investigação e intervenção. Para sua realização, podem ser utilizados entrevistas, testes, questionários e outras ferramentas de investigação psicológica e, ao final do processo, o(a) profissional produz um laudo psicológico.[12]

No caso específico da avaliação psicológica anterior aos procedimentos de laqueadura e vasectomia, utiliza-se uma entrevista semiestruturada que visa explicitar os motivos que levaram o(a) paciente a optar pelo procedimento cirúrgico em detrimento de outros métodos disponíveis.[12,13] Para isso, investigam-se aspectos relativos à história de vida posterior e atual, ao histórico de saúde mental, ao suporte social e familiar, à motivação, ao conhecimento e à compreensão acerca da cirurgia e das mudanças desencadeadas após a realização do procedimento, e às expectativas do(a) paciente. A Tabela 2 apresenta um modelo de entrevista que pode ser utilizado nesses casos.

TABELA 2 Modelo de entrevista semiestruturada para avaliação contraceptiva

Informações gerais	
Nome:	Idade:
Gênero:	Estado civil:
Profissão:	Escolaridade:
Contato (telefone/*e-mail*):	
Endereço residencial:	
Com quem reside?	
Questões	**Respostas**
Histórico médico	
Você possui alguma condição médica crônica? Se sim, qual?	
Você já passou por alguma cirurgia anteriormente? Se sim, descreva.	
Você está tomando algum medicamento regularmente? Se sim, quais e para quê?	
Você já teve alguma complicação relacionada a procedimentos médicos anteriores?	
Possui hábitos nocivos? Se sim, qual(is)?	
Conhecimento e compreensão sobre o procedimento	
O que você entende sobre a cirurgia contraceptiva?	
Quais são os possíveis benefícios que você espera obter com essa cirurgia?	
Quais são os possíveis riscos ou complicações de que você está ciente relacionados à cirurgia?	

continua

TABELA 2 Modelo de entrevista semiestruturada para avaliação contraceptiva (*continuação*)

Questões	**Respostas**
Histórico de vida	
Como foram sua infância e sua adolescência?	
Você já teve alguma experiência significativa que influenciou a sua decisão de fazer essa cirurgia?	
Como tem sido a sua vida emocionalmente nos últimos anos?	
Você está satisfeito(a) com a sua qualidade de vida atualmente?	
Expectativas sobre a cirurgia e compreensão sobre mudanças	
Como você se sente com relação à sua saúde sexual e reprodutiva atualmente?	
O que o(a) motivou a considerar a cirurgia contraceptiva?	
Quais são suas expectativas com relação aos resultados dessa cirurgia?	
Você tem algum medo ou preocupação específica com relação à cirurgia?	
Como você acha que essa cirurgia pode afetar a sua vida em longo prazo?	
Aspectos psicológicos e psiquiátricos	
Como você tem lidado com o estresse recentemente?	
Você já procurou aconselhamento psicológico ou psiquiátrico no passado? Se sim, por quê?	
Você já foi diagnosticado(a) com alguma condição psiquiátrica? Se sim, qual?	
Você está atualmente em tratamento psiquiátrico ou tomando medicação para alguma condição mental?	
Como você avalia o seu estado emocional geral atualmente?	
Você tem algum histórico de tentativas de autolesão ou pensamentos suicidas?	

continua

TABELA 2 Modelo de entrevista semiestruturada para avaliação contraceptiva (*continuação*)

Questões	**Respostas**
Aspectos social e familiar	
Como é seu relacionamento com a sua família?	
Você discutiu a sua decisão de fazer essa cirurgia com os seus amigos ou familiares? Qual foi a reação deles?	
Quem está apoiando você na decisão de fazer a cirurgia?	
Como você acha que sua vida familiar e social pode ser afetada após a cirurgia?	
Informações adicionais e relevantes	
Há mais alguma informação sobre sua saúde física ou mental que você gostaria de compartilhar?	
Existe alguma preocupação específica que você gostaria que fosse abordada durante a sua avaliação psicológica pré-cirúrgica?	
Você tem alguma pergunta ou dúvida sobre o procedimento cirúrgico ou o processo de recuperação?	
Existe alguma outra informação que você acha importante relatar antes da cirurgia?	
Este questionário pode ser adaptado de acordo com as necessidades específicas de cada paciente e as diretrizes da instituição médica.	

Fonte: elaborada pelas autoras.

Na etapa seguinte, é fundamental a aplicação de testes psicológicos, que podem ser instrumentos projetivos como por exemplo o Teste de Apercepção Temática (TAT) que avalia aspectos da personalidade, por meio da projeção de vivências e/ou experiências, além disso é possível acessar identificações, possíveis conflitos internos. E também a utilização de escalas/inventários, por exemplo as Escalas Beck de Depressão e Ansiedade, que auxiliam na identificação de sintomatologias e características emocionais e comportamentais presentes em quadros de Depressão e Ansiedade, ou seja, aspectos relacionados com a saúde mental. A Tabela 3 apresenta alguns instrumentos recomendados para esse contexto.

TABELA 3 Instrumentos psicológicos recomendados para o contexto do planejamento familiar

Tipo de teste	Instrumentos psicológicos	Aspectos avaliados
Testes projetivos	Teste das pirâmides coloridas de Pfister Teste casa-árvore-pessoa (HTP) Zulliger	Aspectos subjacentes à dinâmica e à estrutura de personalidade[12,13]
Escalas	Bateria fatorial de personalidade (BFP) Inventário de desesperança de Beck (BHS) Inventário de ansiedade de Beck (BAI) Escala de desregulação emocional para adultos (EDEA) Inventário dos cinco fatores (NEO-FFI-R)	Grau de compreensão das informações e capacidade para tomada de decisão[12,13]

Considerando todos os aspectos biopsicossociais envolvidos no processo, o(a) psicólogo(a) deve, respeitando os direitos e a autonomia do(a) paciente, investigar seus recursos psíquicos para lidar com as consequências de uma cirurgia usualmente irreversível a fim de evitar sua frustração caso se arrependa do procedimento. Sua realização contribui, ainda, para a identificação das reais motivações do(a) paciente para realizar a cirurgia, evitando a má utilização desses procedimentos que poderia ocorrer, p. ex., se houvesse fatores interferindo em sua capacidade de discernimento ou livre consentimento.[12]

CONSIDERAÇÕES FINAIS

Os procedimentos de laqueadura e vasectomia representam importantes recursos no planejamento familiar, sobretudo quando outros tipos de métodos contraceptivos se mostram ineficazes. Para sua realização, entretanto, é necessário que o indivíduo compreenda a irreversibilidade do procedimento e os riscos envolvidos em qualquer abordagem cirúrgica, tomando a decisão de forma absolutamente livre e com a maior assertividade possível.

Assim, mesmo quando o(a) paciente preenche todos os requisitos para realizar a cirurgia, é importante que esteja ciente dos outros métodos reversíveis disponíveis e de que, mesmo após passar pelo procedimento, há casos em que os procedimentos podem falhar e resultar em uma gravidez indesejada. Por outro lado, também é importante que conheça a informação de que há diversos casos de arrependimento com tentativa de reversão que resultam em insucesso. Além disso, sabe-se que a realização de vasectomia ou laqueadura pode resultar em uma falsa sensação de proteção contra as infecções sexualmente transmissíveis, motivo pelo qual todas as informações pertinentes são fundamentais na tomada de decisão.

Nesse sentido, a avaliação psicológica tem se mostrado uma ferramenta muito importante para o processo de tomada de decisão, já que busca identificar as motivações que levaram o paciente a optar por esse método contraceptivo. Como os procedimentos são amparados legalmente, não cabe ao(à) psicólogo(a) determinar se o(a) paciente pode realizar ou não a cirurgia. O objetivo dessa avaliação psicológica é facilitar a reflexão do paciente a fim de diminuir frustrações, arrependimentos e futuras complicações.

REFERÊNCIAS BIBLIOGRÁFICAS

1. Brasil. Ministério da Saúde. Direitos sexuais, direitos reprodutivos e métodos anticoncepcionais. Brasília: Ministério da Saúde; 2009. Disponível em: https://bvsms.saude.gov.br/bvs/publicacoes/direitos_sexuais_reprodutivos_metodos_anticoncepcionais.pdf. Acesso em: abr. 2024.
2. Murakami HAG. Métodos contraceptivos: um panorama sobre o acesso e utilização pelas mulheres no Sistema Único de Saúde. (Trabalho de conclusão de curso). São Paulo: Universidade de São Paulo; 2021.
3. Cariatti N. A história da laqueadura no Brasil. Rev AzMina, 6 de outubro de 2022. Disponível em: https://azmina.com.br/reportagens/a-historia-da-laqueadura-no-brasil. Acessado em: abr. 2024.
4. Brasil. Lei nº 14.443, de 2 de setembro de 2022. Altera a Lei nº 9.263, de 12 de janeiro de 1996, para determinar prazo para oferecimento de métodos e técnicas contraceptivas e disciplinar condições para esterilização no âmbito do planejamento familiar. Brasília, 2022.
5. Finotti M. Introdução aos métodos anticoncepcionais: conceitos. In: Manual de anticoncepção. São Paulo: Federação Brasileira das Associações de Ginecologia e Obstetrícia; 2015. p. 8-11.
6. Silva CMM, Sousa LFP. Contracepção em situações especiais. In: Primo WQSP, Corrêa FJS, Brasileiro JPB (orgs.). Manual de ginecologia da Sociedade de Ginecologia e Obstetrícia de Brasília. 2. ed. Brasília: Luan Comunicação; 2017. p. 137-153.
7. Cwiak C, Berga SL. Contraception. Ontario: DeckerMed; 2014. Disponível em: https://www.medicinanet.com.br/conteudos/acp-medicine/5460/contracepcao_%E2%80%93_carrie_cwiak_sarah_l_berga.htm. Acesso em: abr. 2024.

8. Redação Jornal de Brasília. Novas regras para laqueadura e vasectomia passam a valer nesta segunda-feira, 6. Jornal de Brasília, 6 de março de 2023. Disponível em: https://jornaldebrasilia.com.br/noticias/saude/novas-regras-para-laqueadura-e-vasectomia-passam-a-valer-nesta-segunda. Acesso em: abr. 2024.
9. Araújo AS, Deus RO. A esterilização voluntária como garantia à autonomia corporal e reprodutiva da mulher. Rev Ibero-Am Humanidades Ciênc Educ. 2023;9(11): 1940-52.
10. Brasil. Ministério da Saúde. Laqueadura também é indicada quando a gestação coloca a mulher em risco. 2022. Disponível em: https://www.gov.br/saude/pt-br/assuntos/noticias/2022/outubro/laqueadura-tambem-e-indicada-quando-a-gestacao-coloca-a-mulher-em-risco. Acesso em: abr. 2024.
11. Amando GFS, Araújo FJL. Planejamento familiar e a sua importância para escolha consciente no procedimento de laqueadura tubária: uma revisão de literatura. Fluxo Contínuo. 2022;2(2):7-18.
12. Conselho Federal de Psicologia. Cartilha avaliação psicológica 2022. Disponível em: https://site.cfp.org.br/wp-content/uploads/2022/08/cartilha_avaliacao_psicologica-2309.pdf. Acesso em: mar. 2024.
13. Conselho Federal de Psicologia. Nota Técnica nº 7/2019. Substitui a Nota Técnica nº 5/2019.

14

Avaliação psicológica no contexto de afirmação sexual: adequação vocal

Jessyca Rossi de Lima
Paula Moreira Rovai

INTRODUÇÃO

O objetivo deste capítulo é possibilitar maiores reflexões e discussões acerca da avaliação psicológica no contexto da cirurgia de adequação vocal na população trans, bem como instrumentalizar profissionais da Psicologia para esses atendimentos. No cenário atual, há necessidade de uma maior compreensão sobre os processos que envolvem a patologização de gênero no sentido de desconstruir conceitos enraizados que circundam o tema e sobre o que é tido como "normal" ou "anormal" em nossa sociedade.

TRANSEXUALIDADE

A transexualidade é "uma experiência identitária, caracterizada pelo conflito com as normas de gênero".[1] Pessoas transexuais são aquelas que não se identificam com o gênero de nascimento a elas atribuído.

Historicamente, a Medicina e a Psicologia protagonizaram estudos sobre os gêneros e foi constituída a ideia de que quaisquer trânsitos entre a binariedade (masculino e feminino) de gêneros são patológicos a partir da perspectiva dessas ciências.[1]

É nesse sistema binário que se:

> [...] produz e reproduz a ideia de que o gênero reflete, espelha o sexo e que todas as outras esferas constitutivas dos sujeitos estão amarradas a essa determinação social: a natureza constrói a sexualidade e posiciona os corpos de acordo com as supostas disposições naturais.[1]

Somente no mês de maio de 2019 a classificação da transexualidade como um transtorno mental foi retirada da Classificação Internacional de Doenças (CID) da OMS,[2] em sua 11ª edição, deixando de ser considerada uma doença após 28 anos descrita como tal. Nessa edição mais recente, a transexualidade passou a ser considerada uma "condição relacionada à saúde sexual", sendo também classificada como uma "incongruência de gênero" – não mais considerada uma doença ou desvio, mas uma questão de identidade.

CUIDADOS DE SAÚDE À PESSOA TRANS NO BRASIL

No Sistema Único de Saúde (SUS), foi instituído em 2008 o Processo Transexualizador, por meio da Portaria nº 1.707/2008 e da Portaria nº 457/2008, posteriormente redefinido e ampliado por meio da Portaria nº 2.803/2013. Trata-se de um aparelho de políticas públicas no rol da saúde pública brasileira que oferece um conjunto de procedimentos e assistências à comunidade de pessoas transexuais no Brasil. Esses dispositivos possibilitam que a população-alvo tenha como garantia o direito ao uso do nome social, acompanhamento psicológico e psiquiátrico, acompanhamento nutricional, acompanhamento fonoaudiológico e procedimentos de diferentes graus de complexidade para o processo de modificações corporais.[3]

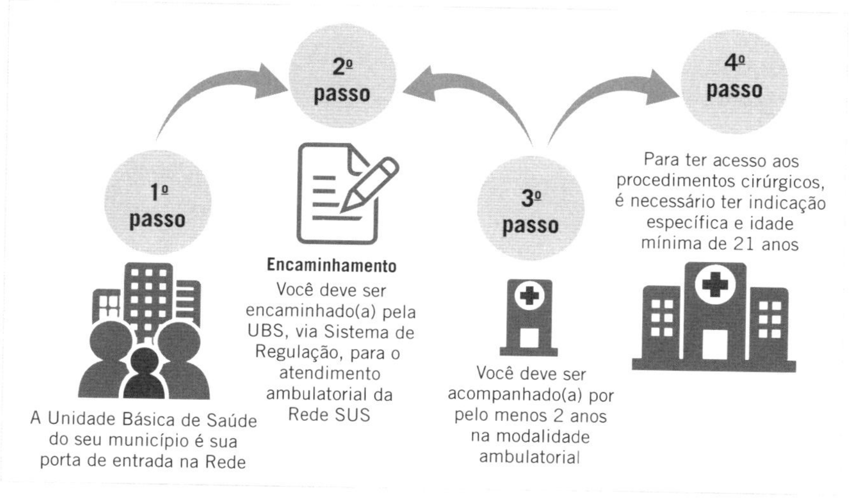

FIGURA 1 Caminho de acesso para a população trans iniciar o processo transexualizador nos dispositivos do Sistema Único de Saúde (SUS).
Fonte: adaptada de Santos, 2021.[4]

Hormonização

O processo de hormonização é a intervenção mais desejada pelos indivíduos em processo de afirmação sexual. Trata-se de uma intervenção medicamentosa muito adotada por pessoas transexuais e travestis cujo objetivo é promover o processo de afirmação e expressão do gênero com o qual a pessoa se identifica. Essa intervenção contribui para algumas das mudanças corporais do processo, muitas vezes consideradas essenciais para que o indivíduo se sinta em congruência com seu gênero, e, portanto, aumenta a autoestima, promove melhora da saúde mental, diminui os riscos de desenvolvimento ou agravo de transtornos mentais como ansiedade e depressão, e minimiza o risco de tentativa de suicídio.[5]

Assim como outros tratamentos que envolvem medicamentos, a hormonização tem riscos e efeitos colaterais. Por isso, é importante que essa intervenção seja feita com acompanhamento com equipe multidisciplinar, em especial com as áreas de Endocrinologia e Psicologia, podendo também incluir a Ginecologia e a Psiquiatria quando necessário. No Brasil, conforme determinação da Resolução CFM nº 2.265/2019, a hormonização é realizada apenas a partir dos 16 anos de idade e, quando ainda são menores de idade, exige consentimento legal de ao menos um responsável.[3]

Cirurgias

Pessoas trans e travestis podem se sentir muito desconfortáveis com seus corpos e, eventualmente, desejam realizar cirurgias reparadoras de algum tipo para minimizar a disforia. As modificações físicas desejadas variam muito de pessoa para pessoa, mas, de maneira geral, resultam em melhor qualidade de vida, pois aliviam desconfortos e incômodos com os corpos e, consequentemente, melhoram a saúde mental dessa população. A noção de que esses procedimentos podem produzir a leitura e a legitimação social desejada para uma pessoa trans faz com que eles sejam capazes de gerar, além dessa segurança social, um aumento da autoestima e a "permissão" social que buscam – eventualmente durante toda uma vida – para serem quem de fato são.

A espera mínima para procedimentos cirúrgicos pelo SUS é de oito anos, o que faz com que a maioria dessa população busque por procedimentos na rede particular de saúde, aos quais têm acesso de formas variadas (recursos próprios, financiamento coletivo *online* e/ou auxílios do plano de saúde). Geralmente, os convênios médicos negam esses procedimentos, e uma batalha judicial se inicia. Fica claro, portanto, que, embora existam políticas públicas que visam incluir essa população, o acesso oferecido a classes sociais menos favorecidas não contempla quem de fato precisa fazer uso de um sistema de saúde universal e que ampare a todos.[3]

Vale destacar, ainda, que qualquer procedimento é permitido apenas a partir dos 18 anos de idade no âmbito particular e após 21 anos no SUS. Além disso, a depender do procedimento a ser realizado, há a exigência de no mínimo um ano de acompanhamento por equipe multiprofissional e interdisciplinar, além do Termo de Consentimento Livre e Esclarecido (TCLE) devidamente explanado, preenchido e assinado, de acordo com a Resolução CFM nº 2.265/2019.[5]

ADEQUAÇÃO VOCAL

A voz é uma das formas de comunicação mais utilizadas pelo ser humano e com ela podemos manifestar nossos desejos, ideias, experiências, questionamentos e emoções. Nenhum ser humano tem a voz igual à de outro – ela faz parte da nossa identidade. Por conta disso, a voz é também um aspecto importante no processo de expressão de gênero, com impacto em diversos setores da vida da pessoa, como o trabalho e as relações sociais.[6]

A cirurgia para adequação vocal é um procedimento ainda pouco realizado dentro do SUS, mas que vem ganhando destaque por conta, principalmente, da demanda de mulheres trans, pessoas transfemininas e travestis, que muitas vezes possuem o desejo da voz ideal.[6]

De acordo com Faustino e Saavedra,

> [...] culturalmente a sociedade associa vozes grossas ao gênero masculino e vozes finas ao gênero feminino, no entanto, para além disso, a voz expressa a identidade e as características psicodinâmicas da pessoa. Refletir, a partir das diferentes percepções sobre comunicação e expressão de gênero, nos possibilita enxergar que para algumas pessoas trans existem dificuldades relacionadas à voz e comunicação que podem ser geradoras de outras barreiras de acesso e sociais. Para além da voz de desejo, é necessário considerar que o Brasil é o país que mais mata pessoas trans no mundo, entendendo que a intervenção fonoaudiológica pode inclusive permear sua segurança de vida.[7]

Para a pessoa trans, portanto, ganha relevo a necessidade de reconhecer seu próprio corpo, juntamente com a anatomia e a fisiologia de seu aparelho fonador. Os ajustes possíveis objetivam mudanças na qualidade da voz. Na puberdade, os meninos passam por uma mudança bastante significativa no ângulo da cartilagem da tireoide, causando um aumento da massa da prega vocal e alteração do *pitch* (propriedade do som que permite classificá-lo como grave ou agudo). Assim, toda e qualquer intervenção hormonal feita anteriormente a esse período de mudanças anatômicas é extremamente importante para minimizar os impactos da mudança vocal em mulheres trans, pessoas transfemininas e travestis, pois, diferentemente do processo aplicado aos homens trans, os hormônios utilizados no processo transexualizador de mulheres trans, pessoas transfemininas e travestis não promovem mudanças na frequência e na qualidade vocal.[8]

Assim, com relação à voz, é importante avaliar sua funcionalidade no dia a dia da pessoa, como uso no trabalho, as relações sociais possivelmente prejudicadas pela restrição de uso da voz e quão próxima ou afastada da voz ideal essa pessoa se encontra. A cirurgia para adequação vocal é considerada quando a hormonização e as técnicas fonoaudiológicas não alcançam o resultado desejado pela pessoa. Todo processo de avaliação no contexto de afirmação sexual, em especial para adequação vocal, deve ser feito com uma equipe multidisciplinar, contando com profissionais de Fonoaudiologia, Psicologia, Psiquiatria, Endocrinologia, Otorrinolaringologia e outras especialidades necessárias para garantir um atendimento humanizado, acolhedor e referenciado para a população. O(a) fonoaudiólogo(a) é quem saberá melhor avaliar, adequar e instrumentalizar a equipe na questão da voz e da adequação vocal de cada paciente, sendo esse(a) profissional muito importante para esse trabalho acontecer.[6]

O procedimento cirúrgico, por sua vez, é realizado por um(a) médico(a) cirurgião(ã) especialista em Otorrinolaringologia. A cirurgia tem duração média de duas horas, sendo necessário repouso vocal de duas semanas para uma boa recuperação, que pode levar cerca de três meses no total.[9]

TABELA 1 Técnicas cirúrgicas mais utilizadas para adequação vocal

Técnica	Descrição
Tireoplastia do tipo III	Tem como objetivo tornar a voz mais grave por meio de um relaxamento das pregas vocais, o que altera a frequência do som emitido
Tireoplastia do tipo IV	Tem como finalidade tornar a voz mais aguda e é feita "esticando-se" as pregas vocais, o que torna o som emitido mais fino
Glotoplastia	É realizada através da boca, diretamente nas cordas vocais, e tem como objetivo tornar o som emitido mais agudo

Fonte: Hospital Paulista de Otorrinolaringologia.[9]

Entre os cuidados pré-operatórios, é necessário que cada pessoa que deseja realizar o procedimento passe por uma avaliação clínica e realize exames para redução de risco e ajuste de medicações e hormônios. Realiza-se uma investigação minuciosa de infecções de vias aéreas e recomenda-se a suspensão do uso de tabaco e álcool nas 2 a 4 semanas prévias ao procedimento. No caso de mulheres trans, também é preconizada a suspensão temporária do uso de estrógenos um mês antes do procedimento para reduzir os riscos de possíveis eventos tromboembólicos.[8]

Embora existam riscos associados ao procedimento, seus benefícios são significativos. Como parte da constituição da identidade, uma voz em desacordo com o que a pessoa vislumbra sobre si (autopercepção) pode acarretar insatisfação com a própria existência, impactando negativamente aspectos físicos, mentais e sociais que interferem na vivência da pessoa no mundo. Ter uma voz em congruência com o gênero com o qual a pessoa se identifica auxilia na diminuição da disforia de gênero e, consequentemente, dos riscos associados a ela. Além disso, considerando-se que o Brasil é o país que mais mata pessoa trans no mundo, ter uma "passabilidade" com a voz é questão de segurança para essa população. Todas essas considerações demonstram o papel importante que a Psicologia desempenha no atendimento à população trans.

AVALIAÇÃO PSICOLÓGICA PARA CIRURGIA DE ADEQUAÇÃO VOCAL

Antes da cirurgia para adequação vocal, há a possibilidade de se realizar uma avaliação e o acompanhamento psicológico das pessoas trans que desejam o procedimento. A avaliação psicológica é um processo técnico-científico composto por instrumentos, métodos e técnicas que avaliam aspectos psicológicos e sua adequação a uma finalidade específica, geralmente utilizada para pautar uma tomada de decisão.[10] No contexto anterior à cirurgia para ajuste vocal, a avaliação psicológica pode ter diferentes objetivos, como entender as vivências daquele paciente no gênero, o qual se identifica bem como suas principais disforias com os caracteres secundários do seu gênero designado ao nascer, compreender as expectativas do indivíduo em relação ao procedimento e no pós-cirurgia, além de mapear eventuais questões psicopatológicas e possíveis hábitos nocivos. Mas em todos os casos é importante que a pessoa tenha um espaço para expressar suas emoções, entender suas motivações e alinhar suas expectativas com as possibilidades de resultado da cirurgia. Além disso, é necessário que o(a) profissional tenha experiência com a temática de sexualidade e gênero, para que possa abordar os critérios sob esta ótica durante a avaliação e, ao mesmo tempo, garantir um ambiente acolhedor e sem julgamentos, que permita a seu(ua) entrevistado(a) relatar perspectivas e vivências de não conformidade com seu gênero designado ao nascer e vivências de disforia, fator essencial para uma avaliação completa do cenário da variabilidade de gênero.

Para o mapeamento inicial, recomenda-se que seja realizado um atendimento de 30 a 60 minutos na forma de entrevista semiestruturada, com perguntas sobre identidade de gênero, história de vida e histórico psicopatológico, hábitos nocivos (uso abusivo de álcool e drogas ilícitas), expectativas e motivações para o procedimento, adesão ao tratamento e construção de rede de apoio familiar ou social. A Tabela 2 apresenta questionamentos que podem compor a entrevista inicial.

TABELA 2 Proposta de entrevista inicial

Temas	Perguntas
Do processo de afirmação sexual	Desde quando se entende como uma pessoa trans? Como e quando iniciou seu processo de afirmação sexual e como tem sido seu trajeto até hoje? Como nota as disforias? Deixa de fazer algo por conta delas? Deseja fazer hormonização? Já pensou em realizar algum processo de intervenção cirúrgica? Qual é a relação entre o estágio de sua transição e o uso de hormônios e/ou intervenções cirúrgicas? Caso deseje realizá-la, quais são suas expectativas para depois da cirurgia?
Expectativas e aspectos motivacionais	O que sabe sobre a cirurgia para adequação vocal? Qual a sua motivação para realizar a cirurgia para adequação vocal? Quais são suas expectativas para depois da cirurgia?
Suporte social e rede de apoio	Como são seus relacionamentos interpessoais, com familiares e amigos? E no trabalho? Como são as vivências no gênero com o qual se identifica? E as vivências de sua sexualidade? Possui problemas de saúde física e/ou mental?

Também é importante verificar questões jurídicas e solicitar um breve histórico pessoal, em especial sobre as disforias.
Fonte: elaborada pelas autoras.

Depois da entrevista inicial, sugere-se a utilização de instrumentos psicológicos (testes e escalas) para auxiliar na identificação de aspectos subjetivos, emocionais, comportamentais e de adaptabilidade. Embora não haja uma bateria de instrumentos específica para essa avaliação, podem ser utilizados instrumentos psicológicos que abarquem aspectos relativos aos padrões comportamentais e aos traços da personalidade, humor, adaptação a mudanças e imprevistos, e capacidade de enfrentamento, bem como fatores que impactam esse processo. Alguns exemplos são citados na Tabela 3. É importante destacar que cada profissional atua em diferentes realidades e a opção de utilização dos instrumentos sugeridos pode ser adaptada.

TABELA 3 Relação de instrumentos psicológicos recomendados no contexto anterior à cirurgia de adequação vocal

Instrumento psicológico	Descrição
Inventário de depressão de Beck, segunda edição (BDI-II)[11]	Questionário autoperceptivo composto por 21 questões de múltipla escolha contendo afirmações que descrevem sintomas de depressão em adultos. Em cada questão, o indivíduo indica o grau de sintomas depressivos vivenciados nos últimos 15 dias. A soma total dos itens indica o grau de depressão, classificado em mínima, leve, moderada e grave
Inventário de ansiedade de Beck (BAI)[11]	Questionário autoperceptivo composto por 21 questões de múltipla escolha sobre situações que abrangem uma variedade de sintomas relacionados à ansiedade, tanto físicos quanto psicológicos. Em cada questão, o indivíduo indica o grau de ansiedade que foi vivenciado por ele nos últimos dias, que pode variar de 0 (sintoma não experimentado) a 3 (sintoma experimentado em alta intensidade). A soma total dos itens indica o grau de ansiedade
Instrumento de avaliação de qualidade de vida da Organização Mundial da Saúde (WHOQOL-100)[12]	Questionário composto por 100 questões referentes a seis domínios: físico, psicológico, nível de independência, relações sociais, meio ambiente e espiritualidade/crenças pessoais/religiosidade, utilizado para avaliação de qualidade de vida do indivíduo

continua

TABELA 3 Relação de instrumentos psicológicos recomendados no contexto anterior à cirurgia de adequação vocal (*continuação*)

Instrumento psicológico	Descrição
Teste de apercepção temática (TAT)[13]	Técnica projetiva composta por 31 pranchas que abordam diversas temáticas sociais e de relacionamento interpessoal. O sujeito elabora histórias a partir das pranchas apresentadas, projetando, assim, seus conteúdos subjetivos, vivências e experiências. Possibilita a avaliação de conteúdos psicodinâmicos e aspectos da personalidade

Fonte: elaborada pelas autoras.

Entre os instrumentos sugeridos, o inventário WHOQOL-100 não é um instrumento de uso exclusivo do(a) psicólogo(a), mas pode ser usado como ferramenta de suporte, pois dá indícios de aspectos da qualidade de vida do indivíduo.

Além das etapas mencionadas, o processo de avaliação pode variar de acordo com as necessidades e demandas do paciente. Em geral, não é possível finalizar toda a avaliação em um único atendimento, pois deve ser também um espaço de reflexão e preparo para a pessoa. Assim, sugere-se a realização de cerca de seis atendimentos, que podem ser estruturados conforme os objetivos e a aplicação dos instrumentos, sendo o último reservado para a devolutiva do processo de avaliação. A quantidade de atendimentos pode ser estendida caso o(a) profissional observe que o(a) paciente pode se beneficiar disso ou necessita de um tempo maior de preparo.

Ao finalizar a aplicação da avaliação, o profissional deve elaborar o laudo psicológico, estruturado de acordo com a Resolução CFP nº 06/2019.[14] A Tabela 4 resume os elementos necessários nessa estrutura. Após o término da avaliação e mediante parecer favorável para realizar a cirurgia, o(a) paciente poderá dar continuidade a seu processo de preparo com outras especialidades, caso ainda não o tenha iniciado, e realizar os exames recomendados.

Em um cenário desfavorável para realização da cirurgia, como a presença de expectativas desalinhadas com a realidade do procedimento, incompreensão acerca do processo, abuso de substâncias que possam comprometer o autocuidado após a cirurgia, transtornos psiquiátricos agravados e diagnóstico de doenças neurológicas não estáveis, o(a) profissional poderá contraindicar o procedimento. Nesse caso, é necessário apresentar condutas a serem

TABELA 4 Proposta de laudo psicológico para o contexto anterior à cirurgia de adequação vocal

Identificação	Dados do paciente e do(a) autor(a) da avalição
Descrição da demanda	Descrição do motivo da realização da avaliação
Procedimento	Detalhamento dos atendimentos (número, instrumentos utilizados e seus objetivos)
Análise	Articulação da demanda com a história de vida e os resultados encontrados a partir dos instrumentos; é importante discorrer sobre as expectativas e motivações percebidas
Conclusão	Decisão sobre a liberação para realizar a cirurgia ou não, bem como outras condutas a serem adotadas, como encaminhamentos para psicoterapia, psiquiatria etc. e, em caso de negativa para o procedimento, previsão sobre novas avaliações futuras
Referências bibliográficas	Referências bibliográficas dos instrumentos utilizados

Fonte: elaborada pelas autoras, de acordo com a Resolução CFP 06/2019.[14]

tomadas de acordo com a necessidade observada, como encaminhamentos para psicoterapia e acompanhamento com outras especialidades. Também é indicado que o(a) profissional realize uma nova avaliação posteriormente para verificar se os aspectos que contraindicaram a cirurgia tornaram-se mais favoráveis após o paciente realizar as condutas indicadas. Para tanto, é importante destacar o tempo de retorno no primeiro documento.

CONSIDERAÇÕES FINAIS

No contexto anterior à cirurgia de adequação vocal, a avaliação psicológica tem relevância especial, pois permitirá que a pessoa entre em contato com sua história e as emoções que permeiam seus desejos e, por outro lado, que a equipe planeje manejos para a melhor adaptação.

A trilha de uma assistência adequada e acolhedora para a população trans está em construção no Brasil, e as políticas públicas necessárias ainda estão longe de serem suficientes para toda essa população. Ainda são muitos os caminhos a serem descobertos e conquistados, porém, aos poucos, a rede vai se criando e se fortalecendo. Nesse cenário, despatologizar a variabilidade de gênero é urgente.

Por fim, é importante deixar a seguinte reflexão:

> O fenômeno trans não pertence a ninguém. Quem é sabe como se desenvolve e como a sociedade lida, diariamente, com as pessoas e o fenômeno trans. Mas isso não faz com que possam ser os únicos a falar, apoiar, defender, exigir e acolher (...). Entidades ou associações trans existem para defender de maneira ampla TODAS as iniciativas de inclusão e acesso, não só à saúde, mas também à educação digna e inclusiva e a outros direitos. Quem está junto, acompanha e participa também tem essa mesma obrigação e direitos, associado ao dever de não se fechar numa única forma de entendimento ou de linguajar, mas poder ser inclusiva a todos que trabalham diariamente para fazer desse tema algo presente, visível e respeitado.[15]

REFERÊNCIAS BIBLIOGRÁFICAS

1. Bento B. O que é transexualidade? São Paulo: Brasiliense; 2008.
2. Conselho Federal de Psicologia. Transexualidade não é transtorno mental, oficializa OMS. 22 de maio de 2019. Disponível em: https://site.cfp.org.br/transexualidade-nao-e-transtorno-mental-oficializa-oms. Acesso em: abr. 2024.
3. Brasil. Ministério da Saúde. Portaria nº 2.803, de 19 de novembro de 2013. Redefine e amplia o Processo Transexualizador no Sistema Único de Saúde (SUS). Brasília, 2013.
4. Santos RS. Cartilha nacional de serviços públicos de saúde para a pessoa trans: rede de serviços ambulatoriais e hospitalares especializados. In: Tavares D, Leal B. Visibilidade trans no Brasil: lutas e conquistas no campo da saúde pública. Itabuna: Universidade Federal do Sul da Bahia; 2021.
5. Brasil. Ministério da Saúde. Secretaria de Gestão Estratégica e Participativa. Departamento de Apoio à Gestão Participativa. Transexualidade e travestilidade na saúde. Brasília: Ministério da Saúde; 2015. Disponível em: https://bvsms.saude.gov.br/bvs/publicacoes/transexualidade_travestilidade_saude.pdf. Acesso em: abr. 2024.
6. Dantas AB. Relação entre a voz e a expressão de gênero: a percepção de pessoas transexuais. (Dissertação de mestrado). Brasília: Universidade de Brasília; 2017.
7. Faustino KAKS, Saavedra MC. Fonoaudiologia e incongruência de gênero. In: Saadeh A, Scivoleto S (coords.). Incongruência de gênero: infância, adolescência e fase adulta da vida. Santana de Parnaíba: Manole; 2024. p. 185-91.
8. Ciasca SV, Hercowitz A, Junior AL. Saúde LGBTQIA+: práticas de cuidado transdisciplinar. Barueri: Manole; 2021.
9. Hospital Paulista de Otorrinolaringologia. Conheça a tireoplastia, cirurgia capaz de deixar a voz mais grave ou aguda. Disponível em: https://www.hospitalpaulista.com.br/

conheca-a-tireoplastia-cirurgia-capaz-de-deixar-a-voz-mais-grave-ou-aguda. Acesso em: abr. 2024.

10. Conselho Federal de Psicologia. Cartilha avaliação psicológica 2022. Disponível em: https://site.cfp.org.br/wp-content/uploads/2022/08/cartilha_avaliacao_psicologica1.pdf. Acesso em: mar. 2024.
11. Cunha JA (trad.). Manual da versão em português das escalas Beck. São Paulo: Casa do Psicólogo; 2001.
12. Fleck MPA. O instrumento de avaliação de qualidade de vida da Organização Mundial da Saúde (WHOQOL-100): características e perspectivas. Rev Ciênc Saúde Coletiva. 2000;5(1).
13. Murray HA. TAT: teste de apercepção temática. 3.ed. São Paulo: Casa do Psicólogo; 2005.
14. Conselho Federal de Psicologia. Resolução nº 06, de 29 de março de 2019. Institui regras para a elaboração de documentos escritos produzidos pela(o) psicóloga(o) no exercício profissional e revoga a Resolução CFP nº 15/1996, a Resolução CFP nº 07/2003 e a Resolução CFP nº 04/2019.
15. Saadeh A. Desafios. In: Saadeh A, Scivoleto S (coords.). Incongruência de gênero: infância, adolescência e fase adulta da vida. Santana de Parnaíba: Manole; 2024. p. 455-6.

15

Contribuições da Psicologia na prática de cuidados paliativos e a importância da bioética

Lílian Rodrigues Ferreira de Souza

INTRODUÇÃO

Diante do diagnóstico de uma doença grave, que insere o indivíduo em uma posição de impotência frente à revelação de uma situação ameaçadora, o plano de cuidado deve ser focado em, além de curar, amenizar o sofrimento que afeta todas as dimensões (física, psicológica, social e espiritual) do sujeito e daqueles que estão em seu entorno. Nesse contexto, entra em cena a modalidade conhecida como cuidado paliativo, que contempla esse olhar ao paciente e seus familiares desde o diagnóstico da doença até seu desfecho.

O modelo de cuidados paliativos visa proporcionar medidas de conforto e maior qualidade de vida durante o enfrentamento de uma enfermidade considerada grave, como neoplasias, doenças cardiovasculares, doença pulmonar obstrutiva crônica, aids e algumas doenças de origem genética, degenerativas e progressivas, independentemente da idade do(a) paciente.

CUIDADOS PALIATIVOS

A modalidade de cuidado paliativo é oferecida junto com o tratamento da doença de base do paciente, contemplando um cuidado mais amplo do(a) paciente que tem como principal foco abarcar todas as dimensões do sofrimento humano no período de adoecimento. Baseia-se no fato de que, para além dos sintomas físicos, o(a) paciente e sua família também podem apresentar sofrimento emocional, social e espiritual, necessitando de cuidados específicos de outros profissionais além do médico, como psicólogo(a), assistente social, enfermeiro(a), nutricionista, fisioterapeuta, terapeuta ocupacional, entre outros.

Em 2002, a Organização Mundial da Saúde definiu cuidados paliativos como:

> Assistência promovida por uma equipe multidisciplinar que objetiva a melhoria da qualidade de vida do paciente e seus familiares, diante de uma doença que ameace a vida, por meio da prevenção e alívio do sofrimento, por meio de identificação precoce, avaliação impecável e tratamento de dor e demais sintomas físicos, sociais, psicológicos e espirituais.[1]

Perante a complexidade dos casos acompanhados e a partir de uma proposta de cuidado humanizado, a atuação em equipe de cuidados paliativos deve ser baseada em um modelo de trabalho interdisciplinar, no qual há a troca e a união de saberes entre todos os profissionais que compõem a equipe, a fim de oferecer um cuidado com foco na integralidade do paciente, visando a promoção de seu bem-estar global.[2] Dessa forma, cada área do saber tem relevância para o(a) paciente e seus familiares, que quase sempre se apresentam em situação de vulnerabilidade perante o diagnóstico informado.

CONTRIBUIÇÕES DA PSICOLOGIA NOS CUIDADOS PALIATIVOS

De maneira geral, o diagnóstico de uma doença grave e, por vezes, sem possibilidade de cura anuncia ao indivíduo algo impensável até então: a possibilidade de sua morte. Essa situação fragiliza o(a) paciente e sua família, acarretando questionamentos e sofrimento emocional que se manifestam por meio de inúmeros sentimentos, como medo, impotência, insegurança, raiva, entre outros. Cada pessoa irá vivenciar e manifestar o sofrimento relacionado ao adoecimento e às suas consequências de maneira singular, por isso o plano de cuidado da equipe multidisciplinar sempre deve ser individualizado.

Ao se deparar com a possibilidade de morte, o ser humano experimenta uma intensa desorganização emocional. De acordo com o saber psicanalítico, isso ocorre porque para o inconsciente não há a representação da experiência do morrer e, portanto, grosso modo, pensar nisso é uma tarefa bastante difícil.[3] Por mais que não se possa ignorar os fatos de que o ser humano é finito e sua morte pode acontecer a qualquer momento ou, ainda, de que há grandes riscos de ela acontecer diante do diagnóstico de uma doença grave, essa situação coloca o sujeito de frente com a realidade de ter que lidar constantemente com essa ameaça de perda da sua vida. Então, a partir da ideia de que a morte deixa de ser um evento distante, que acontece somente com o outro, e da possibilidade ou realidade próxima de que a morte aconteça, se faz necessário auxiliar o sujeito em seu processo de ressignificação dessa situação, transformando-a em um fenômeno de experiência pessoal em vez de um fracasso.[4]

A fim de favorecer esse processo, o(a) paciente e seus familiares necessitam de um espaço onde possam expor e elaborar os diversos sentimentos despertos com a descoberta da possibilidade de finitude. O papel do(a) profissional da Psicologia é justamente estar ao lado, tanto do(a) paciente quanto de seus familiares, nesse momento, para oferecer um lugar de acolhimento e escuta, além de auxiliá-los, por meio de técnicas psicológicas, a lidar com a nova fase.

A forma com que o trabalho da Psicologia se constitui nesse contexto é única e vai diferir da proposta terapêutica de outros profissionais, pois, por conta da subjetividade de cada indivíduo, o(a) psicólogo(a) não tem como prever exatamente o destino de sua proposta terapêutica. Além disso, não há ferramentas concretas disponíveis para que esse trabalho possa sanar o sofrimento emocional do paciente de forma rápida, algo como um remédio que acabe ou reduza os sintomas em pouco tempo. Assim, o(a) psicólogo(a) deve ter a capacidade de lidar com o imprevisível e se implicar junto ao(à) paciente no processo psicoterapêutico de forma genuína e sustentá-lo(a) para favorecer a construção de uma relação segura na qual o(a) paciente, talvez, consiga encontrar recursos internos para enfrentar o momento atual.[4]

Entrevista inicial

Em muitos casos, o apelo pelo acompanhamento psicológico pode ocorrer por solicitação da equipe médica, que sinaliza os sintomas emocionais observados, como "paciente ansioso(a)" ou "paciente mais entristecido(a)", idealizando que esses sentimentos negativos sejam tratados e curados rapidamente. É importante que o(a) profissional da Psicologia tenha ciência de que considerar a subjetividade de cada paciente envolve escutá-lo(a) para além da queixa de quem solicita o cuidado psicológico, pois nem sempre o que a equipe apresenta como demanda se constitui como tal para o(a) paciente e seus familiares. Nesse sentido, tanto o(a) psicólogo(a) quanto a equipe médica devem se abster de seus ideais terapêuticos.[5]

Independente das questões emocionais que cada paciente apresentará no decorrer do processo, o primeiro contato entre profissional e enfermo(a) é um momento crucial para que seja iniciado o estabelecimento de um vínculo positivo, por isso em todos os casos será importante conhecer a história do paciente. Cada profissional irá atuar de maneira singular com esse objetivo, mas, usualmente, por meio de entrevistas é possível coletar as informações necessárias para auxiliar na condução das intervenções psicológicas nos demais atendimentos.

Com a finalidade de conhecer o(a) paciente, recomenda-se, no primeiro contato com o(a) paciente, a realização de uma entrevista de livre estruturação, cujo formato é flexível, mas que deve ser estruturada pelo(a) psicólogo(a) a partir do conhecimento do objetivo que deseja alcançar. Por meio da interação facilitada pela entrevista, ocorrerá a construção de um diálogo entre paciente e psicólogo(a) que contribui para a percepção global do(a) profissional acerca de vários aspectos do(a) paciente no momento atual.

Na Tabela 1, podem ser observados alguns tópicos essenciais a serem abordados durante uma entrevista inicial com o paciente inserido em cuidado paliativo e seus objetivos.

Atendimento psicológico

Após a entrevista inicial e a partir da constituição do vínculo terapêutico estabelecido entre profissional e paciente, além do tema "possibilidade de morte", aos poucos vão sendo apresentadas mais demandas emocionais

TABELA 1 Modelo de entrevista inicial em cuidados paliativos

Tópico	Objetivos
Biografia	Conhecer o indivíduo e sua percepção de mundo (geralmente, é o primeiro contato com o paciente)
Rede de suporte/ relação interpessoal	Compreender a relação do paciente com as pessoas que são designadas como sua rede de suporte
Espiritualidade	Entender a relação do paciente com o seu Sagrado e o seu propósito de vida; é também uma importante dimensão para abordar temas como luto e morte
Conhecimento sobre a doença	Investigar o conhecimento que o paciente tem acerca da doença e sua relação com o diagnóstico, o tratamento e o prognóstico
Relação com a equipe	Entender como se dá a relação do(a) paciente com a equipe que o(a) acompanham desde seu diagnóstico

Fonte: elaborada pela autora.

durante os atendimentos psicológicos, que devem ser acolhidas e trabalhadas nesse espaço de cuidado propiciado, afinal o objetivo dos cuidados paliativos é proporcionar qualidade de vida quando há o diagnóstico de uma doença grave, independentemente de o paciente estar ou não em fase de fim de vida. Algumas dessas demandas podem estar atreladas à dificuldade para lidar com a mudança de rotina consequente ao diagnóstico da doença, aos desafios enfrentados perante a necessidade de reorganização de papéis no núcleo familiar, ao distanciamento dos familiares quando da internação ou até mesmo a dificuldades relacionadas aos processos de tomadas de decisão no que concerne a saúde, o tratamento e sua vida a partir da nova realidade desvelada com o diagnóstico.

BIOÉTICA

O processo de tomadas de decisão em cuidados paliativos, em especial, pode ser um tema gerador de muitas dúvidas no atendimento psicológico de pacientes em cuidados paliativos. Isso se deve à complexidade envolvida em assegurar a pacientes gravemente enfermos seu poder de autonomia para decidir sobre seu tratamento e questões que envolvem sua própria morte.[6] Por isso, para que não haja interferências dos vieses pessoais, a equipe deve guiar suas práticas considerando os princípios da bioética. Essa área de estudo interdisciplinar discute os problemas e as questões morais e éticas relacionados às ações que abordam seres vivos, como pesquisas, uso de células-tronco, uso de animais em experimentos, eutanásia, entre outros.

A bioética é fundamental e tem lugar de destaque no âmbito dos cuidados paliativos. O avanço da tecnologia na área da saúde possibilita aos profissionais de saúde ocuparem um lugar de onipotência diante da proximidade da morte, com intervenções capazes de promover um prolongamento de vida a qualquer custo. Nesse cenário e em outros que demandam reflexões complexas sobre as ações em saúde, é a bioética que deve nortear os profissionais para assumirem condutas imparciais e adequadas diante dos dilemas que surgem.

De acordo com a OMS, os cuidados paliativos são regidos por princípios, entre os quais se destacam reafirmar a vida e a morte como processos naturais e não apressar ou adiar a morte.[7] Esses princípios divergem do modelo sacerdotal da prática médica, que encara a morte como um fracasso, e do modelo de formação curativo, no qual pode haver, p. ex., o favorecimento da prática de distanásia, em que a vida de um(a) paciente portador(a) de uma doença incurável é prolongada por meios artificiais, trazendo intenso sofrimento tanto para o indivíduo quanto para sua família.

É fundamental, portanto, que os profissionais da área da saúde possam orientar suas práticas levando em consideração a teoria principialista que rege a bioética, em que Beauchamp e Childress propõem quatro princípios: respeito à autonomia, beneficência, não maleficência e justiça.[8]

O princípio da autonomia garante ao paciente capacitado o direito de fazer suas próprias escolhas com relação aos assuntos que afetam sua vida; assim, qualquer decisão ou ato médico deve ser informado de forma antecipada, por meio de uma comunicação adequada, para que o(a) paciente possa ter total ciência para autorizá-lo ou não. Levando em consideração esse princípio, alguns pacientes optam por deixarem registrados formalmente seus desejos com relação às tomadas de decisão, para que os familiares próximos ou pessoas de sua confiança e os profissionais da saúde possam segui-los, mesmo quando não for mais possível sua manifestação. Esse registro pode ser elaborado em um documento conhecido como Diretivas Antecipadas de Vontade, que existe em todos os estabelecimentos do sistema de saúde e é disponibilizado pelo Registro Nacional de Testamento Vital (RENTEV), devendo ser acompanhado de cópia autenticada de documento de identificação do declarante e das demais pessoas citadas. Esse documento pode ser consultado pela equipe de saúde quando o(a) paciente estiver impossibilitado(a) de se comunicar e deve ser seguido desde que as vontades do enfermo estejam de acordo com os preceitos éticos da Medicina.[9,10]

A Figura 1 apresenta o modelo de documento de Diretivas Antecipadas de Vontade que consta na obra *Diretivas Antecipadas de Vontade*, do Conselho Federal de Medicina, elaborado pela Associação Portuguesa de Bioética.[10]

A elaboração das Diretivas Antecipadas de Vontade é um tema que pode causar dúvidas, comoção e até conflitos entre o(a) paciente e seus familiares, por isso é importante que a equipe médica possa auxiliar os envolvidos, transmitindo as informações pertinentes ao estado de saúde do paciente, além de estabelecer uma comunicação clara sobre o tratamento e o prognóstico da doença. Nesse contexto, o(a) psicólogo(a) também pode auxiliar paciente e familiares, permitindo que tenham o espaço reservado para poderem externalizar os pensamentos e sentimentos provocados pelo tema em questão e tomar suas decisões de forma consciente e segura.

O princípio da beneficência, por sua vez, garante ao paciente o bom atendimento por meio de ações positivas e benéficas que tenham como objetivo o respeito à vida com vistas à prevenção e à remoção de danos, por meio da Ciência e de seus representantes. Esse princípio está atrelado ao da não maleficência, que reforça a ideia de que a Medicina não pode ser utilizada para prejudicar ou causar mal às pessoas e deve ser aplicada para trazer o alívio do sofrimento ao paciente e, sempre que possível, restabelecer sua saúde.[11]

Documento de Diretivas Antecipadas de Vontade

Nos termos da lei este documento de Diretivas Antecipadas de Vontade contém o "testamento vital", no qual a vontade do declarante no que diz respeito aos cuidados de saúde que deseja ou não receber em fase de incapacidade para prestar consentimento válido e atual é redigida em uma declaração escrita. A lei não exige esse modelo concreto de Documento de Diretivas Antecipadas de Vontade, podendo o declarante optar por outra formulação. Para ser eficaz, o declarante deve entregar um exemplar desse documento ao seu médico assistente, a familiares e/ou amigos e/ou proceder a sua inscrição no Registro Nacional de Testamento Vital (Rentev). Para o preenchimento desse documento, deve procurar aconselhamento médico adequado, devendo ser assinado ou na presença de um notário ou de um funcionário do Rentev com competência para o efeito. Eu, __________ ______________________________, portador(a) do documento de identificação nº ____________, nascido(a) a ____ de ______________ de ________, residente em ______________________________, código postal ____________, de nacionalidade ______________, telefone ______________, declaro que se em alguma fase da minha vida o meu médico determinar que eu tenha uma doença incurável ou terminal e que a utilização de meios de diagnóstico e tratamento apenas sirva para prolongar artificialmente o processo de morte, determino que esses procedimentos extraordinários e desproporcionados sejam suspensos ou, de preferência, que não sejam iniciados, e que seja permitida a evolução natural da minha doença, sendo apenas providenciados os cuidados paliativos necessários para o meu conforto ou para o alívio das dores e sofrimento. (Opção: determino especificamente que ______________________________

____

____

____

____).

Na ausência de capacidade da minha parte para, de um modo informado e esclarecido, consentir a utilização de meios extraordinários e desproporcionados de tratamento, é minha vontade que esta declaração seja respeitada pela minha família e pela equipe médica enquanto expressão final do meu direito de recusa de tratamento e de aceitar as consequências desta decisão. Esta Diretiva Antecipada de Vontade deve continuar a produzir efeito apesar do meu estado de incapacidade. Ao assinar abaixo, indico que estou emocional e mentalmente competente para efetuar essa diretiva antecipada de vontade e que entendo o objetivo, o alcance e as consequências desse documento.

______________	______________________________
Data	Assinatura do declarante

O declarante assinou este Documento de Diretivas Antecipadas de Vontade na minha presença, não sendo eu cônjuge ou familiar do declarante.

______________________		______________________________
Assinatura do Notário	e/ou	Assinatura do Funcionário do Rentev

FIGURA 1 Modelo de documento de Diretivas Antecipadas de Vontade.
Fonte: Nunes, 2016.[10]

Ao considerar pacientes com doença em estágio avançado, é inevitável não pensar nesses dois princípios, uma vez que, diante da impossibilidade de cura, em muitos casos há investimento em recursos que não irão reverter o quadro do enfermo, o que se caracteriza como obstinação terapêutica. Muitos profissionais seguem adiante com essa conduta por acreditarem que estarão deixando de oferecer suporte adequado ao paciente caso não o façam. Esse tema é delicado e requer um manejo cuidadoso e ético do(a) profissional, bem como uma relação próxima com a família para que se possa encontrar um equilíbrio entre a beneficência e a não maleficência em cada caso, visando sempre o melhor interesse do(a) paciente.

Por fim, há ainda o princípio de justiça, que leva em consideração a equidade e busca assegurar uma atuação profissional imparcial, a fim de garantir o direito de assistência à saúde independentemente dos aspectos religioso, financeiro, cultural, social ou de qualquer outra ordem.[12]

Há, infelizmente, fatores externos complexos que fazem parte de nossa realidade, como a superlotação do serviço de saúde público, que dificultam a garantia de alguns direitos. Esse princípio independe de tais questões, reiterando que o profissional sempre deve ter como um dos pilares de sua atuação a ética com o paciente.

CONSIDERAÇÕES FINAIS

Os princípios da bioética são de extrema importância e devem auxiliar os profissionais na conduta de cada caso para atuarem de forma imparcial, individualizada e respeitosa, contribuindo notadamente para a melhor assistência direcionada ao(à) paciente inserido(a) em cuidados paliativos e sua família, em razão da complexidade dos casos e das dúvidas que podem surgir quanto a questões relacionadas morais e valores nesse contexto. Além disso, também têm um papel fundamental para o(a) paciente, garantindo sua inserção como sujeito ativo a ser considerado para além de um corpo doente.

Essas contribuições se estendem também à prática do(a) profissional de Psicologia que integra a equipe, pois, além de nortear sua conduta, os princípios da bioética estão em consonância com o fazer da Psicologia. Nesse sentido, alguns princípios presentes no *Código de Ética Profissional do Psicólogo*[13] merecem destaque, como: atuação baseada em respeito, igualdade e integralidade; promoção da saúde e da qualidade de vida; e combate à violência, à negligência e à discriminação. Sem o cuidado baseado nessas premissas, é impossível cuidar e promover a saúde mental.

Os possíveis manejos psicológicos requerem, além da competência técnica, que é imprescindível também a prática baseada em todos os princípios que permeiam a atuação do(a) profissional inserido(a) na área da saúde para que o(a) paciente e sua família recebam a melhor assistência possível em um momento de tamanha fragilidade.

Para além disso, por mais que a bioética ofereça um norte aos profissionais que compõem a equipe de cuidados paliativos para as suas intervenções e promova maior integração entre as condutas dos diferentes membros da equipe, é importante refletir sobre o fato de que atuar nessa área requer um preparo para lidar com temas como luto, sofrimento e morte. É necessária a compreensão de que os cuidados paliativos não dizem respeito apenas a pacientes em fase final de vida, pois envolvem a assistência promovida ao indivíduo que está vivo e que necessita de cuidados para poder viver da melhor forma até seu último suspiro, sem que haja antecipação ou prolongamento desnecessário dos dias que antecedem esse momento.

É válido lembrar, ainda, que lidar com esse tema é complexo e pode ser um fator gerador de angústia. Recomenda-se que os profissionais atuantes nessa área invistam em formação continuada e, principalmente, no autocuidado, aspectos fundamentais para que seja possível exercer a prática profissional baseada nos princípios que a bioética propõe.

REFERÊNCIAS BIBLIOGRÁFICAS

1. World Health Organization. Cancer control knowledge into action: WHO guide for effective programmes – palliative care. Geneva: WHO; 2007. Disponível em: https://apps.who.int/iris/bitstream/handle/10665/44024/9241547345_eng.pdf;jsessionid=C3E11870D89E18DAED6CE04DC7C0D0FF?sequence=1. Acesso em: abr. 2024.
2. Leite JSP, Santos VP, Lima TSBO, et al. Interdisciplinaridade em cuidados paliativos: desafios e perspectivas. In: Galvão PVM. Percursos que integram a saúde no Brasil. Triunfo (PE): Omnis Scientia; 2022. p. 86-95.
3. Freud S. O inconsciente. In: A história do movimento psicanalítico. (Edição standard brasileira das obras psicológicas completas de Sigmund Freud, vol XIV). Rio de Janeiro: Imago; 1996. p. 163-222.
4. Castro-Arantes J. Os feitos não morrem: psicanálise e cuidados ao fim da vida. Rio de Janeiro: Ágora; 2016. p. 637-48.
5. Ribeiro CC, Schneider VS, Corrêa AC. Impasses da subjetividade nos cuidados paliativos: um estudo psicanalítico. SBPH. 2021;24(2):119-31.
6. Lima MA, Manchola-Castillo C. Bioética, cuidados paliativos e libertação: contribuição ao "bem morrer". Bioética. 2021;29(2):268-78.
7. World Health Organization. National cancer control programmes: policies and managerial guidelines. Geneva: WHO; 2002. Disponível em: https://iris.who.int/bitstream/handle/10665/42494/9241545577.pdf?sequence=1. Acesso em: abr. 2024.

8. Beauchamp TL, Childress JF. Princípios de ética biomédica. São Paulo: Loyola; 2002. p. 271-4.
9. Crippa A, Feijó AMGS. O registro das diretivas antecipadas de vontade: opinião dos tabeliães da cidade de Porto Alegre – RS. O Mundo da Saúde. 2016;40(2):257-66.
10. Nunes R. Diretivas antecipadas de vontade. Brasília: CFM/Faculdade de Medicina da Universidade do Porto; 2016.
11. Iglesias SBO. Aspectos bioéticos e legais. In: Barbosa SMM, Zoboli I, Iglesias SBO. Cuidados paliativos na prática pediátrica. Rio de Janeiro: Atheneu; 2019. p. 17-34.
12. Saorin JS, Bertotto C. Correlação entre a psicologia e os princípios da bioética. Unoesc Ciênc. 2018;9(2):119-24.
13. Conselho Federal de Psicologia. Código de Ética Profissional do Psicólogo. Brasília: CFP; 2005.

16

Avaliação neuropsicológica para finalidade de auxílio diagnóstico: diferenças entre atuação clínica e hospitalar

Cleunice de Jesus Wosnes
Cristiana Castanho de Almeida Rocca

INTRODUÇÃO

A Neuropsicologia é um campo relativamente novo da Ciência, já que o termo "neuropsicologia" foi proferido pela primeira vez em 1913, durante uma conferência realizada nos EUA. Ele surgiu como uma especialidade da Psicologia cujo objetivo era oferecer uma forma de compreensão das relações entre cérebro e comportamento por meio do estudo e do exame das funções cognitivas, como atenção, memória, raciocínio, linguagem, capacidade de julgamento crítico e de tomada de decisão, entre outras, bem como pela investigação da expressão das emoções e da capacidade de autorregulação.

Na década de 1960, os estudos foram ampliados com o propósito de confirmar hipóteses que surgiram a partir de achados neuropsicológicos e mais tarde, em 1979, a American Psychological Association (APA) reconheceu a Neuropsicologia como Ciência.[1] Nesse novo contexto, a aproximação da psicometria com a Neuropsicologia contribuiu significativamente para ampliar a credibilidade da técnica, que passou a utilizar instrumentos com critérios validados para a análise empírica dos dados. Assim, a mensuração de processos psicológicos com instrumentos objetivos (testes, inventários e/ou baterias de avaliação) é bastante usada atualmente em avaliações neuropsicológicas tanto em contexto clínico quanto em contexto hospitalar.[2,3]

Os parâmetros psicométricos oferecem segurança, pois unificam as formas de aplicação, correção e interpretação de cada instrumento, possibilitando que os dados obtidos sejam correlacionados com tabelas normativas específicas para a faixa etária da pessoa que está sendo avaliada. Além disso, antes da comercialização dos instrumentos, os parâmetros são estabelecidos a partir da validação com a população do país em que ele será utilizado. Para isso, os testes são aplicados em quantidade significativa de amostras selecionadas. O número de participantes geralmente é definido estatisticamente, de modo a tornar os resultados desses testes fidedignos,[4-6] ou seja, até que seja possível certificar sua capacidade de avaliar prioritariamente o constructo a que se propõe. Assim, com instrumentos validados em quantidade cada vez mais ampla, a Neuropsicologia vem ganhando espaço nos diferentes países do mundo.

No Brasil, desde o ano de 2006, o Conselho Federal de Psicologia (CFP) estabeleceu a Neuropsicologia como uma especialidade da Psicologia e definiu os parâmetros não só para a atuação do(a) neuropsicólogo(a), mas também para a validação de instrumentos, condutas éticas, interpretação de resultados, estrutura de documentos resultantes do procedimento e outros pertinentes à área. Essas determinações estão dispostas na Resolução CFP nº 06/2019.[7]

AVALIAÇÃO NEUROPSICOLÓGICA

Avaliação neuropsicológica é compreendida como um exame que tem por finalidade mapear funções cognitivas, determinando sua integridade ou comprometimento para que se possa obter dados que possibilitem compreender o comportamento do(a) paciente e orientá-lo(a) quanto a possíveis intervenções necessárias para uma melhor funcionalidade.[8-11]

Entre as funções cognitivas geralmente estudadas na avaliação neuropsicológica, destacam-se percepção, orientação autopsíquica temporal e espacial, linguagem oral e escrita, memória, atenção, funções motoras, raciocínio, cálculo e os domínios do funcionamento executivo, sendo preponderantes o planejamento, o controle inibitório, a flexibilidade mental e a memória operacional.[8-11] Além desses, a depender do propósito específico de cada avaliação, também podem ser considerados os recursos de interação social, comportamentos e funcionalidade na vida prática.[8-11]

Seja no contexto clínico ou no âmbito hospitalar, o objetivo de avaliação é definido a partir da pergunta a ser respondida, assim como ocorre com a decisão sobre a estrutura (instrumentos) a ser utilizada durante o procedimento.[12] Assim, a avaliação faz um amplo estudo que pode envolver entrevistas, testes normatizados e/ou questionários utilizados para qualificar e quantificar o desempenho da pessoa. Os dados utilizados também são variados, podendo vir dos diferentes contextos de vida do indivíduo, em especial a família e a escola. Além disso, no *setting* da avaliação, a forma de emissão

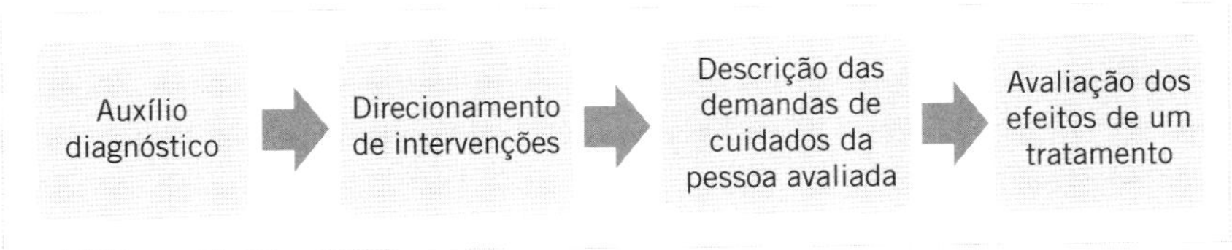

FIGURA 1 Propósitos da avaliação neuropsicológica.
Fonte: adaptada de Lezak et al., 2004.[12]

das respostas, os recursos emocionais e o estilo de produção e execução das atividades durante todo o procedimento são também importantes fontes de informação a serem associadas aos dados psicométricos e paramétricos que sustentarão os achados.[12,13]

Pode-se dizer, portanto, que a avaliação neuropsicológica é um procedimento sistematizado, pois agrupa diferentes fontes de informação que testes isolados nunca conseguiriam fornecer sobre os recursos funcionais do indivíduo.[4] A flexibilidade do avaliador para adaptação do plano inicial de avaliação é necessária também durante todo o percurso, visto que em grande parcela das demandas pode ser preciso retirar e/ou incluir instrumentos depois do início da avaliação (Figura 1).

Mais do que fornecer a classificação do avaliando com relação a seu grupo etário, uma avaliação bem-sucedida foca em compreender os mecanismos subjacentes às alterações encontradas, oferecendo informações sobre facilidades e dificuldades da pessoa, bem como orientações que auxiliem nas práticas de manejo e adaptação dos ambientes, quando necessário.[4]

É importante destacar, ainda, que a Neuropsicologia oferece, além dos instrumentos de avaliação, propostas de intervenções neuropsicológicas que contemplam os processos de avaliação e de reabilitação, cujo propósito principal é compreender e desenvolver o funcionamento cerebral considerando estrutura, função e comportamento.[8]

Contexto clínico

Na avaliação neuropsicológica clínica, geralmente a solicitação é feita pelo(a) médico(a) ou outro(a) profissional das áreas de saúde ou educacional que esteja em contato direto com o(a) paciente. A demanda pode ser de auxiliar no diagnóstico nosológico, no mapeamento do funcionamento cognitivo geral, na compreensão da natureza do(a) paciente e no direcionamento de intervenções a partir da real condição do(a) paciente.[14]

Essa atuação na clínica não está presa unicamente a uma demanda de patologia, e vem aparecendo como um suporte seguro para tomadas de decisões. No período da infância e da adolescência, as escolas tendem a ser as principais fontes de encaminhamento, por conta da necessidade de compreender as dificuldades de aprendizagem e/ou manifestações comportamentais desviantes que impactam negativamente a aprendizagem e/ou a interação social. Os achados da avaliação são importantes para a adaptação pedagógica e, quando necessário, para promoção da inclusão escolar. Psicólogos que trabalham com psicoterapia também são fonte de encaminhamento para avaliação neuropsicológica, uma vez que a disciplina Neuropsicologia passou a ser obrigatória na formação básica dos psicólogos, possibilitando a compreensão de quando é necessário obter informações consistentes e especializadas que possam contribuir com o processo terapêutico. Observa-se também um aumento na procura da avaliação clínica para a compreensão dos aspectos gerais do funcionamento cognitivo e da personalidade em pessoas sem queixas de disfuncionalidade. Em empresas, p. ex., a Neuropsicologia tem contribuído com recursos mais assertivos para reposicionamento do corpo diretivo. No esporte, por fim, a avaliação tem contribuído para a decisão sobre o reposicionamento de jogadores a partir das suas características pessoais.

A avaliação clínica se inicia com a realização de uma entrevista completa e ampla que deve contemplar questionamentos sobre a(s) demanda(s), histórico de vida, desenvolvimento neuropsicomotor e histórico escolar. Ela é a técnica mais importante para se obter informações sobre o(a) avaliando(a) em seu contexto, por isso é importante que as respostas sejam dadas pela pessoa que possui mais conhecimento sobre o(a) paciente(a).[15] Destaca-se, nessa etapa, a recomendação de se utilizar atividades ecológicas, pois elas favorecem a compreensão dos recursos comportamentais durante a interação, possibilitando, então, relacionar o rendimento nos testes com as capacidades funcionais apresentadas.[16]

Depois da entrevista inicial, é comum a utilização de baterias fixas, especialmente diante de demandas que exigem a compreensão dos processos cognitivos em geral, a mensuração dos recursos intelectuais e a informação quantitativa do quociente de inteligência (QI). Essa informação pode ser obtida com a aplicação da escala Wechsler de inteligência em suas versões infantil, de 6 a 16 anos (WISC-IV), e para adultos (WAIS). Elas possibilitam a verificação de habilidades específicas e a comparação do desenvolvimento cognitivo no hemisfério esquerdo e no direito.[21]

Uma segunda etapa de testagem será definida a partir do desempenho nessa bateria. Ela pode envolver uma investigação mais ampliada de funções que se mostraram comprometidas por meio da aplicação de outros testes específicos que favoreçam a compreensão geral. Como complemento de informações, é comum a utilização de questionários e escalas que podem ser respondidas pelos pais e pela escola. Essa aplicação representa uma contribuição importante, pois possibilita obter amostra comportamental do cotidiano a partir da percepção de outras pessoas (professores e pais, em especial). É importante lembrar que a pontuação de uma escala nunca deve ser determinante para uma conclusão diagnóstica, já que resultados de testes isolados nunca conseguirão ser suficientes para responder sobre os recursos funcionais de um indivíduo.[4]

Por fim, destacam-se nesse contexto a facilidade de manejo do tempo para a avaliação no consultório e do número de sessões, que depende de fatores como a capacidade de resposta do(a) avaliando(a) e a pergunta a ser respondida com o procedimento. O tempo de cada sessão da avaliação clínica é de 90 minutos, conforme regulamentado pelo CFP.[7] A sensibilidade e a assertividade da avaliação dependem dos conhecimentos que o(a) avaliador(a) possui sobre o desenvolvimento humano, as doenças em geral e os efeitos de medicamentos; da capacidade do avaliador para identificar as pistas para o diagnóstico; e da precisão na escolha dos instrumentos a serem utilizados.[17]

Contexto hospitalar

A avaliação neuropsicológica em ambiente hospitalar deve considerar, antes de qualquer outro aspecto, as especificidades do contexto em que o(a) paciente está inserido(a), visto que as condições do(a) paciente e o tempo disponibilizado para a realização dos procedimentos são consideravelmente diferentes daqueles estabelecidos em clínicas ou consultórios. O planejamento da avaliação dependerá, portanto, da condição de permanência do paciente na instituição. Além disso, é fundamental a interação do(a) neuropsicólogo(a) com a equipe multiprofissional com a finalidade de integrar as condutas a serem adotadas em cada caso. Os motivadores para a avaliação geralmente envolvem uma decisão diagnóstica e orientações para a conduta de procedimentos específicos.[17]

Nas solicitações advindas da Neurologia, a contribuição geralmente tende a envolver a identificação da extensão de um déficit a partir de uma patologia adquirida, como acidente vascular cerebral (AVC), traumatismo cranioencefálico (TCE), encefalites, epilepsia, tumores e procedimentos pré e pós-cirurgia. Nesses casos, além de a avaliação contribuir para a identificação dos possíveis déficits, pode auxiliar também na compreensão dos casos em que

TABELA 1 Características da avaliação neuropsicológica em contexto hospitalar

Condição de permanência	Características da avaliação
Internação ou de semi-internação (hospitais-dias)	Avaliação breve Resultados comunicados imediatamente Uso de baterias de rastreio que oferecem medidas breves, mas fidedignas sobre o funcionamento global do indivíduo Testes selecionados objetivamente para responder à pergunta que motivou o procedimento
Contexto ambulatorial	Planejamento mais abrangente Prioridade para as condições de deslocamento, os recursos socioeconômicos e a real condição de se fazer presente do(a) paciente no dimensionamento do número de sessões

Fonte: elaborada pelas autoras.

há contradição entre os achados dos exames de imagem.[17] Na epilepsia, p. ex., não é incomum haver contradição entre achados de exames de ressonância magnética e eletroencefalograma, especialmente nos casos em que as crises são generalizadas e as descargas epileptiformes ocorrem em diferentes regiões do cérebro. Os achados neuropsicológicos podem identificar as regiões cerebrais que estão discrepantes em termos de funcionalidade cognitiva, aspecto indicativo de que a estrutura em questão pode ser a mais afetada. Já nos quadros degenerativos, como as demências, a avaliação neuropsicológica se mostra importante não apenas pela comprovação dos déficits cognitivos, mas também por possibilitar o acompanhamento evolutivo do declínio. Nesses casos, a associação entre a testagem neuropsicológica e os exames físicos, de imagem, neurológicos e de laboratório assegura a assertividade do diagnóstico e auxilia nas propostas de estimulação.[18]

No âmbito da Psiquiatria, a avaliação neuropsicológica complementa a avaliação psiquiátrica, pois amplia a compreensão sobre o funcionamento de quadros psicopatológicos. Os transtornos psiquiátricos costumam apresentar características muito específicas, incluindo a presença de alterações cognitivas e dificuldades na regulação emocional que geram sofrimento e prejuízos tanto funcionais quanto relacionais, impactando a adaptação psicossocial do paciente. Quanto antes se determinar quais são os prejuízos cognitivos e comportamentais presentes, melhor poderá ser o prognóstico do(a) paciente, uma vez que as intervenções passam a ser direcionadas e sistematizadas para esse fim, contribuindo para a adesão do paciente ao tratamento.[19]

CONSIDERAÇÕES FINAIS

A Neuropsicologia é uma ciência que se dedica a estudar e compreender as expressões comportamental, emocional e social das pessoas com disfunção cerebral e, para isso, utiliza procedimentos específicos que permitem estabelecer a relação entre o cérebro e o comportamento, bem como identificar o funcionamento das diferentes funções cognitivas.[12,20]

A avaliação neuropsicológica contribui na classificação diagnóstica e, dessa forma, também auxilia no delineamento de intervenções específicas, favorecendo uma melhor adesão e possibilitando que se alcancem resultados mais promissores. Esse exame pode ser realizado no contexto clínico ou no contexto hospitalar, o que determina variações com relação a duração, estabelecimento de protocolos e especificidades sobre a participação do profissional em reuniões de equipe para que se reporte os resultados obtidos com o(a) paciente.

Com relação ao local de atendimento, na área clínica, o trabalho do neuropsicólogo é conduzido em clínicas ou consultórios. No âmbito hospitalar, o(a) neuropsicólogo(a) atuará em centros médicos e geralmente com pacientes que apresentam sintomatologia mais acentuada ou uma gravidade maior do quadro clínico que o acomete. A atuação em unidades de terapia intensiva ou em hospitais-dia é algo que também diferencia o paciente atendido em clínicas daqueles hospitalizados.

No que diz respeito ao objetivo da atuação, a Neuropsicologia clínica tem por finalidade avaliar e intervir em problemas cognitivos e emocionais para diminuir o impacto das dificuldades na vida prática, contribuindo para uma melhor adaptação, enquanto na Neuropsicologia hospitalar é comum que os pacientes possam estar em situação de emergência, na qual torna-se urgente oferecer à equipe multiprofissional as orientações sobre a condição cognitiva daquele paciente, bem como os manejos dessas questões, e auxiliar nas tomadas de decisão sobre o percurso do tratamento clínico.

Do ponto de vista do tempo de atendimento, nas clínicas e consultórios privados, tanto a condução da avaliação quanto a intervenção podem envolver sessões mais prolongadas e personalizadas de acordo com a necessidade particular do(a) paciente. No contexto hospitalar, as avaliações e as intervenções são, em geral, de curto prazo e com foco nas demandas imediatas que a equipe apresenta sobre o caso (pergunta que motivou o pedido do exame), visando não somente fornecer os dados para uma melhor compreensão, mas também garantir o suporte necessário para a equipe que está acompanhando o(a) paciente, geralmente envolvendo orientação e gerenciamento de comportamentos desadaptados que podem ter um teor agressivo ou de inadequação. Assim, de modo geral, tanto a urgência quanto o tempo de realização das sessões podem variar.

É importante que o(a) neuropsicólogo(a) esteja atento(a) e desenvolva uma escuta ativa tanto para compreender seu(ua) paciente como para entender como deve ser seu posicionamento nesses diferentes ambientes de atuação.

REFERÊNCIAS BIBLIOGRÁFICAS

1. Kristensen CH, Almeida RMM, Gomes WB. Desenvolvimento histórico e fundamentos metodológicos da neuropsicologia cognitiva. Psicol Reflex Crit. 2001;14(2):259-74.
2. Reppold CT, Gomes CMA, Seabra AG, Muniz MV, Felipe, Laros JA. Contribuições da psicometria para os estudos em neuropsicologia cognitiva. Psicol Teor Prat. 2015;17(2):94-106.
3. Schlindwein-Zanini R, Cruz R. Psicometria e neuropsicologia: inter-relações na construção e adaptação de instrumentos de medida. Psicologia Argumento. 2019;36.
4. Capovilla AGS. Contribuições da neuropsicologia cognitiva e da avaliação neuropsicológica à compreensão do funcionamento cognitivo humano. Cad Psicopedagogia. 2007;6(11).
5. Seabra AG, Carvalho LF. Fundamentos da psicometria. In: Fuentes D, Malloy-Diniz LF, Camargo CHP, Cosenza RM. Neuropsicologia: teoria e prática. 2.ed. Porto Alegre: Artmed; 2014.
6. Ramos AA, Hamdan AC. O crescimento da avaliação neuropsicológica no Brasil: uma revisão sistemática. Psicol Ciênc Prof. 2016;36(2).
7. Conselho Federal de Psicologia. Resolução nº 06, de 29 de março de 2019. Institui regras para a elaboração de documentos escritos produzidos pela(o) psicóloga(o) no exercício profissional e revoga a Resolução CFP nº 15/1996, a Resolução CFP nº 07/2003 e a Resolução CFP nº 04/2019.
8. Haase VG, Salles JF, Miranda MC, Malloy-Diniz L, Abreu N, Argollo N, et al. Neuropsicologia como ciência interdisciplinar: consenso da comunidade brasileira de pesquisadores/clínicos em neuropsicologia. Neuropsicol Latinoam. 2012;4(4):1-8.
9. Abreu N, Rivero TS, Coutinho G, Bueno OFA. Neuropsicologia da aprendizagem e da memória. In: Fuentes D, Malloy-Diniz LF, Camargo CHP, Cosenza RM. Neuropsicologia: teoria e prática. 2.ed. Porto Alegre: Artmed; 2014.
10. Malloy-Diniz LF, Paula JJ, Sedó M, Fuentes D, Leite WB. Neuropsicologia das funções executivas e da atenção. In: Fuentes D, Malloy-Diniz LF, Camargo CHP, Cosenza RM. Neuropsicologia: teoria e prática. 2.ed. Porto Alegre: Artmed; 2014.

11. Salles JF, Rodrigues JC. Neuropsicologia da linguagem. In: Fuentes D, Malloy-Diniz LF, Camargo CHP, Cosenza RM. Neuropsicologia: teoria e prática. 2.ed. Porto Alegre: Artmed; 2014.
12. Lezak MD, Howieson DB, Loring DW. Neuropsychological assessment. 4.ed. New York: Oxford University Press; 2004.
13. Dias NM, Seabra AG. Avaliação neuropsicológica e seu papel no direcionamento da intervenção. In: Cardoso CO, Dias NM. Intervenção neuropsicológica infantil: da estimulação precoce-preventiva à reabilitação. São Paulo: Pearson; 2019.
14. Miotto E. O uso do exame neuropsicológico para estruturar uma intervenção. In: Malloy-Diniz LF, Mattos P, Abreu N, Fuentes D. Neuropsicologia e aplicações clínicas. Porto Alegre: Artmed; 2016.
15. Santos SG. A entrevista em avaliação psicológica. Especialize On-line IPOG. 2014;8(1).
16. Ustárroz JT. La evaluación neuropsicológica. Psychosocial Intervention. 2007;16(2): 189-211.
17. Camargo CHP, Bolognani SAP, Zuccolo PF. O exame neuropsicológico e os diferentes contextos de aplicação. In: Fuentes D, Malloy-Diniz LF, Camargo CHP, Cosenza RM. Neuropsicologia: teoria e prática. 2.ed. Porto Alegre: Artmed; 2014.
18. Yassuda MS, Flaks MK, Pereira FS, Forlenza OV. Avaliação neuropsicológica. In: Malloy-Diniz LF, Fuentes D, Mattos P, Abreu N. Avaliação neuropsicológica. Porto Alegre: Artmed; 2010.
19. Gabbard GOG. Avaliação psicodinâmica do paciente. In: Gabbard GOG. Psiquiatria psicodinâmica na prática clínica. 4.ed. Porto Alegre: Artmed; 2006.
20. Luria AR. Higher cortical functions in man. New York: Basic Books; 1966.
21. Riccio CA, Reynolds CR. Neuropsychological assessment of children. In: Bellack AS, Hersen M (eds.). Comprehensive clinical psychology, vol. 4: assessment. Oxford: Elsevier; 1998. p. 267-301.

17

Avaliação de competência e habilidades socioemocionais, indicação de protocolos e organização de devolutivas

Natali Maia Marques
Silvana Nirino

INTRODUÇÃO

As aptidões não cognitivas constituem um conjunto diversificado de características que abrange uma grande variedade de domínios, incluindo atitudes, convicções, atributos emocionais e sociais, bem como traços de personalidade. Elas englobam uma ampla gama de habilidades e competências, muitas vezes vinculadas ao conceito mais amplo de competência socioemocional. Atualmente, é crescente a observação de uma interconexão desse construto com a qualidade do desenvolvimento e da adaptação social e emocional de crianças e adolescentes, por isso essa competência tem desempenhado um papel crucial na promoção e na avaliação do nível de satisfação e bem-estar ao longo de toda a vida das pessoas.[1]

Ao se considerar esse papel vital das habilidades não cognitivas, emerge a necessidade de uma abordagem holística do desenvolvimento humano, em que a promoção dessas habilidades não se restringe apenas ao ambiente educacional. Na verdade, elas permeiam todas as fases da vida, influenciando a forma como enfrentamos desafios, cultivamos relacionamentos significativos e navegamos pelas complexidades emocionais. Assim, a avaliação do desenvolvimento socioemocional não apenas reflete a qualidade de vida, mas também serve como um indicador valioso para a compreensão mais profunda da resiliência, da empatia e do autoconhecimento que moldam nossa jornada emocional ao longo do tempo.

Nesse contexto, merecem uma análise cuidadosa as nuances que distinguem habilidades sociais e competência social. O termo "habilidades sociais" abarca a presença de diversas categorias de comportamentos sociais que podem compor o repertório de um indivíduo e permitem a ele lidar com as complexidades das interações interpessoais. Há dentro desse conceito uma diversidade de ações sociais que uma pessoa pode empregar para enfrentar as demandas específicas de diferentes situações. Por sua vez, a competência social transcende a mera descrição de comportamentos. Ela engloba a proficiência de um desempenho social. Nesse contexto, a competência social diz respeito à habilidade do indivíduo de organizar pensamentos, sentimentos e ações de acordo com seus objetivos e valores. Mais do que apresentar uma simples resposta a situações, competência social envolve a capacidade de articular esses elementos de resposta de forma harmoniosa e eficaz, considerando as demandas imediatas e de longo prazo do ambiente.[2]

A distinção entre habilidades sociais e competência social reside, portanto, na diferença entre possuir as ferramentas e saber utilizá-las com maestria. Enquanto as habilidades sociais compõem o repertório, a competência social reflete a habilidade de orquestrar esse repertório de maneira inteligente e significativa. Nesse contexto, a competência social está atrelada à avaliação de um desempenho social competente que, por sua vez, depende da manifestação efetiva de habilidades sociais para que possa ser adequadamente avaliado.[3] A Figura 1 ilustra a amplitude da competência socioemocional, que abarca diversas outras categorias de competências compostas, por sua vez, por uma multiplicidade de habilidades sociais e emocionais.[1]

Para compreender a abrangência dessas competências em toda a sua complexidade e diversidade, as habilidades sociais são divididas em classes e subclasses. Conhecer essa organização facilita a identificação de habilidades sociais que precisam ser desenvolvidas. Para tanto, as principais classes de habilidades são apresentadas a seguir:

- **Habilidades de comunicação**: incluem a capacidade de expressar ideias de maneira clara e concisa, ouvir ativamente, adaptar a comunicação ao público-alvo e utilizar linguagem não verbal de maneira eficaz. Essas habilidades aparecem nas seguintes situações: fazer e responder perguntas, dar e pedir *feedback*, elogiar e iniciar, manter e encerrar conversação.
- **Habilidades de civilidade**: incluem comportamentos que promovem um ambiente respeitoso e cortês, como etiqueta social, boas maneiras, respeito à diversidade cultural e social. Essas habilidades aparecem nas seguintes situações: dizer "por favor", agradecer, apresentar-se e cumprimentar.

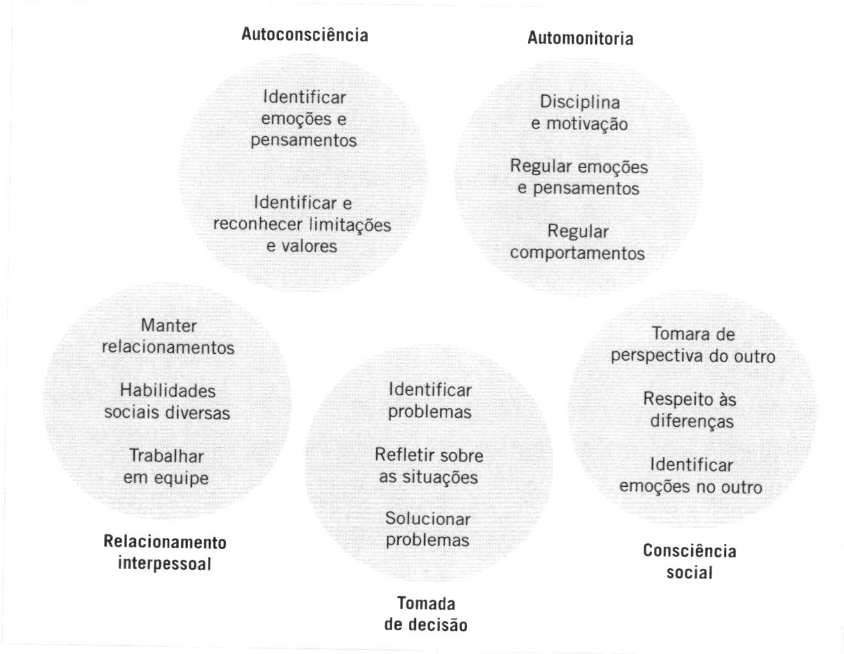

FIGURA 1 Componentes da competência socioemocional (os círculos representam competências e dentro deles são apresentadas as habilidades envolvidas).
Fonte: adaptada de Marin et al., 2017.[1]

- **Habilidades assertivas de enfrentamento ou defesa de direitos e de cidadania**: englobam a capacidade de expressar opiniões de forma firme, defender direitos pessoais e dos outros, e atuar de maneira proativa em questões sociais e cívicas. Essas habilidades aparecem nas seguintes situações: expressar opinião, discordar, fazer e recusar pedidos, interagir com autoridades, lidar com críticas, expressar desagrado, lidar com a raiva do outro e pedir mudança de comportamento.
- **Habilidades empáticas e de expressão de sentimento positivo**: incluem a habilidade de compreender as emoções dos outros, oferecer suporte emocional, demonstrar empatia e expressar sentimentos positivos de maneira autêntica.
- **Habilidades sociais profissionais ou de trabalho**: incluem habilidades essenciais para ambientes profissionais, como trabalho em equipe, liderança, negociação, resolução de conflitos e *networking*. Essas habilidades aparecem nas situações de coordenação de grupo e ao falar em público, por exemplo.

- **Habilidades sociais educativas**: compõem as competências necessárias para educadores, pais e outros agentes envolvidos na Educação, incluindo a capacidade de transmitir informações de forma clara, criar um ambiente de aprendizado positivo e lidar com desafios comportamentais.

Além dessas mencionadas, a automonitoria está emergindo, atualmente, como uma competência fundamental para um desempenho socialmente competente. As habilidades que a compõem dizem respeito à capacidade geral de observar, descrever, interpretar e regular pensamentos, sentimentos e comportamentos em contextos sociais.[2]

As habilidades socioemocionais, por sua vez, constituem um construto multidimensional mais abrangente do que as habilidades sociais, pois englobam uma ampla gama de variáveis emocionais, cognitivas e comportamentais. Esse conceito abrangente reflete a compreensão de que o desenvolvimento saudável ao longo do ciclo vital não se limita apenas às interações sociais, mas também incorpora aspectos intrínsecos e individuais relacionados à cognição, à emoção e ao comportamento.[4]

A categoria habilidades sociais carrega a ideia de habilidades que costumam ser adquiridas de maneira natural ao longo do ciclo vital. Quando as condições não favorecem sua aquisição natural ou há necessidade de aprimoramento, é possível recuperar ou fortalecer esse processo por meio de treinamento sistemático. Intervenções estruturadas e estratégias de treinamento bem-conduzidas podem desempenhar um papel fundamental na promoção do desenvolvimento social.[2] Em comparação, o desenvolvimento e a aprendizagem ao longo da vida de habilidades categorizadas como socioemocionais destacam a importância de concentrar esforços não apenas no desenvolvimento cognitivo, mas também nas competências sociais e emocionais desde a infância. Assim, o reconhecimento e a promoção das habilidades socioemocionais têm sido associados a uma série de desfechos positivos ao longo do ciclo vital.[4]

Conceitos como inteligência emocional, aprendizagem socioemocional, competência social, competência emocional, habilidades sociais, habilidades socioemocionais, habilidades não cognitivas e regulação emocional estão todos associados à competência socioemocional. Eles estão interconectados e contribuem para uma compreensão abrangente da competência socioemocional.[1] Atualmente, o desenvolvimento de habilidades englobadas nesses conceitos é reconhecido como crucial para o sucesso individual e coletivo, por seu potencial de influenciar a qualidade das relações interpessoais, o desempenho acadêmico, o bem-estar emocional e a adaptação em diversos contextos da vida.

AVALIAÇÃO DE COMPETÊNCIA E HABILIDADES SOCIOEMOCIONAIS

O treinamento em habilidades sociais (THS) é uma abordagem estruturada baseada em estratégias comportamentais que têm como objetivo melhorar a competência social de uma pessoa. É especialmente benéfico para indivíduos que podem se sentir socialmente inadequados ou que, em razão de necessidades pessoais ou profissionais, desejam aprimorar suas habilidades sociais.[3]

Esse treinamento tem sido amplamente explorado nos contextos da Psicologia clínica e da saúde como uma ferramenta para o tratamento e a prevenção de alguns transtornos ou problemas que apresentam correlação com os déficits de habilidades ou competência social.[5] No contexto clínico, tem se destacado a aplicação com fins terapêuticos nos transtornos que estão centralmente ligados a problemas de relacionamento social, como os transtornos depressivos, de ansiedade e de fobia social (Figura 2A); mas o treinamento em habilidades sociais também desempenha um papel coadjuvante no tratamento de outros transtornos, como os transtornos psicóticos, nos quais são observadas dificuldades interpessoais correlatas (Figura 2B).[5]

A diversidade de possibilidades de aplicação do treinamento em habilidades sociais também diz respeito à idade, já que pode ser usado em todas as faixas etárias. Entre os exemplos de sua aplicação, as condições mais comumente tratadas são ansiedade/fobia social, solidão, depressão, esquizofrenia, problemas conjugais, transtorno por consumo de substância psicoativa e transtorno de personalidade antissocial; e ainda podem ser citados os casos de falta de habilidades na busca por trabalho, habilidades de comunicação em pessoas incapacitadas, habilidades básicas em adultos e crianças portadoras de deficiência mental, obsessões e compulsões, agorafobia, desvios sexuais, crianças socialmente isoladas, agressividade, quadros de neurodesenvolvimento atípico e transtorno de personalidade evitativa.[6]

Como etapa inicial, a avaliação de competência e habilidades socioemocionais deve identificar os déficits comportamentais recorrentes e os recursos existentes, contrapondo-os à demanda principal. Em crianças, geralmente a queixa parte dos pais e, muitas vezes, inclui problemas de relacionamento, timidez e agressividade.[7] Outras demandas e queixas incluem mudanças de comportamento, questões emocionais e dificuldades de comunicação e/ou na exposição de demandas, muito comuns entre crianças e adolescentes e seus familiares. São recorrentes, assim, atitudes de introspecção, isolamento, irritabilidade, mau humor, questões relacionadas com identidade de gênero e orientação sexual. Para avaliar a qualidade do repertório de habilidades, deve-se

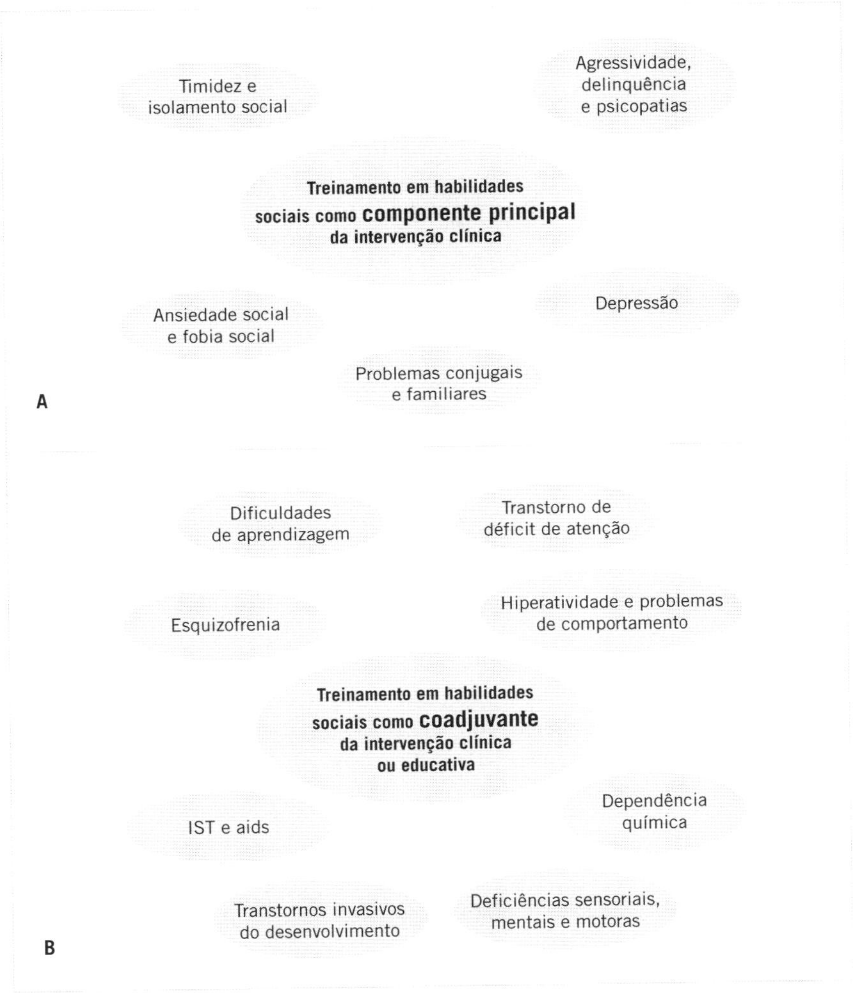

FIGURA 2 Aplicações do treinamento em habilidades sociais. A: método terapêutico principal; B: coadjuvante de intervenção.
Fonte: adaptada de Del Prette e Del Prette, 2006.[5]

identificar as reações habilidosas e as deficitárias por meio da aplicação de instrumentos cientificamente reconhecidos e respaldados pelo *Código de Ética Profissional do Psicólogo*[8] que possibilitem essa mensuração. É necessário também conhecer a dinâmica do sujeito empregando outros instrumentos avaliativos que enriqueçam a avaliação.

Recomendam-se a realização de entrevistas e a aplicação de instrumentos psicológicos que podem ser selecionados ao longo do processo de cada avaliando(a), totalizando oito a dez atendimentos. Na avaliação de crianças e adolescentes, é interessante que a primeira entrevista seja realizada com o(s) responsável(is) a fim de entender as demandas e queixas e colher informações sobre o neurodesenvolvimento e o histórico de vida do(a) paciente. As sessões seguintes são realizadas com a criança/adolescente e, ao final, há uma sessão dedicada à realização da devolutiva do processo de avaliação. Para o trabalho com pacientes adultos, a primeira entrevista também é dedicada à compreensão de demandas e histórico de vida, mas é feita diretamente com o(a) paciente.

Há diversos instrumentos psicológicos e recursos complementares que podem ser utilizados (Figura 3). A escolha deles dependerá de aspectos como faixa etária, demanda, condições e características de cada avaliando(a), entre outros fatores. Por isso, é de suma importância a entrevista psicológica inicial e/ou de anamnese, elemento comum em todos os processos avaliativos, que permite conhecer as demandas e o histórico, fornecendo o embasamento necessário para o desenvolvimento da avaliação. A Tabela 1 apresenta sugestões de materiais para a estruturação do processo avaliativo socioemocional.

Em indivíduos com altas habilidades (superdotados), ainda que o desenvolvimento de habilidades cognitivas seja o aspecto de maior ênfase, outros objetivos relacionados aos aspectos socioemocionais também merecem atenção. Ações que favoreçam o ajustamento pessoal e emocional do superdotado, que promovam o seu desenvolvimento social e que fortaleçam um autoconceito positivo podem ser exploradas.[15]

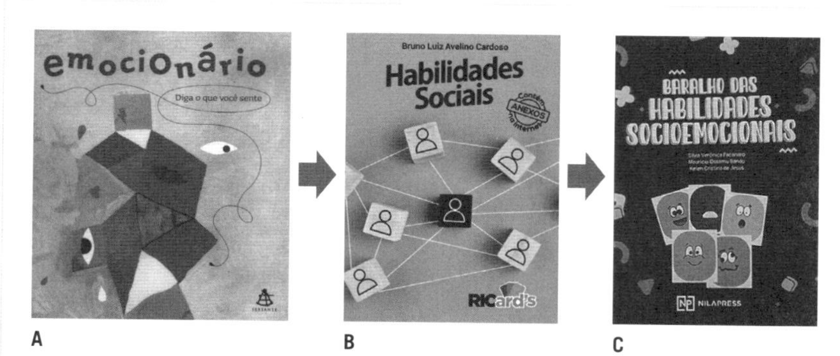

FIGURA 3 Exemplos de recursos complementares. A: livro *Emocionário: Diga o que você sente*;[12] B: Baralho "Habilidades sociais";[13] C: Baralho "Habilidades socioemocionais".[14]

TABELA 1 Instrumentos psicológicos recomendados para a avaliação socioemocional

Instrumento	Descrição
Inventários de habilidades sociais, versões 2 e para adolescentes (IHS-2 e IHS-AD)[9]	Permitem qualificar o desempenho social de adolescentes e adultos em situações cotidianas por meio do autorrelato do(a) avaliando(a). Inclui percepções de diferentes interlocutores (familiares, colegas, desconhecidos), considerando diferentes cenários (escola, trabalho, casa) e demandas (defender pontos de vista, pedir favores, fazer elogios). Os fatores avaliados são divididos em: conversação assertiva (F1), abordagem afetivo-sexual (F2), expressão de sentimento positivo (F3), autocontrole/enfrentamento (F4) e desenvoltura social (F5). Podem contribuir para o entendimento de cada fator e, assim, identificar dificuldades e habilidades
Escala dos pilares da resiliência (EPR)[10]	A resiliência é compreendida como a capacidade de superar os problemas e o estresse da vida diária retomando o estado de regulação emocional, ou seja, de lidar com as adversidades de um modo que contribua com a preservação da saúde mental. São avaliados os seguintes pilares: aceitação positiva de mudança (APM), autoconfiança (AC), autoeficácia (AE), bom humor (BH), empatia (E), independência (I), orientação positiva para o futuro (OPF) e sociabilidade (S), controle emocional (CE) e reflexão (R), e valores positivos (VP). Pontuações baixas nas subescalas indicam que o indivíduo apresenta dificuldade de adaptação e desgaste emocional com o desconhecido, sensibilidade a críticas, descrédito às próprias capacidades, demasiada preocupação com problemas, dificuldade em relações interpessoais e na empatia
Inventário de habilidades sociais, problemas de comportamento e competência acadêmica para crianças (SRSS)[11]	Possibilita avaliar tanto aspectos comportamentais e de habilidade sociais quanto aspectos da aprendizagem e o desempenho acadêmico da criança e/ou adolescente (aplicável a indivíduos de 6 a 13 anos de idade). Possibilita uma comparação das respostas e, assim, permite uma avaliação mais detalhada. Possui três formulários a serem respondidos, um pelos pais (informações do contexto familiar), um pelos professores (informações do contexto escolar) e um de autoaplicação (como a própria criança percebe seus comportamentos e habilidades sociais). Na prática, levar em consideração a autoavaliação é um diferencial do instrumento, pois permite que a própria criança/adolescente participe do processo avaliativo

Fonte: elaborada pelas autoras.

Exemplo de avaliação socioemocional

O caso descrito neste tópico ilustra a estruturação do protocolo de avaliação dos aspectos socioemocionais com um adolescente.

Após as primeiras entrevistas de anamnese e o entendimento das demandas, o avaliando revelou interesse por artes. Em razão desse interesse, alguns atendimentos utilizaram desenhos e histórias, a fim de identificar e expressar aspectos da autopercepção, que parecia distorcida. Também foi apresentado o livro *Emocionário: Diga o que você sente* como forma de explorar as emoções e, depois, sugeriu-se que o adolescente expressasse a emoção com que mais se identificava por meio do desenho.

As sessões que se seguiram foram de entendimento da autopercepção e do processo de construção de identidade, sempre envolvendo atividades gráficas e de interação. Foram trabalhadas questões relacionadas ao perfeito e ao imperfeito, inclusão e exclusão social, preconceito, sentimento de insegurança e timidez, que possibilitaram o autoconhecimento, a autoimagem, a autopercepção, a construção da identidade e a criatividade.

O livro *Emocionário* se mostrou um bom recurso complementar nesta avaliação exatamente por abordar o reconhecimento e a expressão das emoções. A utilização, ao longo da avaliação, de recursos além dos instrumentos psicológicos possibilitou que o adolescente pudesse acessar de modo criativo, em conjunto com desenhos e histórias, a compreensão de suas demandas e identificações, o que tornou o processo avaliativo também interventivo, já que permitiu que o jovem dialogasse e expressasse mais suas questões e sentimentos também externamente ao contexto dos atendimentos.

Ao final, foi possível fazer direcionamentos e encaminhamentos de modo coerente e com a participação do paciente ao longo do processo e no atendimento de devolutiva. Este caso mostra a importância de compreender que cada avaliação é um processo único e, apesar de serem necessários materiais padronizados e um protocolo inicial, também é possível e significativo utilizar outros recursos como materiais complementares, contribuindo para a elaboração da avaliação e o adequado direcionamento de cada caso.

ELABORAÇÃO DO LAUDO PSICOLÓGICO E DEVOLUTIVA

Ao final do processo de avaliação, é dever do(a) psicólogo(a) realizar o atendimento de devolutiva dos resultados e entregar um laudo psicológico, que deve seguir as diretrizes da Resolução CFP nº 06/2019.[16] A Tabela 2 descreve os itens que devem compor esse documento.

TABELA 2 Estrutura de laudo psicológico produzido após avaliação socioemocional

Dados de identificação	• Nome do(a) avaliando(a) • Idade • Escolaridade • Identificação de quem solicitou a avaliação e para qual finalidade
Demanda	• Descrição do objetivo da avaliação a partir das informações colhidas na(s) entrevista(s) • Informações do desenvolvimento e do histórico de vida que contribuam para o entendimento do caso e futuras análises
Procedimento	• Instrumentos e/ou materiais utilizados, com os respectivos fundamentos e embasamentos (inventários e/ou escalas merecem destaque, pois são técnicas reconhecidas cientificamente) • Recursos e materiais não reconhecidos cientificamente também devem ser citados, e seu uso deve ter relação com a demanda, especificidades e interesses de cada caso/sujeito
Análise dos resultados	• Descrição dos resultados obtidos em relação a um sistema de classificação • Interpretação dos resultados considerando como podem auxiliar na previsão de outros aspectos e características do comportamento • Análise dos resultados obtidos incluindo os aspectos mais destacados, as boas habilidades e explicações sobre as dificuldades em outra(s) habilidade(s)
Conclusão	• Comparação e avaliação dos resultados com o que se espera para a faixa etária do(a) paciente • Indicação de intervenções pertinentes • Indicação de características para monitoramento futuro e sua correlação com os resultados obtidos (reavaliações ao longo do tempo podem permitir a compreensão da evolução do sujeito)
Referências bibliográficas	• Indicação das referências bibliográficas que embasam os testes psicológicos e dados sobre outros materiais utilizados na avaliação

CONSIDERAÇÕES FINAIS

De modo geral, os inventários são utilizados nas avaliações de caráter socioemocional para caracterizar os repertórios funcionais e disfuncionais de diferentes públicos e para identificar processos de desenvolvimento de habilidades sociais e as condições que facilitam ou dificultam esse desenvolvimento. Pode-se considerar, portanto, que auxiliam na organização de programas terapêuticos ou educativos voltados para a promoção de habilidades sociais e a qualidade das relações interpessoais.

REFERÊNCIAS BIBLIOGRÁFICAS

1. Marin AH, Silva CT, Andrade EID, Bernardes J, Fava DC. Competência socioemocional: conceitos e instrumentos associados. Rev Bras Ter Cognitivas. 2017;13(2).
2. Del Prette A, Del Prette ZAP. Habilidades sociais: conceitos e campo teórico-prático. 2006. Disponível em: https://www.rihs.ufscar.br/wp-content/uploads/2015/03/habilidades-sociais-conceitos-e-campo-teorico-pratico.pdf. Acesso em: abr. 2024.
3. Portella M. Estratégias de THS: treinamento em habilidades sociais. Rio de Janeiro: CPAF-RJ; 2011.
4. Damásio BF, Grupo Semente Educação. Mensurando habilidades socioemocionais e crianças e adolescentes: desenvolvimento e validação de uma bateria (nota técnica). Temas Psicologia. 2017;25(4):2043-50.
5. Del Prette ZAP, Del Prette A. Relações interpessoais e habilidades sociais na saúde e na clínica. 2006. Disponível em: https://www.rihs.ufscar.br/wp-content/uploads/2015/02/relacoes-interpessoais-e-habilidades-sociais-na-saude-e-na-clinica.pdf. Acesso em: abr. 2024.
6. Cabalo VE. Manual de avaliação e treinamento das habilidades sociais. São Paulo: Santos Publicações; 2003.
7. Del Prette A, Del Prette ZAP. Competência social e habilidades sociais: manual teórico-prático. Petrópolis: Vozes; 2017.
8. Conselho Federal de Psicologia. Cartilha avaliação psicológica 2022. Disponível em: https://site.cfp.org.br/wp-content/uploads/2022/08/cartilha_avaliacao_psicologica1.pdf. Acesso em: abr. 2024.
9. Del Prette ZAP, Del Prette A. Inventário de habilidades sociais 2 (IHS-2 – Del-Prette): manual de aplicação, apuração e interpretação. São Paulo: Pearson Clinical; 2018.
10. Cardoso T, Martins MCF. Escala dos pilares de resiliência (EPR). São Paulo: Vetor; 2013.
11. Gresham FM, Elliott SN, Del Prette ZAP, Freitas LC, Bandeira M, Del Prette A. Inventário de habilidades sociais, problemas de comportamento e competência acadêmica para crianças (SSRS): manual de aplicação, apuração e interpretação. São Paulo: Pearson; 2016.

12. Pereira CN, Valcárcel RR. Emocionário: Diga o que você sente. São Paulo: Sextante; 2018.
13. Cardoso BLA. Habilidades sociais: 100 questões para você pensar sobre as suas formas de se relacionar socialmente. Novo Hamburgo (RS): RIC Jogos; 2021.
14. Pacanaro SV, Bando MO, Jesus KC. Baralho das habilidades socioemocionais. São Paulo: Nilapress; 2021.
15. Conselho Federal de Psicologia. Resolução CFP nº 06, de 29 de março de 2019. Institui regras para a elaboração de documentos escritos produzidos pela(o) psicóloga(o) no exercício profissional e revoga a Resolução CFP nº 15/1996, a Resolução CFP nº 07/2003 e a Resolução CFP nº 04/2019.
16. Alencar EMLS. Características sócio-emocionais do superdotado: questões atuais. Psicol Estudo. 2007;12(2).

18

Organização de documentos na reabilitação cognitiva da infância à velhice

Ana Luiza Ribeiro Pereira Dias Piovezana

INTRODUÇÃO

A reabilitação cognitiva é uma intervenção focada na melhora dos déficits cognitivos, emocionais, psicossociais e comportamentais causados por alterações no funcionamento do sistema nervoso central. Segundo a Organização Mundial da Saúde (OMS), o intuito dessa intervenção é permitir que os indivíduos atinjam o maior nível possível de adaptação física, psicológica e social, englobando, portanto, todas as medidas que pretendam reduzir o impacto da inabilidade e as condições de desvantagens, permitindo que as pessoas que enfrentam alguma limitação ou incapacidade atinjam um nível adequado de integração social.[1,2] De acordo com Wilson,[3] a reabilitação cognitiva caracteriza-se, ainda, por uma abordagem individualizada que identifica e propõe metas relevantes para os pacientes, contextos e famílias, considerando seu desempenho ocupacional.

Outro aspecto importante da reabilitação cognitiva diz respeito à melhora da qualidade de vida dos pacientes e familiares, pois otimiza o aproveitamento das funções total ou parcialmente preservadas por meio do ensino de estratégias compensatórias, da aquisição de novas habilidades e da adaptação às perdas permanentes. O processo de reabilitação proporciona, portanto, uma conscientização do paciente a respeito de suas capacidades remanescentes, levando a uma mudança na auto-observação e, possivelmente, a uma aceitação de sua nova realidade.[4]

AVALIAÇÃO NEUROPSICOLÓGICA E PLANEJAMENTO DA REABILITAÇÃO

Existem diferentes maneiras de se planejar um programa de reabilitação eficiente. Antes desse planejamento, no entanto, é importante salientar para o(a) paciente que nem sempre é possível restaurar a função cognitiva prejudicada, mas esse processo ajuda a compensá-la e a encontrar maneiras de minimizar os problemas cotidianos.[5]

O primeiro passo de todo planejamento de reabilitação cognitiva consiste em fazer um levantamento do perfil neuropsicológico (características cognitivas, comportamentais e emocionais) do indivíduo e delinear suas potencialidades e dificuldades. Para tanto, realiza-se uma avaliação neuropsicológica que inclua não apenas os resultados de testes, mas também observações clínicas e sobre os históricos social, escolar e cultural do(a) paciente. O primeiro contato desse processo é a entrevista inicial focada na anamnese, feita com os objetivos de conhecer e aprofundar a demanda, coletar dados do histórico clínico, obter dados sobre o desenvolvimento, identificar as queixas atuais (cognitivas, emocionais e comportamentais) e avaliar os impactos na rotina diária do indivíduo e em suas atividades laborais e/ou acadêmicas.

A partir dessas informações, o(a) neuropsicólogo(a) pode definir os instrumentos a serem utilizados para responder às dúvidas e hipóteses suscitadas preliminarmente. A bateria neuropsicológica deve sempre considerar as especificidades de cada caso, sendo individualizada e humanizada.

É importante que o(a) profissional se atente ao uso de instrumentos padronizados, às normas disponibilizadas e aos estudos de validade, conhecendo quais constructos cada instrumento avalia para relacioná-los com as habilidades e comportamentos da vida diária do(a) paciente.[6] Os testes neuropsicológicos permitem quantificar o desempenho do(a) paciente e interpretá-lo em comparação com um padrão normativo (p. ex., faixa etária e/ou escolaridade). Escalas e inventários que possam ser respondidos por pais, professores, familiares e cuidadores fornecem informações acerca do comportamento, dificuldades mais específicas, sintomas, entre outras que podem ser relevantes para a avaliação.

Na infância, as informações obtidas junto aos professores podem trazer maior compreensão do processo de aprendizagem da criança e como ela se organiza para realizá-las, bem como fornecer dados sobre socialização, relacionamento em grupo e entre pares, e comportamentos disruptivos.

As mensurações e respostas podem proporcionar maior conhecimento do comportamento e da funcionalidade do indivíduo e colaborar para a elaboração adequada da intervenção. O neuropsicólogo também deve estar atento aos tipos de erros, aos padrões de resposta, à motivação ao longo do processo e às estratégias utilizadas ao longo das tarefas. Assim, ao final do processo de avaliação, as informações obtidas ajudam a compreender como os prejuízos podem interferir no cotidiano desse indivíduo e como se manifestam em seu comportamento.

Outra forma de planejar uma reabilitação se baseia na Classificação Internacional de Funcionalidade, Incapacidade e Saúde (CIF), desenvolvida pela OMS,[7] um sistema que classifica os estados, as condições e causas dos problemas de saúde de maneira padronizada e tem sido amplamente utilizado para definição do planejamento terapêutico de equipes de saúde.[8]

Alguns centros de reabilitação utilizam, ainda, o sistema SMART (acróstico em inglês que corresponde à palavra "inteligente", formado a partir dos termos *specific*, *measurable*, *achievable*, *relevant* e *timed-bound*), que considera que as metas precisam ser específicas, mensuráveis, alcançáveis, relevantes e devem ter um tempo determinado.[9]

PLANEJAMENTO E ESTABELECIMENTO DE METAS DA INTERVENÇÃO NEUROPSICOLÓGICA

Antes de iniciar a reabilitação, o(a) neuropsicólogo(a) deve traçar objetivos específicos, estabelecer etapas e prazos e identificar as melhores estratégias para alcançar êxito por meio da intervenção. A Tabela 1 resume as etapas desse planejamento.

Segundo Loschiavo-Alvares,[10] o plano de intervenção terapêutica em reabilitação neuropsicológica deverá:

- Ser específico ao contexto.
- Ser colaborativo.
- Enfatizar o emprego de estratégias para compensar os déficits residuais.
- Reduzir a incapacidade e restaurar o funcionamento dos papéis ocupacionais e sociais.
- Ser direcionado a resultados funcionais relevantes.
- Voltar-se para melhorar o funcionamento diário.
- Ser generalizável para os contextos funcionais.
- Educar paciente e família.
- Ser inclusivo, abarcando suporte e intervenção contínuos para paciente e família.

TABELA 1 Etapas para elaboração de um plano de intervenção neuropsicológica

Etapas	
Identificar "forças" e "'fraquezas	Descrição do(a) paciente Dados de funcionamento cognitivo e físico, habilidades sociais, comportamento (interesses, motivação, crenças, formas de aprendizagem, expectativas quanto ao tratamento) e estado emocional (ansioso, deprimido, humor etc.)
Definir o alvo da intervenção	Habilidades a serem ensinadas/treinadas Descrição de como a intervenção deverá impactar a rotina diária – é importante estabelecer com o próprio paciente e/ou familiares os objetivos do programa e em qual ambiente ou contexto as habilidades ensinadas poderão ser utilizadas
Especificar o resultado desejado	Descrição da expectativa relacionada a aprender/ treinar cada habilidade
Elaborar um programa individualizado	Melhores estratégias para utilizar (específicas para o indivíduo) Recursos mais apropriados Como será feito o ensino das habilidades

Devem ser definidos, ainda, objetivos de mensuração que informem se a intervenção deve resultar em ganho funcional, ou seja, se há generalização das atividades e estratégias utilizadas em sessão para situações do cotidiano do(a) paciente. A documentação da evolução é essencial para justificar o tempo e os recursos gastos pelos pacientes, cuidadores e terapeutas. Além disso, permite verificar se os objetivos especificados no início da intervenção estão sendo alcançados e se os ganhos persistem ao longo do tempo. Nesse sentido, podem ser importantes também para repensar o programa elaborado se houver necessidade de mudanças e ajustes para melhor eficácia do trabalho.

A mensuração da eficácia do programa pode ser realizada utilizando-se a escala de realização de objetivos (GAS),[11] inicialmente concebida para a área da saúde mental com o objetivo de avaliar resultados de uma determinada intervenção de acordo com objetivos previamente estabelecidos. Essa escala pode ser aplicável na terapia familiar, em programas de intervenção, em serviços de apoio e orientados para a família e em uma gama variada de contextos (p. ex., reabilitação, Educação, Terapia Ocupacional) e populações

(p. ex., doentes com lesões cerebrais, doentes crônicos, idosos, crianças). Essa abordagem de avaliação é individualizada, centrada no cliente e permite avaliar longitudinalmente a mudança.

O processo de aplicação consiste na identificação prévia dos objetivos a serem atingidos com a intervenção e na avaliação posterior do grau em que esses objetivos foram alcançados. As metas (Figura 1) deverão ser determinadas em conjunto com a família e o(a) paciente, cuidando-se para que sejam alcançáveis, relevantes, realistas e possam ser avaliadas e quantificadas.[11]

A escala é constituída por cinco níveis de mudanças (+2, +1, 0, -1, -2 – Tabela 2) para cada meta definida e calcula-se um índice global de mudança (entre +6 e -6) que representará a evolução do caso.[11]

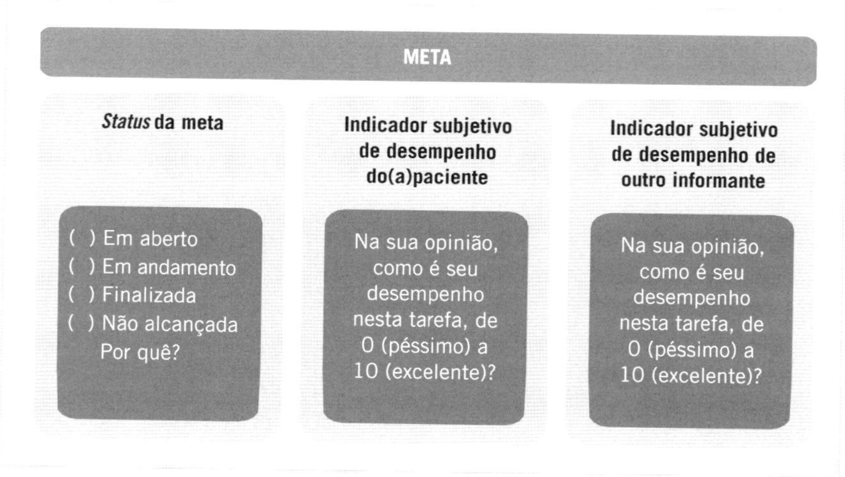

FIGURA 1 Modelo de mensuração da eficácia de Loschiavo-Alvares.
Fonte: adaptada de Loschiavo-Alvares, 2021.[10]

TABELA 2 Níveis de mudança da escala de realização de objetivos (GAS)

Níveis de mudança	Pontuação	
Melhoria acentuada	+2	
Melhoria moderada	+1	
Sem melhoria ou agravamento	0	
Agravamento moderado	-1	
Agravamento acentuado	-2	

Para viabilizar a utilização da escala, recomendam-se os seguintes passos:[11]

1. Identificar e discutir com a família e com o(a) paciente as dificuldades ou necessidades para que uma mudança ou melhoria possa ser alcançada com o programa.
2. Elencar metas e objetivos.
3. Selecionar um comportamento, competência ou situação concreta para cada meta.
4. Definir a "situação atual" (correspondente ao nível 0 da escala) para cada meta especificada. Sugere-se descrever a situação atual da dificuldade ou necessidade em termos quantitativos (p. ex., dias em que ocorre, tempo para fazer algo, nível de intensidade etc.), mas também podem ser utilizadas descrições qualitativas (p. ex., definições de medida como muito, pouco, nada para um só aspecto etc.).
5. Quantificar com a família os progressos e registrar em uma tabela específica os níveis +1 e +2. O nível +2 representa o melhor nível de execução de uma meta que se pode esperar, tendo uma perspectiva realista e prática em um período não superior a seis ou oito meses. Não precisa representar a realização total ou final de uma meta, mas um estágio importante de sua realização. O nível +1 representa um passo intermediário na escalada até +2 e, como a mudança é um processo gradual, deve-se atribuir grande importância a esses primeiros passos. Podem ser úteis questionamentos de gradações como "se tivesse que pontuar em uma escala de 1 a 10, sendo 10 a melhor pontuação, em que pontuação estaríamos agora?". Uma resposta 4, p. ex., pode gerar a reflexão sobre como alcançar e obter uma pontuação 6.
6. Especificar os níveis -1 e -2. Estes níveis representam um agravamento ou deterioração da situação inicial da família e/ou paciente. É necessário reconhecer a possibilidade de um retrocesso da situação e das suas consequências.
7. Repetir os seis passos anteriores para cada uma das metas definidas com a família e com o(a) paciente.

ESTRATÉGIAS E TÉCNICAS DE REABILITAÇÃO

- **Psicoeducação**: consiste em educar paciente e familiares acerca das dificuldades e habilidades, curso da doença e formas de tratamento, com o intuito de maior conscientização e aderência à intervenção.[12] Para isso, podem ser utilizados diferentes materiais, como filmes, livros, folhetos etc.

- **Treinos cognitivos**: atividades que visam "treinar" as funções cognitivas e gerar novos aprendizados. Sabe-se que realizar os exercícios sem uma proposta clara e organizada não tem efeito de generalização para habilidades da vida diária, por isso sugere-se que as atividades sejam feitas em conjunto com treinamento metacognitivo e/ou psicoeducação. Nesta técnica, o(a) reabilitador(a) pode utilizar desde exercícios com lápis e papel até uma grande gama de programas e jogos digitais que atualmente são disponibilizados. Também existem jogos de tabuleiros específicos para essas atividades. Os recursos devem ser utilizados de forma gradual, aumentando-se o nível de dificuldade e complexidade. Após a finalização de cada atividade, o(a) profissional pode fornecer *feedback* sobre o desempenho e a evolução do(a) paciente e iniciar reflexões sobre o trabalho desenvolvido. Ao propor as reflexões, o reabilitador possibilita que o(a) paciente transfira seu aprendizado para situações do cotidiano.
- **Estratégias compensatórias**: alternativas que ajudam o indivíduo a compensar suas dificuldades cognitivas, com o objetivo de diminuir o impacto funcional dos prejuízos cognitivos. Alguns exemplos de estratégias compensatórias são o uso de agenda e/ou calendário para se organizar e anotar compromissos. Na reabilitação infantil, pode-se fornecer mais tempo para realização de uma atividade na escola quando a criança apresentar prejuízos atencionais e na velocidade de processamento.
- **Adaptação do ambiente**: consiste em realizar modificações no ambiente físico para minimizar distratores locais, organizar o espaço e adaptá-lo à demanda do(a) paciente com o intuito de reduzir os prejuízos funcionais.[13]
- **Estratégias de autocontrole**: rotinas autoinstrucionais que ajudam o indivíduo a focar sua atenção na atividade em curso, como o uso de calendários para planejamentos diários e listas de verificação. O objetivo principal é possibilitar o controle sobre a execução de uma tarefa-alvo, desde seu planejamento até a finalização. Uma das mais conhecidas estratégias desse grupo é o treinamento de objetivos (em inglês, *goal management training* – GMT).[14]
- **Apagamento de pistas**: sistema em que avisos são fornecidos e depois retirados gradualmente. Para um indivíduo com dificuldades de memória, p. ex., pode-se exibir um nome e esperar que copie o nome inteiro, então a última letra é excluída; depois as duas últimas letras são excluídas; o processo vai sendo repetido até que todas as letras possam ser retiradas.[1,15]

- **Aprendizagem sem erro**: técnica de ensino em que a probabilidade de erros é minimizada na medida do possível. Os erros são evitados por meio de fornecimento de instruções faladas ou escritas, ou até mesmo pela condução do(a) paciente em uma tarefa específica, modelando uma a uma as etapas de um procedimento.[1]
- **Recuperação espaçada**: envolve a apresentação de um material a ser lembrado seguida de testes imediatos e, depois, uma ampliação gradual do intervalo de retenção.[1] É utilizada para ensinar um novo nome, número de telefone, endereço curto, associações de face e nome, nome de objetos, localização de objetos e memórias prospectivas.[15,16]
- **Treinamento de rotinas específicas de tarefas**: habilita o(a) paciente para que desenvolva comportamento para alcançar alguma meta específica. Assim, pode-se, p. ex., desmembrar as tarefas em várias etapas simples e, com uma sequência lógica, implementar listas de verificação das etapas de uma rotina, estabelecer um formato que o(a) paciente possa julgar qual etapa ou tarefa foi completada com êxito e, em conjunto, reforçar e motivar para que consiga realizar a tarefa como um todo.[1]
- **Metacognição**: consiste em promover a visão panorâmica sobre si mesmo em uma determinada situação, observar como resolve problemas por meio de automonitoramento e autoavaliação. Envolve previsão, verificação, monitoramento, coordenação e controle das operações cognitivas. As capacidades envolvidas permitem que uma pessoa se envolva com sucesso em comportamento independente e intencional.[17]

CONSIDERAÇÕES FINAIS

Até pouco tempo atrás, o(a) neuropsicólogo(a) tinha como principal função diagnosticar e realizar encaminhamentos para fins terapêuticos por meio da avaliação neuropsicológica. Nos últimos anos, no entanto, as Neurociências e, por conseguinte, a Neuropsicologia apresentaram um crescimento exponencial no Brasil, com a proliferação de estudos, pesquisas e desenvolvimento de recursos.

Além do diagnóstico, a prática clínica na área requer, além da avaliação, conhecimentos que possibilitem a intervenção. Sendo seu objeto de estudo a relação entre cérebro, comportamento e cognição, cabe a este(a) profissional identificar padrões e oferecer estratégias e ferramentas para modificá-los e maximizar a funcionalidade dos pacientes.

O(a) reabilitador(a) precisa ter um vasto conhecimento acerca do desenvolvimento humano para avaliar, planejar e conduzir tarefas e repertórios adequados para cada paciente, respeitando seus interesses específicos, potencialidade e limitações. Faz parte de suas funções estabelecer metas realistas para a realidade individual do(a) paciente com o intuito de generalização das habilidades aprendidas na intervenção para o cotidiano, aplicando seu conhecimento dos processos cognitivos.

O(a) profissional da Neuropsicologia precisa estar sempre atualizado(a) e basear sua prática em evidências científicas. O trabalho deve ser realizado de forma transdisciplinar, com a cooperação entre todos os profissionais envolvidos no acompanhamento de cada caso e em conjunto com a família, pilar central da reabilitação. Na reabilitação infantil, ganha destaque a tríade profissional-família-escola.

REFERÊNCIAS BIBLIOGRÁFICAS

1. Loschiavo-Alvares FQ. Manual de formulação clínica para intervenção em reabilitação neuropsicológica. Belo Horizonte: Artesã; 2020.
2. Wilson BA. Neuropsychological rehabilitation: theory and practice. Lisse: Swits & Zeitlinger; 2005.
3. Wilson BA. Toward a comprehensive model of cognitive rehabilitation. Neuropsychol Rehabil. 2002;12:97-110.
4. Cicerone KD, Langenbahn DM, Braden C, Malec JF, Kalmar K, Fraas M, et al. Evidence-based cognitive rehabilitation: update review of the literature from 2003 through 2008. Arch Phys Med Rehabil. 2011;92:519-30.
5. Pontes LMM, Hubner MMC. A reabilitação neuropsicológica sob a ótica da psicologia comportamental. Rev Psiq Clínica. 2008;35(1):6-12.
6. Baron IS. Neuropsychological evaluation of the child. New York: Oxford University Press; 2004.
7. World Health Organization. International Classification of Functioning, Disability and Health (ICF). Geneva: WHO; 2001.
8. Palisano RJ. A collaborative model of service delivery for children with movement disorders: a framework for evidence-based decision making. Phys Ther. 2006;86:1295-305.
9. Cardoso CO, Fonseca RP. Intervenção neuropsicológica infantil. In: Cardoso CO, Dias NM (eds.). Intervenção neuropsicológica infantil: da estimulação precoce-preventiva à reabilitação. São Paulo: Pearson Clinical; 2019. p. 69-95.
10. Loschiavo-Alvares LQ. Manual de estratégias de reabilitação neuropsicológica para atenção, memória e funções executivas. Belo Horizonte: Artesã; 2021.
11. Relvas AP, Sotero L. Escala de objetivos atingidos (GAS). In: Relvas AP, Major S. Avaliação familiar: funcionamento e informação, vol. 1. Coimbra: Universidade de Coimbra; 2014. p. 177-200.
12. Gindri G, Frison TB, Oliveira CR, Zimmermann N, Netto TM, Landeira-Fernandez J, et al. Métodos em reabilitação neuropsicológica. In: Landeira-Fernandez J, Fukusima SS (eds.). Métodos em neurociência. Barueri: Manole; 2012. p. 343-75.

13. Nery-Barbosa M, Barbosa DM. Reabilitação da memória. In: Malloy- Diniz LF, Mattos P, Abreu N, Fuentes D (eds.). Neuropsicologia: aplicações clínicas. Porto Alegre: Artmed; 2017. p. 272-90.
14. Levine B, Schweizer T, O'Connor C, Turner G, Gillingham S, Stuss D, et al. Rehabilitation of executive functioning in patients with frontal lobe brain damage with goal management training. Front Hum Neurosci. 2011;5:9.
15. Wilson BA. A reabilitação neuropsicológica e os modelos complementares. In: Loschiavo-Alvares FQ, Wilson BA. Reabilitação neuropsicológica nos transtornos psiquiátricos: da teoria à prática. Belo Horizonte: Artesã; 2020.
16. Clare L. Neuropsychological rehabilitation and people with dementia. Hove: Psychology Press; 2008.
17. Tamm L, Nakonezny PA, Hughes CW. An open trial of a metacognitive executive function training for young children with ADHD. J Attention Disorders. 2014;18:551-9.

Índice remissivo

R

S

T

U

V

W